**Michael Krug**  Quer durch Grönland

# Michael Krug

## Quer durch Grönland

**Auf Nansens Spuren durch Eis und Schnee**

Fotos: Udo Krieger, Michael Krug, Frank Wagner
Titelfoto: Frank Wagner
Lektorat: Bert Lippitz

Copyright © 1991 by Tour-Reiseführer Verlag, Haina/Kloster
1. Auflage 1991
ISBN 3-927627-05-4
Printed in Germany

# Inhalt

| | Seite |
|---|---|
| Wie alles begann | 1 |
| Westgrönland | 6 |
| Amassallik | 14 |
| Der Hann Gletscher | 22 |
| Aufstieg zum Plateau | 27 |
| Südlich des 66. Breitengrades | 34 |
| Wir richten uns ein | 43 |
| White-Out | 52 |
| Startprobleme | 61 |
| Surfen auf dem Inlandeis | 66 |
| Sturm | 75 |
| Nebel über dem Inlandeis | 84 |
| Günters Verletzung | 101 |
| Dye 3 | 113 |
| Im Zentrum des Inlandeises | 123 |
| Land in Sicht | 141 |
| Die Gletscherbrüche der Westküste | 152 |
| An Land | 163 |
| Abschied von Grönland | 183 |
| Epilog | 188 |
| Ausrüstung | 190 |
| Fridtjof Nansen | 198 |

# Wie alles begann

Seit einem Tag schon wütete der Sturm und fesselte uns ans Zelt. Die Hochfläche am Fuß des Partemassivs im Norden Lapplands hatte sich in ein wirbelndes Chaos von Treibschnee verwandelt, das jeden Schritt vor das Zelt zu einem frostigen Abenteuer werden ließ.

"Was liest du denn da?" sagte Udo träge.

"'Auf Schneeschuhen durch Grönland' von Fridtjof Nansen", antwortete ich. Udo fragte, ob es interessant wäre.

"Wie soll ich das wissen", entgegnete ich, "ich habe doch gerade erst angefangen!"

Nach einem weiteren Tag hatte sich der Sturm gelegt und wir konnten unsere einsame Spur weiterziehen in den Sarek Nationalpark, der tief verschneit vor uns lag. Zwei Tage hatten wir verloren, aber nun konnte ich Udo erzählen, wie mir Nansens Expeditionsbericht gefallen hatte.

Es war die großartige und einfühlsame Schilderung einer mutig und intelligent durchgeführten Expedition. Abenteuerlust und Neugier auf das Unbekannte sprachen aus dem Buch, aber auch tief empfundene Liebe zu den menschenleeren Weiten der Arktis. Trotz aller Strapazen, die Nansens erste Grönlanddurchquerung im Jahre 1888 mit sich gebracht hatte, lag ein unbeschwerter Geist über dem Buch, der Geist eines sanften Riesen, der lacht, wenn es zu stürmen beginnt, der ruhig schlafen geht, wenn die Scholle, auf der sein Zelt im Wind flattert, in der Brandung der Treibeiskante zu zerschellen droht und der träumen kann, wenn Eiskristalle auf der unendlichen Schneefläche in der Morgensonne glitzern. Von Kälte oder Entbehrung sprach Nansen nie, schlimmstenfalls war das Wetter gelegentlich nicht mehr gemütlich. Was für ein Mann! Und was für eine herrliche Landschaft – das grönländische Inlandeis!

"Wollen wir nicht auch einmal durch Grönland laufen?" fragte ich keuchend unter meinem Rucksack.

"Jetzt laß uns erst mal den Sarek durchqueren, dann sehen wir weiter", antwortete Udo, der nicht minder knapp bei Atem war.

Einige Wochen später stellte ich ihm die Frage erneut. Udo konnte sich jedoch für ein derartiges Unternehmen nicht begeistern. Der finanzielle und zeitliche Aufwand erschien ihm zu hoch, die Landschaft zu eintönig. Dreihundert Kilometer sanft bergauf und anschließend dreihundert Kilometer bergab über eine weiße Fläche ohne Berge, Täler und Dörfer. Nichts, an dem das Auge Gefallen finden könnte – das war ihm zuviel der landschaftlichen Askese. Er erteilte mir unmißverständlich eine Abfuhr, das war im Frühjahr 1986.

Doch ich war der Liebe zu Grönland verfallen, leidenschaftlich, hingebungsvoll und – wie meine Freunde meinten – hoffnungslos verloren. Zwar hatte ich die größte Insel der Welt noch nie zuvor gesehen, aber die Erzählung Nansens hatte mich unwiderstehlich in ihren Bann geschlagen. Mein Entschluß stand fest, es ihm gleichzutun.

Wie es bei wahrer Liebe zu sein pflegt, war ich anfänglich keinem rationalen Argument zugänglich. Finanzierung, Logistik, Zeitplan, Ausrüstung, auf alle diese Fragen, die mir zur Abschreckung vorgelegt wurden, ließ sich zu gegebener Zeit eine Antwort finden, dessen war ich mir gewiß. Jetzt las ich alle Bücher über Grönland, derer ich habhaft werden konnte. Jedes Buch war neue Nahrung für meine Leidenschaft.

Wenn ich von meinem Plan erzählte, erntete ich entweder Unverständnis oder Spott. Meistens hörte jedoch niemand ernsthaft zu. Ein weiterer Exot in der bunten Charakterlandschaft Berlins, meinte man und ließ das Thema Grönlanddurchquerung auf sich beruhen.
So war ich alleine mit meiner Idee. Die vordringlichste Aufgabe war, einen Begleiter zu finden. Ich annoncierte in einer Berliner Stadtzeitung, das Echo war jedoch alles andere als ermutigend. Nur ein Interessent meldete sich. Und nachdem wir uns getroffen hatten, war ich um zahlreiche Flaschen Bier, ein Abendessen und das Geld für die Heimtaxe ärmer und reicher um die Erfahrung, daß es die merkwürdigsten Arten gibt, sich durch das Leben zu schnorren.

Nun erst verlegte ich mich auf organisatorische Dinge, kaufte Landkarten, ging das Grönlandministerium in Kopenhagen um eine Expeditionserlaubnis an und schrieb ein Drehbuch (für welchen Sender blieb dahingestellt).

Doch alles war nur Stückwerk, denn immer noch war ich weit entfernt von der Erfüllung meines Traumes.

An einem verregneten Novemberabend traf ich Udo. Um meine Laune war es zu dieser Zeit nicht gerade gut bestellt.

Unser Gespräch drehte sich um Alltäglichkeiten, da sagte Udo unvermittelt: "Das Buch ist wirklich gut."

"Welches Buch?" fragte ich mürrisch.

"Das von Nansen, 'Auf Schneeschuhen durch Grönland'. Ich bin bei der Grönlanddurchquerung dabei", fast beiläufig sagte er diesen erlösenden Satz. Welche Wirkung doch Bücher haben können, wenn sie nur kraftvoll geschrieben sind!

Endlich kam die Lawine ins Rollen. Unser dritter Mann war schnell gefunden. Frank, mit dem wir viele gemeinsame Wanderungen in Schwedisch-Lappland unternommen hatten.

"Mit euch beiden Grönland durchqueren? Klingt gut, ich mache mit", sagte er ohne Zögern.

Arbeitsreiche Monate folgten, in denen wir immer wieder von Freunden und Bekannten nach unserer Motivation für die Reise gefragt wurden. Die Antworten müssen wohl oft sehr verschwommen ausgefallen sein, denn wir ernteten meist Kopfschütteln. Die Sicherheit und Berechenbarkeit der Zivilisation wollten wir verlassen und uns in die Fänge einer maßlosen Natur begeben, einer urweltlichen Landschaft, die alle bekannten Dimensionen sprengt. Es war der Ruf des Unbekannten, die Neugier auf das eigene Erleben, eine Herausforderung und schlicht Abenteuerlust. Aber uns blieb wenig Zeit für solche Erklärungen. Die Zeit drängte.

Bald türmten sich Karten, Reiseberichte und Prospekte auf unseren Schreibtischen. Ein Briefkopf wurde entworfen. Die Suche nach Sponsoren begann, die uns ins undurchdringliche Dickicht des modernen Marketings führte. Die Reise ins Unbekannte hatte für uns schon begonnen, bevor wir auch nur einen Fuß auf grönländischen Boden gesetzt hatten. Daß unsere Telefonrechnung die Post nicht sanierte, grenzte fast an ein Wunder.

Die körperliche Vorbereitung mußte naturgemäß zurückstehen, und so kann ich nichts erzählen von Bädern in eisigem Wasser, nächtelangen Kälteexzessen in Tiefkühlkammern oder knallhart durchgezogenen Trainingsprogrammen, über die man ehrfurchtsvoll in anderen Expeditionsberichten liest. Ein gelegentlicher Waldlauf, eingezwängt zwischen Berufsleben und Expeditionsvorbereitungen, mußte da genügen.

Im Frühjahr 1987 unternahmen wir eine Probefahrt in den Norden Schwedens, um unsere Ausrüstung zu testen.

Vieles erwies sich als unhandlich oder reparaturanfällig. Doch als wir zurückkehrten, hatten wir eine genaue Vorstellung dessen, was wir für eine wochenlange Wanderung ohne Kontakt zur Außenwelt benötigten. Schließlich fuhren wir nach Kopenhagen, um Gunnar Jensen, einem ehemaligen Offizier der dänischen Armee, der drei Jahrzehnte in Grönland zugebracht hatte und nun als Arctic Expeditions Advisor arbeitete, unsere Pläne vorzulegen. Er hieß sie gut, versprach logistische Unterstützung in Grönland (für gutes Geld, versteht sich) und wünschte uns "Trevlig Resa", was soviel heißt wie "Hals und Beinbruch".

Nun galt es nur noch, zwei Lücken zu schließen. Zum einen sollte ein Fernsehfilm entstehen, über den wir uns einen Teil der Finanzierung versprachen. Zum anderen hatten weder Udo, Frank noch ich Erfahrung in der Begehung von Gletschern. Und was die Luftaufnahmen und Landkarten der ost- und westgrönländischen Küstenregion an Gletschern zeigten, war mehr als imposant.

Wir brauchten also einen professionellen Kameramann mit alpiner Erfahrung. Das Telefon wurde wiederum bemüht und kurze Zeit später hatte ich Martin Biock am Apparat, Bergsteiger im siebten Grad, der in der Eigernordwand und der Antarktis ebenso heimisch war wie im Expeditionsfilmgeschäft. Ob er eine Grönlanddurchquerung mitmachen wolle, fragte ich ihn. Sofort sagte er zu. Zwei Bedingungen stellte er jedoch: Erstens mußten unsere Pläne Hand und Fuß haben, wovon er sich eingehend überzeugte, zweistens brauchte er einen Tonmann und schlug seinen langjährigen Bergsteigerfreund Günter Kerber vor, einen exzellenten Alpinisten aus Ehrwald und Flugretter der österreichischen Bergwacht.

Ein einziges Treffen in München genügte, um eine gegenseitige Vertrauensbasis zu schaffen. Die Mannschaft war endlich komplett, bis zum Abflugtermin waren es noch drei Monate.

Nun galt es, keine Zeit mehr zu verlieren. Noch am selben Tag wurde in einer Marathonsitzung die Ausrüstung festgelegt und bei Dutzenden verschiedener Firmen geordert. Die Zeit schien uns davonzulaufen, doch wir gewannen das Rennen.

Eine halbe Tonne Material stapelte sich schließlich in Udos Garage in Tegel. Das letzte, was eintraf, waren die Schuhe aus Italien zwei Tage vor Abfahrt der Vorhut, die aus Günter, Martin und mir bestehen sollte. Frank hatte noch eine Tagung in Stockholm, er würde fünf Tage später in Kopenhagen Nadelstreifenanzug gegen Expeditionskleidung eintauschen und uns zusammen mit Udo, der noch die letzten Seiten seiner Diplomarbeit schreiben mußte, nach Grönland folgen.

Am 19 April 1988 war es dann endlich soweit. Martin, Günter und ich bestiegen einen Lastwagen, auf dessen Ladefläche sich unser gesamtes Gepäck befand. Die Fahrt ging in Richtung Kopenhagen. Es war ein herrlicher Frühlingsmorgen. Die Sonne schien auf das frische Grün der Bäume, die Luft war mild. Es versprach, einer der ersten heißen Tage des Jahres zu werden. Unvorstellbar, daß uns in einer Woche der beißend kalte Wind des Inlandeises ins Gesicht schlagen würde.

# Westgrönland

Den ersten Schnee bekommen wir zu Gesicht, als wir auf dem Flug nach Westgrönland Island überqueren. Die Insel ist in makelloses Weiß getaucht. So gleißend fällt das Licht der Sonne auf Berge, Täler und Gletscher, daß es das Auge schmerzt. Mit halb geöffneten Lidern blinzele ich hinaus in die Helligkeit, die nun für Wochen unser Begleiter sein wird, jene durchdringende Helligkeit endloser Schneeflächen.

Langsam zieht die Insel unter uns vorbei. Wie gebannt schaue ich aus dem Fenster, das mir nur einen kleinen Ausblick gewährt auf die steilen Flanken und Grate des isländischen Gebirges, die nach dem Flugzeug zu greifen scheinen. Dann bricht das Weiß des Landes unvermittelt ab. Island liegt hinter uns. Schwarzblau dehnt sich jetzt die öde Fläche des Eismeeres unter uns aus. Unterbrochen wird diese Monotonie nur von kleinen Flecken – Eisschollen, die sich vom Pakkeis im Norden losgerissen haben und in der Strömung des grönländischen Meeres südwärts treiben, um in den wärmeren Gewässern des Atlantik zu schmelzen. Kalt und unwirtlich erscheint mit das Meer, eine Vorstellung, die allein dem Wissen um den hohen Breitengrad entspringt, den wir überfliegen. Ich wende mich wieder dem Innenraum des Flugzeugs zu, der so gar nicht zu dem rauhen Meer dort unten passen will. Die meisten Passagiere haben sich in das eintönige Brummen des Flugzeuges eingehüllt und träumen, die Lehne nach hinten gekippt, vor sich hin. Einige Männer blättern mehr aus Gewohnheit als mit Aufmerksamkeit in ihren Akten. Die Stewardess verteilt hier eine Cola, dort eine Decke und manchmal einfach nur ein Lächeln, das über die Länge des Fluges hinweghelfen soll. Statt auf der Strecke Kopenhagen-Søndre Strømfjord, Westgrönland, könnten wir uns ebensogut auf dem Flug von Berlin nach München befinden.

Ich wende ich mich wieder dem Fenster zu. Überrascht beuge ich mich vor, bis mein Gesicht fast die Scheibe berührt. Wie aus dem Nichts aufgetaucht liegt nun die Packeisgrenze unter mir. Der Norden ist in milchiges Weiß getaucht, aus dem eine rissige Struktur wird, je weiter sich das Eis nach Süden erstreckt. Breite Kanäle dunklen

Wassers dringen in das Packeis ein und teilen die Fläche in quadratische oder ovale Formen. Ein schmaler Saum kleinerer Eisschollen folgt – zermalmtes Eis in der Brandungszone des Meeres, das von Süden gegen das Packeis anrollt.

Ein Zuruf Martins reißt mich ins Flugzeuginnere zurück. Die ostgrönländische Küste sei vom Cockpit aus zu sehen, und wir hätten die Erlaubnis des Piloten, dieses Schauspiel im Bug des Flugzeuges zu erleben. Eilig kämpfen wir uns nach vorn, begierig auf den ersten Eindruck.

Wie ein Schattenriß zeichnet sich die Figur des Piloten vor der hellen Fensterfront ab. Als er uns bemerkt, setzt er den Kopfhörer ab und zeigt nach vorn.

"Das ist Ostgrönland", schreit er über das Rauschen des Windes hinweg. Um das zu erkennen, bedarf es für uns jedoch keiner Worte. In der klaren Luft liegt das Küstengebirge zum Greifen nah. Eine dicht gestaffelte Kette schwarzer Kegel hebt sich vom Meereis ab, mächtige Gletscherzungen fließen vom Inlandeis in gewaltigen Stufen herunter.

Selbst aus dieser Höhe sind die Spalten gut zu erkennen, von denen das Eis quer zur Bewegungsrichtung der Gletscher durchzogen wird. Die Gewalt und Größe der Landschaft nimmt mir den Atem. Sie ist um so beeindruckender, wenn ich mir vorstelle, durch dieses Chaos einen Weg finden zu müssen auf das Inlandeis, das sanft nach Westen ansteigt. Gelegentlich ragt noch ein Nunatak (grönländische Bezeichnung für einzeln aus dem Inlandeis aufragende Berge) aus dem Schnee. Dann wird das Eis zu einer dimensionslosen Masse, die sich im Dunst des Horizonts verliert, eine geheimnisvolle, in sich gekehrte Welt. Ein blauer Himmel wölbt sich über der arktischen Szenerie. Weiße Quellwolken spiegeln die Farbe des Landes. Bald haben wir das Küstengebirge überflogen, und das Inlandeis gibt keine Einzelheiten mehr zu erkennen. Nur die Wolken werfen ihre Schatten auf das monotone Weiß. Eineinhalb Stunden später erreichen wir die Gletscher der Westküste. Das Flugzeug geht tiefer, wir befinden uns im Landeanflug auf Søndre Strømfjord. Wie schon an der Ostküste überfliegen wir auch hier einen breiten Gletschersaum, der in seiner

Ausdehnung alles übertrifft, was wir früher an Eisbrüchen gesehen haben. Spalte reiht sich an Spalte – graue Linien, die dichtgedrängt parallel oder ineinander laufen. Dazwischen ragen haushohe Séracs auf, Türme von Eisbrocken, die vom Druck der Gletschers emporgepreßt werden.

"Ein Glück, daß wir nicht hier vom Inlandeis absteigen müssen", sagt Günter.

"Wer weiß, ob es im Austmannadalen besser ausschaut", antwortet Martin. Dann blicken wir wieder auf die Gletscherbrüche in dem Bemühen, einen Weg durch das Eislabyrinth zu finden. Wenn wir hier einen Durchschlupf entdecken, so mag es auf unserer Route auch einen Weg geben, so sind unsere Überlegungen. Doch so angestrengt wir auch suchen, der Eisbruch unter uns ist unpassierbar.

"Wir werden ja sehen", sagt Martin herausfordernd. Günter und mir ist sofort klar, was in ihm vorgeht. Er setzt auf das Prinzip Hoffnung, das uns von jetzt an tragen muß.

Westlich der Gletscherbrüche liegen rundgeschliffene Hügel, deren südliche Flanken bereits abgeschmolzen sind und grau aus dem Schnee hervorstechen. Immer näher kommen wir dem Boden, bis das Flugzeug in steiler Kurve in ein Tal einfliegt und auf das ebene Meereis hinausschießt. Eine weitere Kurve und zu beiden Seiten des Flugzeuges jagen die steilen Wände eines Fjordes vorbei.

Dann setzen wir auf. Warm scheint die Nachmittagssonne auf das Flugfeld, als wir zum Ankunftsgebäude herübergehen, einem funktionalen, zweistöckigen Gebäude. Aus Schneehaufen am Rande der Landebahn sickert Schmelzwasser. Die baumlosen Hügel ringsum sind noch weiß, aber die Luft atmet schon Frühling. Südlich der Landepiste duckt sich ein ausgedehnter amerikanischer Luftwaffenstützpunkt in eine Mulde, zahllose Herkules-Transportmaschinen, zwei Starlifter und ein Jet erinnern daran, wem der Flughafen seine Entstehung zu verdanken hat.

Vor einem halben Jahrhundert lebten hier nur einige Inuit, die Lachsfang betrieben.

[Die Grönländer bezeichnen sich selbst als Inuit (Einzahl Inuk), was in ihrer Sprache "Menschen" bedeutet. Der von Europäern eingeführte Name "Eskimo" wird im Rahmen des zunehmenden ethnischen Selbstbewußtseins als Schimpfwort angesehen.]

Während des Koreakrieges stampften die Amerikaner aus dem arktischen Tundraboden einen Flughafen, der sich nach dem Krieg zu dem größten Flugkreuz Grönlands entwickelte. Dennoch findet sich außer dem Ankunftsgebäude, dem Rollfeld und der Air Base nichts, was den Aufenthalt interessant gestalten könnte. Doch wie alle anderen Passagiere beabsichtigen wir nicht, lange zu bleiben. Schon für den nächsten Tag ist unser Weiterflug nach Amassallik, Ostgrönland, geplant. Auch wir sind nur auf der Durchreise.

Wohin es denn gehen soll, will die hübsche Dänin an der Rezeption des Flughafenhotels wissen, nachdem sie erstaunt unsere Expeditionskleidung gemustert hat. In der Hoffnung, daß ihr Interesse nicht nur unseren Plänen, sondern auch den Ausführenden gilt, erkläre ich das Ziel unserer Reise, stoße jedoch sehr zu meinem Leidwesen auf Unverständnis.

Auf dem Inlandeis sei es nur kalt, stürmisch und furchtbar langweilig. Man könne doch einen Tagesausflug auf's Eis unternehmen und es dabei bewenden lassen. Wozu diese Verschwendung an Zeit und Energie?

Als ich in die Details gehen will und bei dem "Adam" aller Grönlanddurchquerungen, Fridtjof Nansen, beginne, werde ich von Martin und Günter sanft darauf aufmerksam gemacht, daß wir Wichtigeres zu tun haben, als in schöne, blaue Augen zu schauen und munter zu plaudern. Gunnar Jensen hatte uns geraten, Herrn Malmberg, dem Leiter des Flughafens, unsere Aufwartung zu machen. Der Artic Expeditions Advisor hatte versprochen, allen offiziellen Stellen in Grönland von unserer Expedition Kenntnis zu geben.

"Das wird Ihnen vieles erleichtern", hatte er in seiner behaglichen Wohnung in Kopenhagen zuversichtlich gesagt. "Melden sie sich einfach bei den Behörden, beziehen sie sich auf mich."

So klopfen wir nun an die Tür von Herrn Malmberg (obwohl es mir um die blauen Augen leid tut). Ein korrekt gekleideter Mann mit graumeliertem Haar und aufrechter Haltung steht uns gegenüber. Er mustert uns mit raschem Blick, der gewohnt ist, Situationen schnell zu erfassen und Entscheidungen zu treffen.

Wie wir später erfahren, war er Offizier der "Sirius Hundeschlitten Patrouille", die in mehrmonatiger Fahrt in jedem Frühjahr die lange Ost- und Nordküste Grönlands bereist, um staatliche Präsenz zu zeigen. Wem allerdings diese Repräsentation gelten soll, ist fraglich, denn der gewaltige Raum ist völlig menschenleer.

"Was kann ich für sie tun?" fragt Herr Malmberg leise. Kommentarlos hört er unseren Ausführungen zu, die die 300 Kilogramm Übergepäck, unser Rettungsfunkgerät, die Ankunft in Godthaab, kurz, die Nahtstellen unserer Expedition mit der Zivilisation betreffen. Immer wieder stocken wir in unseren Erklärungen in der Erwartung, eine Spur des Erinnerns in seinem Gesicht zu lesen, da er doch längst die Nachricht von Gunar Jensen erhalten haben müßte. Seine Miene bleibt jedoch ungerührt. Genauso gut hätten wir zu einem Eisblock reden können.

Schließlich fällt er uns mit leicht gereizter Stimme in die Rede: "Warum haben Sie uns nicht schriftlich Mitteilung gegeben?"

Ich frage, ob er nicht einen Brief von Gunnar Jensen erhalten habe.

"Wer ist Gunnar Jensen?" lautet die Gegenfrage, die alles erklärt. Der Däne hatte uns viel versprochen, offenbar aber wenig gehalten. So müssen wir nun vor Ort die notwendigen Schritte unternehmen. Herr Malmberg zeigt sich hilfsbereit und jagt Telegramme in alle vier Himmelsrichtungen. Nun wisse ganz Grönland von uns, meint er nach einer Weile zufrieden, von bürokratischer Seite stünde der Expedition nichts mehr im Wege, nur das Wetter spiele nicht mit. Im Augenblick liege ein Sturmtief über Amassallik, der Flug für den nächsten Tag sei schon gestrichen.

Enttäuscht verlassen wir sein Büro. Uns zieht es an den Startpunkt unserer Wanderung, nach Amassallik in Ostgrönland.

Das Flughafengebäude in Søndre Strømfjord erscheint uns als eine triste Alternative. Der Enttäuschung macht Resignation Platz, als auch am nächsten Tag kein Flug nach Amassallik auf der Anzeigetafel erscheint. Das Sturmtief hat es sich, wie man uns im metereologischen Büro mitteilt, in dem wir mittlerweile ständige Gäste sind, über Ostgrönland bequem gemacht. Man rät uns, dasselbe in Søndre Strømfjord zu tun. Wir tun unser Bestes, aber noch können wir solche Verzögerungen nicht mit grönländischem Gleichmut tragen.

Immer wieder steht einer von uns vom Kantinentisch auf, den wir den lieben langen Tag besetzt halten, und geht scheinbar gleichgültig, wie um sich die Beine zu vertreten, zur Flughalle. Unbeobachtet beschleunigt er dann seine Schritte und eilt zur Fluginformation oder zum "Met.-Office", um sich nach der Wetterlage zu erkundigen. Natürlich wissen die anderen, wo es ihn hingezogen hat und warten gespannt auf Nachricht. Bei der Rückkehr sprechen schleppender Gang und hängende Schultern Bände.

"Gibt es etwas Unnützeres als eine Expedition, die noch nicht einmal zum Startpunkt ihrer Reise gelangt?" frage ich Martin und Günter.

Die beiden überlegen lange. Nein, da fällt ihnen auch nichts ein. Aus Resignation wird Fatalismus. Am dritten Tag unseres unfreiwilligen Aufenthaltes in Søndre Strømfjord kann uns die Nachricht, daß der Flug auch für den kommenden Tag gestrichen sei, nicht mehr aus der Fassung bringen.

Allmählich fühlen wir uns als Inventar des Flughafens, setzen beim guten Essen der Kantine Fett an und pflegen beste Beziehungen zu anderen Fluggästen und dem Personal. Hauptgesprächsthema ist natürlich unsere bevorstehende Expedition, die auf großes Interesse stößt und lebhaft (wenn auch kontrovers) diskutiert wird.

Am kürzesten faßt sich Herr Malmberg. "Kein Meer, keine Berge, nur Eis und Schnee, Unsinn!" sagt er militärisch knapp.

Auch die Inuit, die auf dem Flughafen arbeiten, zeigen wenig Verständnis für unsere Unternehmung. Schön sei es an der Küste, dort gebe es Fisch, Robben, Schneehasen und gelegentlich Eisbären. Auf dem Inlandeis hingegen herrschten Sturm, Kälte, Hunger und Einsamkeit. Und daß wir unsere Schlitten selber ziehen wollen und nicht Hunde als Zugtiere benutzen, das ist ihnen der Verrücktheiten zuviel. Kopfschüttelnd sind sie sich einig: Das könne nicht gutgehen.

Daniela, eine junge Innuk aus Amassallik, mit der ich im Polar Bear Inn, einer Gaststätte der Air Base, ins Gespräch komme, meint sogar tieftraurig: "Dann wirst du wohl nicht mehr zurückkehren. Meine Vorfahren glaubten, daß auf dem Inlandeis in jenen froststarrenden Weiten böse Geister wohnen, die jeden vernichten, der sich in ihren Machtbereich wagt. Zwar bin ich keine richtige Innuk mehr, da ich in Dänemark zur Schule gegangen bin und europäisch denke, aber ich kann meine Herkunft nicht vergessen und bin so zu einem Wanderer zwischen den Welten geworden – ohne Heimat. Aber oft fühle ich, daß meine Vorfahren mehr wußten über die Dinge des Lebens als ihr Weißen. Wenn du auf's Inlandeis gehst, wirst du vielleicht sterben."

Nur zwei französische Sportflieger, die wegen eines Motorschadens in Søndre Strømfjord festsitzen, lassen uns hochleben.

"C'est l'esprit de l'aventure!" ruft der eine und hebt überschwenglich sein Glas, um auf das Gelingen unserer Expedition anzustoßen. Er sagt es mit jenem spontanen Enthusiasmus, der vielen Franzosen eigen ist. Beinahe hätte ich aus lauter Dankbarkeit "Vive la France!" gerufen. Am fünften Tag in Søndre Strømfjord hat sich das Sturmtief in Ostgrönland zwar nicht verzogen, aber ein anderes Ereignis läßt uns gespannt dem Nachmittag entgegensehen: Frank und Udo werden mit dem Flugzeug aus Kopenhagen eintreffen. Da sie uns schon seit Tagen in Amassallik vermuten, wird ihre Überraschung groß sein, uns hier zu finden.

Wir sollten nicht enttäuscht werden. Ahnungslos überqueren die beiden das Rollfeld. Als sie uns sehen, bleiben sie wie vom Donner gerührt stehen.

"Was macht ihr denn noch hier, ich dachte, ihr habt schon längst in Amassallik den Hubschrauberflug auf das Inlandeis organisiert!" sagt Udo völlig perplex. Unsere Freude, daß die Expeditionsmannschaft nun wenigstens komplett sei, kann sich Frank und Udo gar nicht mitteilen. Zu plötzlich kommt für sie die Änderung unserer Pläne.

"Das kann doch nicht wahr sein! Fünf Tage kein Flug nach Ostgrönland!" sagt Udo und begibt sich mit entschlossener Miene zum "Met.-Office". Seine Entrüstung scheint sich auf geheimnisvolle Weise dem Tief über Ostgrönland mitgeteilt zu haben, denn man meldet jetzt steigenden Luftdruck über Amassallik. Für den nächsten Tag sei ein Flug angesetzt, berichtet Udo in einem Ton, der uns bedeuten soll: So macht man das! Die Nachricht reißt Günter, Martin und mich aus unserer Lethargie. Herr Malmberg verspricht, für den morgigen Flug fünf Sitzplätze und genügend Ladekapazität für unser Gepäck freizuhalten.

In 24 Stunden soll es also endlich losgehen! Ich fühle mich leicht und befreit und bin erwartungsvoll auf das, was kommen mag. Unser erster Blick am nächsten Tag gilt der Anzeigetafel. Dort steht zu lesen: "Amassallik $10^{30}$". Rasch packen wir unsere Sachen, verabschieden uns von unseren Freunden, die uns viel Glück wünschen, und besteigen das zweimotorige Flugzeug, das uns nach Kulussuk bringen soll, dem Flughafen nahe Amassallik. Die ersten fünf Sitzreihen sind ausgebaut worden, um Raum für unser Gepäck zu schaffen.

Wir nehmen Platz, die Türen schließen sich. Ein Aufheulen der Motoren und wir sind unterwegs. Schon bald durchstoßen wir die Wolken, die wie eine luftige Schneeschicht über dem Inlandeis liegen. Zwei Stunden später taucht das Flugzeug dann wieder ein in den Nebel. Durch Wolkenlücken hindurch ragen schroffe Bergspitzen bedrohlich nahe neben uns auf. Dann landen wir in Kulussuk.

Der Flugplatz besteht nur aus dem Rollfeld und einer kleinen Bude, die als Empfangsgebäude dient. Der Wind heult, Wolkenfetzen ziehen vorbei, auf dem Fjord ist ein kleiner Eisberg eingefroren.

Rasch wird das Gepäck in einen Hubschrauber verladen und nach kurzem Flug setzen wir in Amassallik auf.

## Amassallik

Der Flughafen von Amassallik liegt auf einem Plateau oberhalb des Fjordes; der Ort selbst verbirgt sich hinter einer kleinen Hügelkette, deren Hänge mit schwerem, nassem Schnee beladen sind. Kalt fegt der Wind über das Flugfeld und zerrt an unseren Anoraks und den Planen des Gepäcks. Wir gehen schnell zum Tower des Flughafens hinüber.

Es gilt, den weiteren Verlauf der Expedition zu organisieren: Ein Schutzraum für das Gepäck muß gefunden werden, außerdem benötigen wir einen Helikopter, der uns zum Ausgangspunkt der Wanderung bringen soll, dem Hann Gletscher, der ca. 80 Kilometer westlich von Amassallik liegt.

Auch dies sollte Gunnar von Dänemark aus vorbereiten. Die Erfahrung in Søndre Strømfjord hat jedoch Zweifel aufkommen lassen, und so sind wir auf Schwierigkeiten gefaßt. Das unscheinbare Äußere des von schmelzenden Schneemassen noch halb begrabenen Towers läßt die modernen Einrichtungen im Innern nicht vermuten. Erstaunt blicken wir auf tickende Fernschreiber, die Wetterkarten drucken und Frachtbestellungen durchgeben, und auf Funkgeräte, die pausenlos irgendwelche Nachrichten ausschnarren. Inmitten dieser technischen Hektik sitzen zwei Däninnen und trinken gemütlich Kaffee. Überrascht von der unvermuteten Störung ihrer Muße schauen sie uns an. Noch überraschter sind sie, als wir unser Anliegen vorbringen.

Eine deutsch-österreichische Expedition über das Inlandeis? Einen Charterhubschrauber zum Hann Gletscher? Nein, davon hätten sie nichts gehört. Die Suche im Postarchiv bleibt ebenfalls ohne Resultat.

"Gunnar hat doch tatsächlich das Geld kassiert und offenbar sonst keinen Finger gerührt", schimpft Martin.

Das Vorzeigen unserer Expeditionserlaubnis des Grönlandministeriums in Kopenhagen öffnet jedoch Tür und Tor. Wir können das Gepäck im Helikopterhangar lagern. Bis zum nächsten Tag soll ein Kostenvoranschlag für den Flug erstellt werden, am Mittag können wir dann wiederkommen, um mit dem Piloten weitere Details zu besprechen.

Beim Hinausgehen fällt mein Blick auf ein Plakat, das ein Flugzeug und Flugpersonal zeigt, das sich vor Lachen krümmt. Darunter steht in dicken Lettern: "Fly our airline, and You will arrive in time!" Das Plakat stimmt mich, was einen baldigen Abflugtermin betrifft, nicht gerade optimistisch. Ich befürchte, eine weitere Verzögerung nicht mehr mit Gleichmut hinnehmen zu können, dennoch kann ich mir ein leichtes Grinsen über die weise Selbsterkenntnis der Fluggesellschaft nicht verkneifen.

Ein Geländewagen bringt uns zum einzigen Hotel Amassalliks. Der Four-Wheel-Drive des Fahrzeuges kommt auf den schneeglatten, steilen Straßen des kleinen Ortes voll zur Geltung. Rechts und links des Weges klammern sich bunte Holzhäuser an die Berghänge. Fremdartig schauen sie aus mit ihren hohen Stelzenfundamenten, die sie vor den Schneemassen und der sommerlichen Schlammflut schützen sollen.

Ich wundere mich, daß keine alten Bauten zu sehen sind, obwohl Amassallik auf eine jahrhundertealte Siedlungsgeschichte der Inuit zurückblickt. Auch errichtete die dänische Regierung bereits 1894 auf Anraten des Missionars und Entdeckers der damals 413 Menschen zählenden Inuitgemeinschaft das erste Handelskontor.

Da erinnere ich mich an eine Erzählung Danielas über ihre Heimatstadt. 1970 fegte ein Orkan mit 330 km/h über die Küste, der den ganzen Ort zerstörte. Steine jagten wie Gewehrkugeln durch die Luft, Schlittenhunde, die angekettet waren, wurden hochgewirbelt und von ihren Leinen erdrosselt. Nachdem der Sturm sich ausgetobt hatte, war kein Stein mehr auf dem anderen. Viele Einwohner Amassalliks kamen ums Leben, und Daniela und ihre Verwandten überlebten nur, weil sie sich in einen stabilen Betonkeller retten konnten.

Durch einen heftigen Stoß unseres Fahrzeugs werde ich in die Gegenwart zurückgeholt. Vor uns torkelt ein Inuk auf die Straße, und nur eine Vollbremsung kann die Katastrophe verhindern. Nun steht der Mann vor dem Kühler und starrt mit leblos wirkenden Augen in den Wagen. Einige Passanten, die auch nicht ganz sicher auf den Beinen sind, zerren ihn wieder an den Straßenrand, fahrig mit den Händen gestikulierend.

Bei der Weiterfahrt wird mir bewußt, daß viele Menschen, denen wir begegnen, betrunken sind – ein bitterer Tribut, den die Inuit dem Einzug der Neuzeit in ihr traditionelles Jäger- und Sammlerleben zollen müssen. Tausende von Jahren haben sie in der arktischen Wüste überlebt, Hungersnöte gemeistert, der Einsamkeit der langen, dunklen Winternacht widerstanden, Blütezeiten ihrer Kultur erlebt. Was der unerbittlichen Natur nicht gelang, schaffte der Einfluß der Europäer. Hundert Jahre nach dem ersten Kontakt mit den Kraslunaks, wie die Inuit die Weißen nennen, sind sie ihrer ursprünglichen Lebensart soweit entfremdet, daß vielen nur noch die Flucht in den Alkohol bleibt. Nur kurz dauert die Fahrt durch den Ort, doch ich bin erschüttert von dem Ausmaß dieses Elends, das am Rand der Straße an mir vorbeizieht.

Bald haben wir das Hotel Amassallik erreicht, das auf einer Anhöhe außerhalb der Stadt liegt. Uns zu Füßen scheinen die Häuser wie bunte Würfel in den Schnee gestreut zu sein. Dahinter erstreckt sich eine weite Meeresbucht, die noch vereist ist. Die Frühlingssonne hat jedoch schon die obersten Eisschichten abgetaut. Über den türkisfarbenen Schollen liegt ein dünner Wasserfilm, in dem sich bizarre Bergketten spiegeln.

Nachdem wir unser Handgepäck im Hotel verstaut haben, sitzen wir noch lange vor der Tür und lassen das gewaltige Panorama auf uns wirken. Es wird Abend und ein dunkelgraues Licht legt sich über die Landschaft. Irgendwo in den Schatten beginnt ein Schlittenhund zu heulen, ein anderer antwortet ihm, und bald ist die ganze Stadt von ihrer wehmütigen Klage erfüllt. Es wird kalt und als wir zum Hotel zurückgehen, splittert unter unseren Füßen Eis, das sich auf den Schmelzwasserpfützen gebildet hat.

Beim Abendessen gesellt sich der Wirt zu uns. Ian Sinclair heißt er, Sohn eines Engländers und einer Inderin. Seit zehn Jahren lebt er schon an der Ostküste Grönlands, hat eine Inuk geheiratet und hier Wurzeln geschlagen. Bald sind wir in einer angeregten Unterhaltung, da wir Ians einzige Gäste seit langem sind und er über die Abwechslung froh ist. Wie es ihn jedoch aus dem betriebsamen London in die Abgeschiedenheit Amassalliks verschlagen hat, will er uns nicht erzählen.

Dafür weiß er viel zu berichten von Expeditionen. Seinen Erzählungen zufolge scheint das Innere Grönlands in diesem Jahr von Menschen nur so zu wimmeln.

Im März startete eine große norwegische Expedition, die einen dokumentarischen Spielfilm über Nansens erste Grönlanddurchquerung drehen will. Fünf Teilnehmer laufen in Originalkleidung und verfügen über die gleiche Ausrüstung wie Nansen. Weitere fünf begleiten sie auf Schneescootern und filmen die anstrengende Wanderung.

"Da möchte ich nicht bei denen sein, die laufen müssen", ist Franks spontaner Kommentar.

Der letzte Funkspruch der Expedition ist zwei Tage alt. Demzufolge beginnen die Norweger gerade mit dem Abstieg durch die Gletscherzonen Westgrönlands und werden in wenigen Tagen in Kapisillit ihre Wanderung beenden.

Zwar sind die Entfernungen in Grönland riesig, doch Informationen wie diese breiten sich wie ein Lauffeuer aus. Angespannt lauschen wir Berichten aus erster Hand, die wir bis jetzt nur aus Zeitungsartikeln oder Büchern kannten. Nun sind wir selbst mitten im Geschehen. Angespornt durch unser Interesse fährt Ian in seiner Erzählung fort.

Anfang April folgten den Norwegern zwei Deutsche, die mit leichtem Gepäck (so um 40 kg pro Person) das Inlandeis in Rekordzeit überqueren wollten. Was ihnen tatsächlich gelang, war die Auslösung der schnellsten Rettungsaktion, die jemals in Grönland geflogen wurde. Schon nach zwei Tagen kam ein SOS-Ruf. Die superleichten Schlitten seien gebrochen und das ultramoderne Satellitennavigationsgerät in der Kälte ausgefallen – Ende der Veranstaltung. Uns tun die beiden leid, die Zehntausende von Mark für einen Kurzausflug auf das Inlandeis ausgaben und dann an ihrer schlechten Planung scheiterten. Trotzdem wollen sie es im nächsten Jahr noch einmal versuchen.

Fünf Tage vor unserer Ankunft in Amassallik versuchte eine fünfköpfige spanische Gruppe, darunter zwei Frauen, den Hann Gletscher über das Meereis zu Fuß zu erreichen – bei dem trügerischen und brüchigem Eis in dieser Jahreszeit ein halsbrecherisches Unterfangen. Wetten wurden in Amassallik abgeschlossen, wann ein Notruf von ihnen käme, was vor zwei Tagen der Fall war. Sie hatten sich und ihre Ausrüstung zwar noch an Land retten können, doch dann mußten sie mit einem Hubschrauber nach Amassallik zurückgebracht werden. Nun warten sie auf eine Geldüberweisung aus Spanien, um einen Flug auf den Hann Gletscher bezahlen zu können.

"Vielleicht trefft ihr euch dort oben", meint unser Wirt.

"Das muß nicht unbedingt sein, Skibetrieb habe ich in den Alpen genug", wirft Günter in die Debatte und spricht uns allen damit aus dem Herzen.

Ungerührt von diesem Einwand zerstört der Wirt nun unsere letzten Illusionen von der Exklusivität auf dem Inlandeis.

"Am 16. August kommen noch einmal Norweger, die in Originalausrüstung und nach nansenschen Zeitetappen Godthaab erreichen wollen. Deshalb steht ihr Ankunftstermin auch schon fest – wie Nansen am 4. Oktober."

Betroffen schauen wir uns an. Auch wir sind aufgebrochen, um die historische Reise Nansens nachzuvollziehen. Bewußt verzichten wir auf moderne Kommunikationsmittel (außer dem Notrufgerät) und Unterstützung von außen, um auf uns selbst gestellt zu sein und die Konfrontation mit der Einsamkeit erleben zu können. Dies scheint uns jedoch durch den Einsatz moderner Ausrüstung nicht gestört. Darüber hinaus ist uns klar, daß eine Pioniertat, eine Reise nach Terra incognita, definitionsgemäß nicht wiederholbar ist, wenn sie einmal stattgefunden hat. Nachdem Nansen als erster das grönländische Inlandeis überquert hat, gibt es diesen "weißen Fleck" auf der Landkarte nicht mehr.

Uns geht es vor allem um das menschliche Erleben, um die Auseinandersetzung mit einer übermächtigen Natur. Die Originalität wie die Norweger als Fetisch zu betrachten, erscheint uns sinnlos und überflüssig. Ein Abenteuer jedoch ist für den, der es erlebt, stets neu.

"Hoffentlich spielt bei den Norwegern auch das Wetter mit", sage ich, "es muß doch schrecklich sein, einen ganzen Tag im Zelt zu hocken, bloß weil Nansen an diesem Tag Sturm hatte und draußen ist das herrlichste Wetter!"

Am nächsten Morgen unternehmen wir einen Erkundungsgang in die Stadt. Nun bietet sich uns ein weit freundlicheres Straßenbild als am vorherigen Abend. Reges Treiben herrscht auf der Einkaufsstraße, die von zwei Läden, einer Bäckerei und einer Imbißstube flankiert wird. Kinder mit glatten, schwarzen Haaren und breiten Gesichtern spielen laut kreischend im Schnee, Frauen hängen Wäsche auf Leinen, die über dem Schnee gespannt sind. Vor fast jedem Haus liegen Schlittenhunde, die sich in der Sonne räkeln. Als dann ein Inuk mit seinem Hundegespann unter munterem, anfeuerndem Peitschenknallen zum Fjord hinunterfährt, werden viele Eindrücke vom Vortag relativiert.

Nur die Abfälle des Vorjahres, die der schmelzende Schnee jetzt hinter jedem Haus freigibt, stinken zum Himmel – Problem einer Gesellschaft, die bis vor kurzem nur organischen, schnell verrottenden Müll kannte und es sich deshalb leisten konnte, an Abfallbeseitigung keinen Gedanken zu verschwenden.

Mittags marschieren wir zum Büro von Grönlandfly, um Näheres über unseren Flug zu erfahren. Die beiden Däninnen haben frischen Kaffee gekocht und lassen sich auch heute nicht aus der Ruhe bringen. Als Martin jedoch seine Kamera mit geübten Griffen aufbaut und ihnen erklärt, daß die folgende Unterredung ein wichtiger Teil unserer Expedition sei und später im deutschen Fernsehen gesendet werde, ist es mit ihrer Gelassenheit vorbei. Blitzschnell sind sie in einen Nebenraum entschwunden und kehren erst nach längerer Zeit (seelisch und kosmetisch auf alles vorbereitet) zurück.

"Ton ab" – "Ton läuft." "Kamera ab" – "Kamera läuft." "Und Action!" Schwungvoll betrete ich die Szene und frage nach einer Tankstelle, in der wir Petroleum für unsere Kocher erstehen können.

"Nein, aus – vorbei", ruft Martin, "wir sind doch nicht wegen des Sprits sondern wegen des Hubschraubers hier. Das Ganze nochmal!" Erst nach dem dritten "Take" ist Martin zufrieden.

"Filmen ist halt harte Arbeit", sagt er.

Nebenbei haben wir auch erfahren, was wir eigentlich wissen wollten: Unser Charterflug ist für morgen mittag geplant – falls das Wetter gut ist. Geschädigt von unseren Erfahrungen in Søndre Strømfjord will Frank genau wissen, was "gutes Wetter" bedeutet.

"Horizontale Sichtweite vier Meilen, Wolken nicht tiefer als 300 Fuß", antwortet prompt der Pilot, der gerade das Büro betritt, "darunter läuft nichts!"

Anhand einer Karte erklären wir unser Vorhaben und zeigen ihm den gewünschten Absetzpunkt auf dem Hann Gletscher. Geduldig hört er zu.

"Euch da hinaufzufliegen ist keine Problem", meint er dann. "Die Schwierigkeiten für euch beginnen erst, wenn ich abgeflogen bin und ihr alleine seid in den Gletscherbrüchen. Die meisten Expeditionen habe ich jedenfalls nach einigen Tagen wieder herausholen müssen."

Diese nüchterne Feststellung beeindruckt uns.

Als wir zum Dorf zurückgehen, meint Frank: "Ich habe das ungute Gefühl, daß in Amassallik die Wetten 10:1 gegen uns stehen!"

Doch wir wollen uns nicht entmutigen lassen. Schon gar nicht, bevor wir nicht die ersten Schritte auf dem Eis getan haben und auch dann nicht, wenn Schwierigkeiten auftreten sollten. Wir haben den festen Willen, unseren Weg nach Westen zu suchen – bis wir am Ziel sind oder uns die Lebensmittel zur Neige gehen. Und die reichen immerhin für 45 Tage!

Um letzte Formalitäten zu erledigen, statten wir dem Dorfpolizisten einen Besuch ab. Dann sind wir froh, sämtliche Bürokratie für die nächsten Wochen hinter uns lassen zu können.

Fehlt nur noch das Gewehr zum Schutz vor Eisbären, die sich gelegentlich in die einsamen Gletscherregionen Ostgrönlands verirren sollen. Man hat sogar Bärenspuren in der Nähe von Dye 3 entdeckt, einer amerikanischen Frühwarnstation, die mitten auf dem Inlandeis liegt, Hunderte von Kilometern vom nächsten Land entfernt.

Entsprechend Großkalibriges zu unserer Sicherheit finden wir in einer Ecke des Gemischtwarenladens. Mit den Gewehren nebst Munition, die hier friedlich zwischen Jeans und Cremes liegen, könnte man fast ein Bataillon bewaffnen. Auch daß Günter, unser Jäger, probeweise die Hähne eines Repetiergewehres Kaliber 30/06 klicken läßt, stört hier niemanden. Die Jagd scheint noch selbstverständlicher Bestandteil des Alltags zu sein.

Am Abend wollen wir uns mit einem ausgiebigen Festessen von der Zivilisation verabschieden. Leider haben wir die Rechnung ohne den Wirt gemacht, der sich an diesem Abend freigenommen hat. Außer dem Hotel Amassallik gibt es keine Restaurants in der Stadt. Da wir das Expeditionsessen nicht anrühren wollen, bleiben nur noch drei Liter Apfelschnaps, die wir auf dem Eis entbehren zu können glauben.

"Alkohol hat auch Kalorien und wenn man erst mal betrunken ist, merkt man den Hunger nicht mehr", erläutert Martin nach einem recht großen Schluck aus der Flasche.

Vier Stunden später sind wir ganz seiner Meinung. Wir sind bester Stimmung und bereit, dem Inlandeis zu zeigen, wo es langgeht – oder umgekehrt? Na egal, Hauptsache Richtung Westen, wir werden das Kind schon schaukeln.

Unsere Angehörigen, die wir kurz vor dem letzten Schlaf in der Zivilisation noch einmal anrufen, können sich allerdings unsere heitere, ausgelassene Stimmung nicht so recht erklären.

*22 km westl. v. Timiteqilaq an Johann Petersen Fjord*

## Der Hann Gletscher

Mein Kopf dröhnt und schmerzt. Zu den üblichen Folgen unseres ausgiebigen Abschiedstrunkes am gestrigen Abend gesellt sich das Brüllen eines 1 500 PS starken Motors. Die Rotoren unseres Hubschraubers wirbeln mit der gleichen Wucht in der Luft, wie die Kopfschmerzen in meinem Hirn. Durch einen winzigen Spalt zwischen eng gestapelten Schlitten, Packsäcken und Skiern sehe ich den Piloten, der in seinen letzten Instrumentencheck vertieft ist. Frank neben mir hält seine Kamera schußbereit und starrt erwartungsvoll zum Fenster hinaus. Udo, Martin und Günter stecken irgendwo im hinteren Teil der Bell 212 zwischen dem Gepäck.

Ein Crescendo des Motors – und wie im Fahrstuhl gleiten wir in die Höhe. Der Hubschrauber pendelt unter den Rotoren, vibriert im Rhythmus der Turbinen und nimmt Fahrt auf. Der Blick weitet sich. Schroffe, dicht gestaffelte Berge ziehen unter uns vorbei. Ihre tief verschneiten Flanken sind in gleißendes Sonnenlicht getaucht. Zwischen den Gebirgsketten drängen sich schmale Fjorde ins Land, in denen das Eis quadratisch aufgebrochen ist und schwarze Wasserflächen freigibt. Nach Osten hin weiten sich die Fjorde und münden in das Polarmeer, dessen unruhige, packeisbewehrte Oberfläche sich im hellgrauen Dunst des Horizonts verliert.

Kurz hinter Amassallik sind noch einige Schlittenspuren im Schnee, dann ist kein Zeichen menschlicher Anwesenheit mehr zu sehen. Verlassen und urweltlich dehnt sich die gewaltige Küstenlandschaft unter uns aus.

Frank drückt fast pausenlos auf den Auslöser seiner Kamera. Der Hubschrauber legt sich in eine Kurve, und ein Packsack bohrt sich in meine Seite.

Ganz allmählich wird der Blick nach Westen frei, und hinter den zahllosen Spitzen des König-Wilhelm-Gebirges taucht das Inlandeis auf. Einem mächtigen Schild gleich wölbt sich der Eispanzer dem Horizont zu, alles andere überragend, von einer Weite und Monotonie, Gewalt und Schwere, die erschreckt und zugleich lockt. Wie riesige Finger fallen Gletscherbrüche vom Inlandeis zum Meer hin ab und kalben (d.h. große Eisbrocken brechen ab und stürzen in das Wasser).

Maßlos in Raum und Zeit ist diese Landschaft, unbegreifbar in Ausdehnung und Alter. Seit Zehntausenden von Jahren mögen sich hier Klima, Eisverhältnisse und Vegetation kaum verändert haben, während in südlicheren Breiten Kalt- und Warmzeiten einander ablösten. So blicke ich in eine Vergangenheit, die Gegenwart zugleich ist.

Nach einer halben Stunde erreichen wir den Hann Gletscher, den wir wegen seiner geringen Steigung als Aufstiegsroute zum Inlandeis ausgewählt haben.

Der Hubschrauber taucht zwischen die Berge, geht tiefer und überfliegt in wenigen Metern Höhe die Schneefläche, um eine möglichst spaltenfreie Zone zu finden.

Endlich hat der Pilot einen geeigneten Landeplatz gefunden, setzt den Hubschrauber mit größter Behutsamkeit auf und zieht dann noch einmal hoch, um die Abdrücke der Kufen im Schnee zu begutachten. Alles scheint in Ordnung, und so landet er auf den Zentimeter genau in der vor gelegten Spur, immer noch bereit, beim Einsinken einer Kufe in eine Spalte den Hubschrauber sofort wieder hochzuziehen. Doch der Untergrund hält.

Ich öffne die Tür und springe hinaus in das gleißende Licht. Wie betäubt stehe ich im Schnee und lasse das Panorama auf mich wirken.

Im Norden und Süden ragen steile Bergflanken auf, deren Gipfel unter einem mächtigen Eispanzer begraben sind. Nach Westen hin steigt der Gletscher sanft zum Inlandeis an. Nur wenige Gletscherspalten sind zu sehen.

"He, Michael, nicht träumen, sondern anfassen!" ruft Udo mit etwas gepreßtem Atem, denn er wuchtet gerade allein einen Schlitten aus dem Laderaum.

Schnell packen wir die Ausrüstung aus und werfen die Sachen einfach wahllos in den Schnee.

Mit einiger Skepsis hat der Pilot unserem Auslademanöver zugeschaut. Noch einmal versucht er, uns von unserem Vorhaben abzuhalten.

"You really want to go out there?" fragt er und hofft auf eine einschüchternde Wirkung der Gletscherlandschaft auf uns. Doch wir bleiben standhaft.

Die Bel 212 auf dem Hann Gletscher

Die Rotoren des Helikopters peitschen die Luft, Schnee fliegt auf. Der Pilot nickt uns mit dem Bug der Maschine ein letztes Lebewohl zu und dreht dann ab. Bald verschwindet der Hubschrauber in Richtung König-Wilhelm-Fjord aus unserem Gesichtsfeld. Die letzte Verbindung zur Zivilisation ist abgebrochen.

Vollkommene Stille umgibt uns. Einige Minuten vergehen, bevor wir begreifen, daß unsere Wanderung über das Inlandeis nun begonnen hat. Mit dem Abflug des Hubschraubers ist ein Uhrwerk in Gang gesetzt, daß nach 45 Tagen aufhören wird zu schlagen. Für knapp sieben Wochen reichen unsere Vorräte. Dann wird die Uhr, die uns Zeit zum Leben gibt, stehenbleiben. In diesen Wochen müssen wir den Weg durch das Inlandeis finden – oder scheitern.

Da es schon später Nachmittag ist, beschließen wir, heute nur unsere Ausrüstung zu ordnen, ein Lager aufzuschlagen und uns so gut wie möglich mit der ungewohnten Situation vertraut zu machen. Doch das ist leichter gesagt als getan! Was um uns im Schnee verstreut liegt, gleicht eher einem Memoryspiel als einer geordneten Expeditionsausrüstung.

Martin hat schon bald seine diversen Filmbeutel identifiziert. Wem jedoch der Rest gehört, ist völlig unklar. Lange dauert es, bevor wir uns einen Überblick verschafft haben.

Dann werden die Zelte aufgeschlagen – noch unbeholfen und zeitraubend. Jeder will helfen und packt mit an, aber viele Köche verderben den Brei. Kaum haben zwei eine Zeltplane in den Griff bekommen, zerrt sie ihnen der dritte eilfertig wieder aus der Hand.

Nach der anstrengenden Arbeit in frischer Luft bekommen wir Hunger, und ich werde von Udo gebeten, für heute den Koch zu spielen. Doch das Abendessen läßt sich nicht besser an als der vorangegangene Teil. Die Kocher sind nicht zu finden und Petroleum fehlt. Endlich kommt das Kochgeschirr bei Frank zum Vorschein – doch wo sind nur die Isoliermatten, die das Einsinken der Kocher in den Schnee verhindern sollen?

Lauter ungeklärte Fragen unter der Polarsonne, die sich, wie um das ganze Elend nicht mit ansehen zu müssen, bald hinter die Berge im Norden verzieht.

Nach großer Suchaktion sind schließlich alle Sachen gefunden, und Udo bringt die Kocher zum Surren. Es gibt Spaghetti Bolognese mit Pemmikan (haltbar gemachtes Fleisch mit Fett, ursprünglich verwendet von Indianern). Seit unser Lager im Bergschatten liegt, ist es empfindlich kalt geworden. Wir schlingen das Essen hastig hinunter, dennoch verlieren wir den Wettlauf mit dem Frost. Die letzten Bissen des Essens sind bereits am Topfboden angefroren.

"Das ist ja ein entsetzliches Chaos", schimpft Martin, "alles hätte viel besser vorbereitet und geplant werden müssen. Wenn das so weitergeht, dann 'gute Nacht'!" Mit diesen Worten zieht er sich mit Günter ins Zelt zurück. Unbeeindruckt von diesen Worten geht Frank ebenfalls schlafen.

"Einfach scharf die Fotos, die ich aus dem Hubschrauber gemacht habe", murmelt er, bevor er den Reißverschluß unseres Schlafzeltes zuzieht.

Udo und ich sitzen noch eine Weile auf den Schlitten und schauen dem Farbenspiel der untergehenden Sonne zu. Die Bergketten im Osten werden in ein letztes Rot getaucht, dann legt sich ein hellgraues Dunkel über die Landschaft. Die ersten Sterne blinken in der kalten Winterluft, Polarlichter huschen gespenstisch über das Firmament, erst matt, dann hell auflodernd in der zunehmenden Schwärze des Himmels.

Die Inuit sehen im Nordlicht den Widerschein von herrlichen Festen, die die Verstorbenen im Jenseits feiern; für Udo und mich ist es eine Erinnerung an gemeinsame Reisen in Lappland. Die Anspannung der vergangenen Wochen löst sich. Wir fühlen uns eingebunden in das großartige Schauspiel, das uns umgibt.

Wie ein Schattenriß zeichnet sich Udos hochaufragende, schmale Figur vor dem dunklen Blau des Gletschers ab. Er hat seine Brille abgesetzt und streicht sich über den Bart. Die kurzgeschorenen Haare sind unter einer Schirmmütze versteckt, deren Ohrenklappen lose herunterhängen. Er ist konditionell einer der stärksten unserer Gruppe und besitzt ein außergewöhnliches Durchhaltevermögen. Hat er sich ein Ziel gesetzt, so verfolgt er es mit Konsequenz und Liebe zum Detail. War ich es, der die Wanderung in großzügigen Strichen skizzierte, so übernahm er die Feinarbeit und entwickelte aus meinen Ideen ein durchführbares Konzept. Nun sitzt er neben mir und schaut hinaus auf den Gletscher, über den sich die arktische Nacht senkt.

"Ich kann es kaum glauben, daß wir endlich hier sind", sagt Udo leise, "so lange habe ich auf diesen Moment gewartet, so oft habe ich mir vorgestellt, wie es sein wird. Und nun, wo es Wirklichkeit ist, ist es unglaublicher, als ich es mir je ausgemalt habe."

## Aufstieg zum Plateau

"Unangeseilt gehe ich hier keinen Schritt", verkündet Frank am Morgen, als er aus dem Zelt kriecht und einen prüfenden Blick auf den Gletscher wirft.

Ein Anflug von Panik liegt in seiner Stimme, als er fortfährt: "Da unter dem Schnee lauern sicher viele Spalten, die nur darauf warten, uns zu verschlingen. Und ich möchte kein Gletscherfrühstückshappen sein!"

Ich kann seine Angst nicht recht verstehen. In mildes Morgenlicht getaucht, liegt der Gletscher vor uns. Darüber wölbt sich ein herrlich blauer Himmel, an dem keine Wolke zu sehen ist. Es herrscht völlige Windstille – insgesamt ein Bild, wie man es sich friedlicher nicht vorstellen kann. Mir scheint, als wolle das Inlandeis uns mit dieser freundlichen Offerte eine Chance geben, uns an das Leben in der Eiszeit zu gewöhnen.

Martin hat es sich auf einem Schlitten bequem gemacht und begutachtet unsere Aufstiegsroute mit fachmännischem Blick. Er ist von kleiner Statur. Seine breiten Schultern und muskulösen Arme verraten jedoch den geübten Bergsteiger. In seinem Gesicht, das so einnehmend lachen kann, steht jetzt ein angespannter Zug. Es ist nicht nur der Gletscher, der ihn beschäftigt. Auf unserer Wanderung soll ein Fernsehfilm entstehen, für den er als Kameramann und Regisseur in einer Person die Verantwortung trägt. Das wird für ihn Arbeit unter härtesten Bedingungen bedeuten: Arbeit mit von der Kälte spröde gewordenem Filmmaterial, beschlagenen Linsen und einer eiskalten Kamera, an der die bloßen Finger anfrieren. Mit Handschuhen kann man die Feinarbeit an der Kamera nicht leisten. Filmen in Grönland heißt, neben der anstrengenden Arbeit des täglichen Lebens noch Kraftreserven zu mobilisieren, um Einstellungen zu planen und Extrawege zurückzulegen, um die Wanderung aus den verschiedensten Perspektiven festzuhalten. Außerdem muß er uns, die Darsteller des Films, zur Mitarbeit überreden. Vor der Reise hatten wir ihm zwar Entgegenkommen und Hilfe zugesagt; doch ob wir unser Versprechen unter den rauhen Bedingungen Grönlands halten werden, bleibt dahingestellt.

Es ist nicht der erste Expeditionsfilm, den Martin dreht, und er weiß um die Schwierigkeiten, die vor ihm liegen. Deshalb steht jetzt Nachdenklichkeit in seinem Gesicht geschrieben, als er auf den Gletscher hinauschaut – aber auch der Wille, sein Vorhaben durchzuführen.

Frank indessen hat nur Augen für die unter dem Schnee verborgenen Gletscherspalten. Die Sonnenbrille auf die Stirn geschoben, sucht er mit dem Fernglas nach einem gangbaren Weg.

Trotz seiner wuchtigen Gestalt erscheint er mir klein vor den eisstarrenden und fast senkrechten Felswänden im Süden. Nun setzt er das Fernglas ab, beschattet sein Gesicht mit der Hand, um sich vor der schmerzenden Helligkeit zu schützen und bemüht dann wieder das Fernglas.

Er hatte keine Zeit, sich körperlich und geistig auf das Unternehmen vorzubereiten. Sein Beruf hat ihn bis zum letzten Tag vor unserer Abfahrt voll in Anspruch genommen, und nun überwältigt ihn die Einsamkeit und Gewalt der Landschaft mehr als uns andere. Angesichts der Szenerie, die uns umgibt, scheint er sich nun klar darüber zu werden, auf was er sich eingelassen hat. Doch für eine Umkehr ist es zu spät und er versucht, sich mit der ungewohnten Situation vertraut zu machen.

Mit der ihm eigenen Neugier und Begeisterungsfähigkeit stürzt er sich oft, einem spontanen Impuls folgend, in Unternehmungen und ist anschließend verwundert darüber, wohin es ihn verschlagen hat. Und das sind zur Zeit die Gletscherbrüche Ostgrönlands und anschließend eine in Frost erstarrte Welt, deren Ausdehnung das menschliche Vorstellungsvermögen sprengt. Er wendet sich nun vom Gletscher ab und beginnt, das Frühstück zu bereiten.

Günter sortiert derweilen bedächtig die alpine Ausrüstung: Seile, Karabiner, Gurtzeug und alle anderen Dinge, die für die Begehung des Gletschers notwendig sind. Ruhig und ausgeglichen sind seine Bewegungen, nicht anders als sonst. Impulsives Handeln ist ihm fremd, nur wenig kann ihn aus der Fassung bringen. Sein Tun ist wohlüberlegt und gut durchdacht. Hat er sich nach reiflichen Überlegungen für eine Sache entschieden, ist er kaum noch von seinem Plan abzubringen. Im Augenblick hat er sich die Grönlanddurchquerung vorgenommen.

Hinter seinem bärtigen Gesicht mit den zufriedenen, wohlwollenden Augen verbirgt er manche Gefühlsregung. Seine Kompromißfähigkeit ist groß. Doch wenn er einmal in Wut gerät, so geschieht dies ebenso gründlich wie alles andere, das er tut.

Dem aus Tirol stammenden Bergführer und Rettungsmann der Österreichischen Flugwacht sind Berge sehr vertraut, und so scheint er sich auch auf dem Eis sofort heimisch zu fühlen. Während des Frühstücks entwickelt er zusammen mit Martin eine Aufstiegsstrategie über den Hann Gletscher zum Inlandeis:

Er und Martin bilden als erfahrene Alpinisten eine Zweierseilschaft und legen die Spur durch das vor uns liegende Gebiet. Udo, Frank und ich sollen als Dreierseilschaft folgen.

"Lauft's ihr drei nur in Martins und meiner Spur, dann kann euch nichts passieren", versucht Günter, Frank zu beruhigen. Doch ein Rest von Skepsis steht noch in dessen Gesicht, als wir unser Lager abbrechen und der Zeitpunkt des Abmarsches immer näher rückt.

Eine kleine Galgenfrist bleibt uns aber noch, denn es dauert lange, bis wir die vielen Packsäcke, Zelte, Benzinkanister und Kleinigkeiten auf den Schlitten verstaut haben. Hoch türmt sich das Gepäck, und nur mit lieber Not können wir die Planen über den zwei Meter langen und einen Meter hohen Ungetümen verschließen.

Wir befestigen die Steigfelle unter den Skiern, legen die Zuggurte der Schlitten um und seilen uns an. Dann können wir endlich starten.

Gespannt beobachten Frank, Udo und ich, wie unser Bergsteigerduo loszieht. Jetzt, zu Beginn der Expedition, wiegt jeder Schlitten noch 115 Kilogramm, und Martin hat gestern Zweifel angemeldet, ob man eine so schwere Last überhaupt ziehen könne.

Doch die beiden kommen gut voran. Langsam und bedächtig legen sie die Spur, die zunächst in eine kleine Mulde führt. Dann folgt eine sanfte Steigung zu einem ausgedehnten Gletscherplateau. Spalten scheinen keine Probleme zu bereiten, denn nur ab und zu bleibt Günter, der als erster geht, stehen, um den Grund zu prüfen. Dann ziehen die beiden weiter durch den glitzernden Schnee. Bald sind sie nur noch winzige Punkte in der unermeßlichen Weite der Eisfläche.

Nach einer halben Stunde erreichen sie den Absatz. Mit dem Fernglas beobachtet Frank, wie Martin seine Kamera aufbaut. Schließlich sollen unsere ersten Schritte auf dem Eis dokumentiert werden. Nun gibt er uns ein Zeichen, ihnen zu folgen.

Udo stemmt sich in die Riemen und zieht los. Das Seil, durch das wir miteinander verbunden sind, läuft aus. Kurz bevor es sich strafft, beginnt Frank seinen Marsch. Ich folge ihm am gespannten Seil.

Dies sind also unsere ersten Schritte auf einem siebenhundert Kilometer langen Weg zur grönländischen Westküste. Hunderttausende werden noch folgen. Mühsam stemme ich mich in das Zuggestänge; die Riemen reißen an den Schultern, und in der Sonne ist es fast unerträglich heiß. Nach wenigen hundert Metern bin ich schweißgebadet, und unter dem Nasenschutz meiner Gletscherbrille riecht es recht scharf nach Sonnenschutzcreme.

Einen kurzen Moment verharre ich, um Atem zu schöpfen, da strafft sich das Seil vor mir, und Frank, mein Vordermann, wird mit scharfem Ruck nach hinten gerissen.

"Mensch, paß doch auf! Du mußt immer das gleiche Tempo halten wie Udo und ich, sonst reißt du mich von den Beinen", ruft Frank.

Neben der schweren Plackerei müssen wir also auch noch auf das Seil und die Marschgeschwindigkeit achten. Bleibt Udo stehen, müssen Frank und ich warten; geht er weiter, müssen wir es auch. Dazu kommt, daß Udo konditionell in der Form seines Lebens zu sein scheint. Er stürmt los, als wolle er das Inlandeis an einem Tag bewältigen. Schnell nimmt er die letzte Steigung zum Plateau, auf dem Günter und Martin warten. Oben angekommen wollen Frank und ich einige Minuten verschnaufen, doch Martin treibt uns erbarmungslos weiter.

"Die erste Aufnahme war schon toll. Wie ihr den Hang hinaufgegangen seid! Jetzt noch eine Nahaufnahme von vorne. Da muß man die Anstrengung in euren Gesichtern sehen können." Martin ist in seinem Element und treibt uns von einer Einstellung zur nächsten.

Hollywood auf dem Inlandeis – und wir sind nun mal die Hauptdarsteller. Nur sind wir hier nicht vor einem "blue screen", sondern alles ist harte Realität.

Zur Mittagspause bin ich schon reichlich ausgepumpt und wundere mich, wo Martin, der einen ebenso schweren Schlitten wie wir anderen zieht, die Energie hernimmt, seine Filmarbeit zu leisten.

Er ist nicht zu bremsen. Mit tatendurstigem Blick mustert er unsere weitere Aufstiegsstrecke – mir schwant Übles.

Vor uns baut sich eine zweihundert Meter hohe Wand auf, die wir besteigen müssen. Zu beiden Seiten dieses Gletscherfalls liegen senkrechte Felswände, so daß ein Ausweichen unmöglich ist. Die einzige Aufstiegschance scheint eine schmale Rampe zu sein, die quer zur Wand nach oben verläuft.

"Da müssen wir uns wohl zu zweit vor einen Schlitten spannen, um unser Gepäck nach oben zu bringen, das gibt eine gute Aufnahme", freut sich Martin, "Günter und ich gehen voraus." Und schon sind wir wieder unterwegs.

Am Fuß der Wand angekommen, nimmt unser Filmteam die Rampe in Angriff. Ein Seil wird als zweites Zuggeschirr benutzt. Beide steigen mit solcher Vehemenz, daß der feine Pulverschnee nur so wirbelt. Vollkommen synchron sind ihre Bewegungen: Stockeinsatz rechts, linker Ski vor und umgekehrt – immer im idealen Gleichschritt, als ob sie ein jahrelang eingespieltes Schlittenzugteam wären.

Oben angekommen schirren sie sich schnell aus und jagen in Schußfahrt zu ihrem zweiten Schlitten zurück, der mit demselben Schwung und Geschick nachgeholt wird. Dann gibt Martin wieder das Zeichen, daß er filmbereit ist.

Udo und Frank bilden das nächste Zweierteam, und so bleibe ich mit meinem Schlitten vorerst allein. Doch eigentlich habe ich keine Lust, diese Strecke mehrmals zu gehen und außerdem finde ich, daß jetzt die Zeit für eine kleine Heldentat gekommen ist.

Ich spanne mich also vor den Schlitten und versuche, die Rampe im Alleingang zu nehmen.

Heftige Proteste von oben – "Mensch, warte doch, wir helfen dir gleich!" – können mich nicht mehr bremsen. Ich habe mich in den Hang verbissen. Das erste Drittel läßt sich noch gut an, dann lassen meine Kräfte nach. Die Steigung nimmt aber zu!

Ich beginne, die Schritte zu zählen, beim zehnten bleibe ich stehen und mache eine Pause. Dann gehe ich weiter, bis mir der Puls im Kopf dröhnt. Der Schnee wird tiefer, ich finde mit meinen Skiern keinen Halt mehr. Hilflos rudere ich im Untergrund, komme aber kaum voran. Ein letzter, schon ziemlich verzweifelter Versuch – und auch diese Stelle ist genommen. Im letzten Drittel wird das Gelände wieder etwas flacher, und völlig erschöpft erreiche ich die Anhöhe fast gleichzeitig mit Frank und Udo, die ihren zweiten Schlitten ziehen.

Zur Belohnung für unsere Mühe haben wir einen herrlichen Blick über namenlose Gebirgsketten im Norden. Zwischen den Flanken der Berge, die sich südlich von uns erheben, schimmert mattgrau das Polarmeer.

Nach Westen hin weitet sich der Gletscher und steigt in ganz sanften Wellen zum Inlandeis an. Die Sonne steht schon tief und legt einen rötlichen Schimmer auf den Firn. Kleine Schneegangeln zeichnen lange Schatten.

Wir gehen noch zwei Kilometer nach Westen, dann schlagen wir die Zelte auf und kochen. Günter schaut auf seinen Höhenmesser, der tausend Metern anzeigt. Also sind wir heute dreihundert Höhenmeter aufgestiegen und das mit über einer halben Tonne Gepäck!

Zufrieden mit unserem Tagewerk lassen wir uns Kartoffelpüree mit Pemmikan in Currysauce schmecken.

Allerdings will Frank mit Udo einen Streit über das Marschtempo beginnen. Seiner Meinung nach müßten öfter Pausen eingelegt werden, zudem sollte der konditionell Schwächste die Geschwindigkeit bestimmen. Doch Udo ist zu müde, um sich auf eine lange Diskussion einzulasssen und geht einer näheren Erörterung aus dem Weg. Trotz der unvollkommenen Aussprache scheint Frank erleichtert. Der Keim eines Mißverständnisses jedoch bleibt.

Frank und Udo an einem Steilhang des Hann Gletschers

## Südlich des 66. Breitengrades

Am nächsten Morgen werde ich vom Lärm eines Hubschraubers geweckt. Was hat das zu bedeuten? Hat einer von uns vielleicht auf den Knopf unseres SOS-Funkgerätes gedrückt? Sollte unsere Expedition schon beendet sein, bevor sie richtig angefangen hat?

Diese Fragen schießen durch mein schlaftrunkenes Hirn, während ich mich hastig aus dem Schlafsack pelle, die Windbekleidung überstreife und in meine Schuhe steige. Auch neben mir ist Leben in die Schlafsäcke gekommen. Udo und Frank schauen mich verwirrt an; die Haare stehen ihnen buchstäblich zu Berge.

"Sag mal, das ist doch ein Hubschrauber! Was hat denn der hier zu suchen, doch hoffentlich nicht uns!" sagt Udo. Den Reißverschluß des Überzeltes können wir gar nicht schnell genug öffnen, dann stürzen wir hinaus. Martin und Günter sind auch schon auf den Beinen.

Wo ist meine Sonnenbrille? Es ist draußen so hell, daß ich blinzeln muß und kaum etwas erkennen kann. Ich mache meine Brusttasche auf, fingere nach der Gletscherbrille und ziehe sie über. Nach Westen hin erkenne ich einen kleinen Punkt am blauen Himmel, der fast direkt auf uns zufliegt.

"Hat einer von euch auf das Knöpfchen gedrückt?" fragt Günter. Wir schütteln den Kopf. Gespannt verfolgen wir den Flug des Helikopters, der nun nach Norden abdreht und tiefer geht. Dann verschwindet er etwa drei Kilometer entfernt von uns hinter einer mächtigen Schneedüne.

"Natürlich, jetzt habe ich's", ruft Udo, "das können nur die Spanier sein, die wohl ihr Geld bekommen haben und sich nun ihren Flug leisten können. Die wollen sich doch auf dem Hann Gletscher absetzen lassen."

"Genau, und weil ihnen ihr mißlungener Start im Johann-Peter-Fjord noch in den Kochern steckt und sie von Anfangsschwierigkeiten genug haben, lassen sie sich gleich auf das Plateau fliegen", ergänzt Frank Udos Überlegung.

Zwanzig Minuten später taucht der Hubschrauber wieder auf. Er ist nun auf dem Rückweg nach Amassallik. Mißmutig schauen wir ihm nach.

"Das geht hier ja zu wie in einem Taubenschlag. Da fliegt man ein paar tausend Kilometer von Europa nach Westgrönland, wartet dort sechs Tage auf den Weiterflug, fliegt dann in einen winzigen Ort an der Ostküste und läßt sich in einer menschenleeren Gegend irgendwo auf einem Gletscher absetzen, um endlich einmal allein zu sein. Und was passiert? Sofort rückt der nächste Trupp zum Helikopterskying an. V as muß man denn noch tun, um einmal ungestört zu sein?" schimpfe ich und gebe damit der allgemeinen Stimmung Ausdruck.

"Würde mich gar nicht wundern, wenn plötzlich ein paar Skihasen in bunten Overalls den Hang heruntergewedelt kommen, den Kopfhörer ihres Kassettenrecorders absetzen und nach der nächsten Schneebar fragen", sagt Frank. Wir lachen und wollen zur täglichen Routine übergehen. Doch die ist uns noch nicht in Fleisch und Blut übergegangen, und so dauert es vier Stunden, bevor wir losziehen können.

Die Sonne sticht vom Himmel und hat die Luft auf 30 Grad Celsius aufgeheizt. Der Schnee ist weich und die Schlitten kleben auf dem Untergrund. Obwohl die Eisfläche nur leicht ansteigt, ist unsere Last nicht besser fortzubewegen als am Vortag. Alle laufen im Unterzeug, um sich etwas Kühlung zu verschaffen. Wir haben Durst und strecken unsere Marschration Tee (einen Liter pro Person und Tag) mit Schnee, doch schon bald ist der letzte Tropfen getrunken.

Vor der Reise hatten wir mit Temperaturen bis zu minus 45 Grad gerechnet und unsere Kleidung danach ausgerichtet. Jeder führt in seinem Schlitten Anoraks, Hosen, Handschuhe und Überschuhe aus Daunen, warme Schlafsäcke, dicke Faserpelzbekleidung und Thermounterwäsche mit. Doch nun wartet das Inlandeis mit einer Hitze auf, die der Mittelmeerküste im Sommer zur Ehre gereichen würde. Shorts und leichte T-Shirts haben wir leider nicht. Nach ein paar Kilometern ist unser warmes Unterzeug dunkel vor Schweiß.

"Am liebsten würde ich mit nacktem Oberkörper gehen", sagt Frank. Doch er sieht ein, daß er sich bei der intensiven Sonneneinstrahlung hier einen kräftigen Sonnenbrand zuziehen würde. Die Menge der Schutzcreme ist nur für die Hände und das Gesicht berechnet. An Sonnenbäder hatte vorher niemand gedacht.

Nach zwei Stunden treffen wir auf die Spur der Spanier, die unseren Weg von Ost nach West kreuzt. Die Gruppe selbst können wir nicht ausmachen, da der Gesichtskreis in Marschrichtung durch langgezogene Schneedünen auf wenige Kilometer begrenzt ist. Auch die Gipfel der Berge im Osten und Süden liegen schon weit hinter uns und schauen nur noch gelegentlich über den Horizont. Wenn wir uns in einer Senke befinden, können wir auch diese letzten dunklen Flecken hinter dem gleißenden Schnee nicht mehr sehen. Die Orientierung wird dann schwierig, und wir geraten in Gefahr, von unserem Kurs abzukommen.

Udo sucht eine Karte heraus, und wir besprechen unsere Position. Wir befinden uns auf einer riesigen Halbinsel, die sich von der allgemein nordsüdlich verlaufenden Küstenlinie Grönlands absetzt und ungefähr hundertfünfzig Kilometer weit nach Osten erstreckt. Der Eispanzer, der die Halbinsel fast vollständig bedeckt, ist nur ein schmaler Ausläufer des Inlandeises, das sich von Westen herüberschiebt, durch den Randsaum von Küstengebirgen hindurchbricht, in riesige Spaltenzonen aufreißt und zum Meer abbricht. Der Hann Gletscher liegt am südöstlichen Ende dieser Halbinsel, der wir noch hundert Kilometer nach Westen folgen müssen, um die Hauptmasse des Inlandeises zu erreichen.

Da wir nicht in das unruhige Eis der südlichen Küstengletscher geraten wollen, beschließen wir, unseren Kurs nach Nordwesten auszurichten und bis zum 66. Breitengrad beizubehalten, der genau auf der Achse der Halbinsel verläuft. Diesem Breitengrad wollen wir folgen und unsere Marschrichtung erst dann nach Südwesten ändern, wenn die Halbinsel hinter uns liegt.

Zwar widerstrebt uns der Aufstieg zum 66. Breitengrad, weil Kapisillit, der Endpunkt unserer Expedition in Westgrönland, auf dem 64. Breitengrad und damit in fast entgegengesetzter Richtung liegt, aber "besser einige Dutzend Kilometer mehr laufen, als in eine Spalte zu tapsen", wie es Günter drastisch formuliert.

"Apropos Spalten, Günter, wie sieht es aus? Können wir uns wieder abseilen?" frage ich.

Das unruhige Eis der Küstengletscher liegt hinter uns

"Ich glaube schon, auf den letzten Kilometern ist mir nichts Spaltenverdächtiges mehr untergekommen", gibt Günter bedächtig zur Antwort. Wirklich sind wir bis zur Westküste von den lästigen Seilen erlöst.

Da wir uns ohne Hilfe eines Kompasses in der grenzenlosen Weite der Eisfläche nicht mehr orientieren können, montiert Udo einen Kugelkompaß so an sein Zuggestänge, daß er im Gehen den Kurs ablesen kann. Anschließend schraubt er eine Aluminiumgabel an die Rückseite meines Schlittens, die als Befestigung für eine Fahrradfelge mit Kilometerzähler dient. Nun können wir Richtung und zurückgelegte Wegstrecke ablesen und auf diese Weise unsere jeweilige Position berechnen. Stolz hebt Udo das Rad hoch, dreht es und läßt den Kilometerzähler klicken.

"Nun müssen wir nur noch unsere Marschzahl berechnen, und es kann losgehen", sagt der Obernavigator unserer Expedition. Als Physiker hat er diesen lebenswichtigen Teil übernommen und sich im Selbststudium die Grundlagen der terrestrischen Navigation (einschließlich der Handhabung eines Sextanten) angeeignet.

"Das ist alles nur sphärische Trigonometrie", hatte er mir damals in Berlin gesagt, als er mich bei der Unterweisung als sein Assistent in Böhmische Dörfer schickte.

Nun geraten wir in eine hitzige Diskussion über die Handhabung der "Mißweisung", der Abweichung des geographischen vom magnetischen Pol. Die Differenz beträgt hier im Norden 33 bis 38 Grad West. Muß man nun diesen Wert zur angezeigten Gradzahl addieren oder von ihr subtrahieren? Hin und her tobt das Wortgefecht; die anderen drei hören betreten zu.

"Kinder, Kinder, das hättet ihr euch zu Hause überlegen sollen", platzt Martin schließlich der Kragen, "für solche Überlegungen ist es reichlich spät. Wenn ihr euch jetzt schon nicht mehr über die richtige Richtung im klaren seid, sehe ich schwarz!"

Endlich finden Udo und ich einen Kompromiß: Wir werden zunächst seiner Theorie folgen und nachts mit Hilfe des Polarsterns die genaue Nordrichtung bestimmen. Danach kann Udos Berechnung überprüft und gegebenenfalls korrigiert werden. Das Navigatorenteam ist sich einig und schließt Frieden. Allerdings hat diese astronomische Lösung die Zweifel der anderen leider noch verstärkt.

"Jetzt gucken die auch noch in die Sterne, um herauszukriegen, wo Norden und Süden ist, kaum zu glauben", murmelt Günter, als wir weiterziehen.

Udo übernimmt die Führung und richtet seine Augen stets auf den Kompaß, um nicht vom Kurs abzukommen. Hinter ihm gehen Günter und Martin, der (wie immer) auf Motivsuche ist. Vor mir beugt Frank bei jedem Schritt den Oberkörper weit nach vorn, um seinen Schlitten vorwärts zu ziehen. Ungefähr einen halben Meter vor meinen Skispitzen gleitet er durch den Schnee, schiebt sich über Eisrillen, durchquert ächzend kleine Mulden, wankt und schwankt und eilt mir dennoch mit stets gleicher Geschwindigkeit voraus. Allmählich beschränkt sich meine Welt auf diesen roten Farbfleck vor mir, der mir Richtung und Tempo angibt. Nie darf ich auch nur wenige Meter hinter diesem Schlitten zurückbleiben, der Vorsprung wäre kaum aufzuholen. Stoppt das Gefährt vor mir, weil sein Führer eine Steigung zu bewältigen hat, muß auch ich meinen Schritt verlangsamen, um dann dem davoneilenden Rot schnell hinterherzulaufen, bis der alte Abstand wiederhergestellt ist.

Nur selten wage ich, meinen Blick von dem Schlitten loszureißen und über die im gleichmäßigen Rhythmus sich hebenden und senkenden Schultern der Männer vor mir auf die Schneelandschaft zu blicken. Schon bin ich aus dem Takt gekommen und muß meinem roten Führer hinterhereilen.

Ich versuche, mit Frank ein Gespräch zu beginnen, doch eine Unterhaltung ist nur schreiend möglich, da der Abstand zu meinem Vordermann fünf Meter beträgt. Zuggestänge, Schlitten und Skier halten uns auf Distanz. Schon bald komme ich außer Atem, außerdem habe ich mich bereits heiser geschrien. Frank hat trotzdem nur die Hälfte verstanden, seine Antworten sind für mich völlig unverständlich. Mir schwant, daß ich mich während der langen Stunden des Schlittenziehens mit mir selbst beschäftigen muß.

Also versuche ich es mit einem Lied. Der letzte Satz von Beethovens 9. Symphonie scheint mir passend, und so singe ich leise die Tenorarie: "Laufet, Brüder, eure Bahn, freudig wie ein Held zum Siegen!" Nach anfänglicher Euphorie durchzuckt mich ein Schmerz im Zwerchfell, der mir klarmacht, daß schwere körperliche Arbeit und fröhliche Lieder nicht miteinander vereinbar sind. Also widme ich wieder meine ganze Aufmerksamkeit der Pulka vor mir, dem Stockeinsatz, der Atmung, den Beinbewegungen. Eine schöne Beschäftigung für die restlichen siebenhundert Kilometer bis nach Kapisillit!

Stunden gehen wir so. Deshalb bin ich fast erschrocken, als der Schlitten vor mir ohne ersichtlichen Grund hält und ich beinahe über ihn falle. Wir haben den Kamm einer großen Schneedüne bestiegen und Martin will filmen. Recht hat er, denn eine gewaltige Kulisse liegt zu unseren Füßen. Im mattblauen Licht der Nachmittagssonne sehen wir die Küstengebirge in einem riesigen Halbkreis, der nach Osten hin den Horizont schließt. Dunklen Kegeln gleich heben sich die dichtgedrängten Gebirgszüge von der Schneefläche ab. Vor uns, im

Westen, verläuft eine tiefe, wohl fünf Kilometer breite Rinne quer zu unserer Wanderrichtung. Dahinter krümmt der mächtige Gletscherpanzer erneut seinen Rücken.

Martin benötigt eine geraume Zeit für seine Filmaufnahmen. So kann ich beobachten, wie langgezogene Zirrhuswolken von Westen her aufziehen und der Weite der Schneefläche eine neue Dimension hinzufügen.

Leider kommen diese Wolken selten ohne Wind, und so sehe ich unserer nächsten Zukunft mit gemischten Gefühlen entgegen. Günter scheint es ebenso zu gehen, denn er tritt unruhig von einem Bein auf das andere und treibt Martin mit dem Hinweis zur Eile, daß das Wetter bald umschlagen könne. Günter meint, wir sollten die Zeit, in der die Sicht noch gut ist, ausnutzen, um das unruhige Eis der Gletscherregion möglichst weit hinter uns zu lassen.

Martin tut sein Bestes, aber "Filmen ist nicht nur harte Arbeit, sondern kostet auch viel Zeit." Mit zunehmender Wolkendichte nimmt Günters Geduld jedoch ab. Als Martin endlich Kamera und Stativ eingepackt hat, bittet Frank noch zu einem kurzen Fototermin:

"Bleibt mal so stehen, ich laufe ein kleines Stück vor. Mit Tele gebt ihr ein schönes Bild vor den Bergen ab", sagt er und kramt umständlich nach seiner Kamera. Da reißt Günter endgültig der Geduldsfaden.

"So geht es nicht weiter! Erst die lange Pause wegen der Navigation, dann das Filmen und jetzt auch noch Fotos! Außerdem dauert der Start morgens viel zu lange. Heute war gutes Wetter, wir haben aber nur acht Kilometer geschafft. Sowas kenne ich von anderen Expeditionen nicht, da wird von Anfang an geklotzt!"

Udos Versicherung, daß andere Grönlandexpeditionen in den ersten Tagen auch nicht schneller als wir gewesen sind, können ihn nicht umstimmen.

Kurzentschlossen übernimmt Günter die Führung, und seine langausholenden Schritte sprechen eine deutliche Sprache. Mit jedem dieser Schritte scheint er sagen zu wollen: So muß man laufen. In schneller Fahrt geht es in die tiefe Senke hinunter.

Daß ausgerechnet Günter, der ruhigste von uns, einen solchen Wutausbruch bekommen kann, hinterläßt einen tiefen Eindruck.

Wir gleiten noch bis zur Sohle der Senke, die anschließende Steigung wollen wir am nächsten Tag in Angriff nehmen.

Beim Aufschlagen des Zeltlagers sind wir leider immer noch einer aufgeschreckten Pinguinkolonie ähnlicher als einer ordentlichen Arktisexpedition und der aufkommende Wind, der Schnee über die Eisfläche treibt, macht unsere Arbeit auch nicht gerade leichter: Beim Aufschlagen der Zelte knattern die Planen im Wind und werden uns fast aus den Händen gerissen.

Unbeholfen im kniehohen Schnee stapfend, mühen wir uns ab, den wie ein Segel aufgeblähten Stoff zu bändigen. Skistöcke und Skier werden als Heringe zweckentfremdet und sollen die Planen am Boden halten.

Nun werden noch die Glasfiberstangen durch die Schlaufen im Überzelt gezogen, dann steht das Tunnelzelt. Günter und Martin machen es sich in ihrer Behausung bequem.

Frank, Udo und ich möchten heute in dem Pyramidenzelt schlafen, das ursprünglich als Küchenzelt gedacht war. Es dauert lange, bis wir die diversen Spannleinen entwirrt, das Innenzelt über die Mittelstange gestülpt und darüber das Überzelt befestigt haben. Unser zweite Tunnelzelt wollen wir wegen des starken Windes nicht aufbauen.

Ich stelle die Kocher in den Schnee, um das Abendessen zu bereiten. Die Flammen flackern jedoch so stark im Wind, daß sich unsere Mahlzeit kaum erwärmt. Auch eine eilends aufgebaute Schneemauer bringt wenig Abhilfe.

Als das Essen schließlich fertig ist, ist uns der Appetit vor lauter Kälte schon fast vergangen. Wortlos schlingen wir den lieblos zubereiteten Brei hinunter, die letzten Bissen sind am Topfboden festgefroren. Die Stimmung ist wie die Temperatur weit unter den Gefrierpunkt gesunken.

Martin ist der einzige, der noch etwas sagt: "In zwei Tagen sechzehn Kilometer. 700 minus 16 macht 684. Wenn wir nicht schneller werden, brauchen wir für den Rest der Strecke noch fünfundachtzig Tage!"

Udo bestimmt mit dem Sextanten unsere Position

# Wir richten uns ein

"Windstärke sieben bis acht aus Nordwest, Temperatur minus fünf Grad, Sichtweite drei bis fünf Kilometer."

Dies trage ich ein in mein Tagebuch, nachdem ich unser Zelt kurz verlassen habe. Eigentlich kein schlechtes Wetter, bedenkt man die geographische Breite, auf der wir uns befinden. Der Yukon River im Herzen Alaskas liegt schon südlich von uns! Außerdem gleicht die knapp zwei Millionen Quadratkilometer große Eisfläche hier in Grönland einer riesigen Tiefkühlkammer, die im Winter die Temperaturen schon mal unter minus sechzig Grad fallen läßt. Der Eispanzer, über dem manchmal Orkane mit bis zu 330 km/h toben, erreicht eine Stärke von drei Kilometern.

Dieser größte Gletscher der nördlichen Hemisphäre umfaßt neun Prozent der Welteismassen. Würde das grönländische Inlandeis abschmelzen, stiege der Meeresspiegel weltweit um sechs bis sieben Meter.

Ich muß an die beiden Flying Fortresses denken, die im zweiten Weltkrieg auf ihrem Flug von den USA nach Europa ungefähr hundert Kilometer südlich von unserer jetzigen Position auf dem Inlandeis notlandeten. Die Besatzung konnte gerettet werden, die Flugzeuge ließ man zurück. Anfang der achtziger Jahre versuchte eine private Bergungsfirma, die Maschinen zu orten und aus dem Eis zu befreien. Nach langer Suche mit Ultraschallgeräten fand man sie schließlich. Am Echomuster konnte man erkennen, daß die Flugzeuge gut erhalten waren. An eine Bergung war jedoch nicht zu denken, weil sie bereits von einer dreißig Meter starken Eisschicht bedeckt waren.

Mehr Schnee wird fallen, zu Eis werden und die Flugzeuge immer tiefer absinken lassen, dem menschlichen Zugriff entzogen, konserviert für die Ewigkeit.

Maßlos ist diese Landschaft, abweisend und feindselig. So verwundert es nicht, daß das Leben hier nicht Fuß fassen konnte. Nach dem antarktischen Eisschild ist das grönländische Inlandeis die größte Eiswüste der Welt.

Daran gemessen sind wir in den ersten beiden Tagen vom Wetter verwöhnt worden, diese Schonzeit ist jetzt jedoch vorbei. Ein kräftiger Wind läßt die wenigen Minusgrade heute wesentlich kälter erscheinen, und so denke ich mit Unwillen an das Kochen im Freien, das mir bevorsteht. Da ich (eher zufällig) seit Beginn der Expedition die Zubereitung der Mahlzeiten besorgt habe und mit der Handhabung der Kocher, Benzinkanister, Pumpen, Trichter, Töpfe und Thermoskannen schon vertraut bin, habe ich mich gestern abend selbst zum Chefkoch der Expedition ernannt. Auf ernsthafte Proteste stieß ich dabei nicht, und so fällt mir nun die undankbare Aufgabe zu, unter den hier herrschenden eisigen Bedingungen das Essen möglichst schmackhaft und schnell auf den Schneetisch zu bringen.

Martin und Günter gesellen sich zu uns in das Pyramidenzelt. Die Laune ist zu dieser frühen Morgenstunde noch recht verhalten. Frank liegt sogar noch in den Federn und wirft nur ab und zu Bemerkungen in eine kraftlose Debatte, die sich zwischen Udo und Martin entwickelt hat und den Tagesablauf der Expedition betrifft. Günter unterstreicht jedes Argument seines Freundes Martin mit einem verhaltenen Kopfnicken.

"Was macht eigentlich das Frühstück? Bevor das Wasser nicht in den Kesseln kocht, krieche ich nicht aus meinem Schlafsack!" Diese Äußerung Franks erinnert mich an meine neuen Pflichten, und so begebe ich mich mit einiger Überwindung an die frische Luft.

Allerdings – bei diesem Wind mit bloßen Händen an den Kochern herumfingern, mit kalten Füßen auf das Schmelzen des Schnees zu warten, vor Kälteschauern die Suppe versalzen und schließlich stehend essen? Da muß es doch eine bessere Lösung geben!

Ich stapfe zu dem leerstehenden Tunnelzelt, hänge das Innenzelt aus und hebe in Längsrichtung im Zelt einen schmalen Graben aus. So entsteht eine Sitzbank, die ich mit Schlafsackunterlagen isoliere. Beim Platznehmen kann ich die Beine bequem in den kleinen Graben stellen, außerdem habe ich mir gegenüber nun eine Fläche, auf der sich die Kochutensilien gut handhaben lassen.

Schnee zum Schmelzen liegt überall bereit, und das Wasser ist im Nu zum Kochen gebracht. Ein schöner Nebeneffekt ist, daß unsere drei Kocher die Luft im Zelt auf einige Grad über Null aufheizen.

Begeistert von dieser Neuerung, rufe ich die anderen zum Frühstück. Sie sind nicht wenig überrascht, so angenehme Verhältnisse vorzufinden. Schnell setzen wir uns vor die dampfenden Töpfe, essen und erzählen. Wir sind uns einig: So läßt es sich in Grönland aushalten! Die Westküste scheint auf einmal gar nicht mehr so weit zu sein.

Als wir die sanfte Steigung nach Westen unter die Skier nehmen, holt uns die grönländische Realität wieder ein. Der Wind treibt den Schnee in Schlangenlinien vor sich her, Eiskristalle jagen durch die Luft und stechen wie Nadelspitzen in mein Gesicht. Augen und Nase sind zwar durch die Gletscherbrille vor diesen kleinen Geschossen geschützt, doch meine Wangen werden schnell gefühllos. Deshalb ziehe ich die Kapuze mit dem breiten Fellsaum über den Kopf. Sofort wird mir warm, aber nun bin ich von der Außenwelt fast abgeschnitten. Mein Gesichtsfeld ist nun so eingeengt, daß ich nur einen schmalen Streifen der großen Eisfläche überblicken kann.

An eine Unterhaltung ist heute nicht zu denken, denn der Wind reißt mir jedes Wort von den Lippen und trägt den Schall über die endlose, menschenleere Schneelandschaft weg von meinen Freunden.

Wieder bin ich allein mit meinen Gedanken. Ich beobachte die Rillen, die der Wind in den Schnee modelliert hat, suche mir eine markante Schneegangel heraus und versuche, sie im Auge zu behalten. Verzweifelt verlangt mein Verstand nach einem Orientierungspunkt, nach einem optischen Halt, der mir Maßstäbe für Entfernungen und unsere Geschwindigkeit geben kann. Doch schon bald habe ich meine Rettungsinsel aus den Augen verloren. War es diese kleine Erhebung links von uns oder jene keilförmige Düne zur Rechten? Beide sind kaum voneinander zu unterscheiden; zudem bieten sie sich mir – durch meinen sich ändernden Blickwinkel – stets ganz neu dar. Aber irgendetwas muß es doch in dieser Landschaft geben, an das man sich halten kann!

Der Horizont bietet auch keine Abwechslung. Nach Westen hin ist im Schneetreiben nur eine sanfte Steigung zu sehen, die endlos zu sein scheint. Seit Stunden warte ich darauf, daß wir den Kamm dieses Hügels erreichen, doch wir scheinen auf der Stelle zu treten.

Nur der Kilometerzähler, den wir jede Stunde ablesen, gibt uns ein von Menschen geschaffenes Maß. Aber mehr als zwei bis zweieinhalb Kilometer schaffen wir nicht in einer Stunde. Zu tief ist der Schnee, zu schwer sind die Schlitten, um weit ausschreiten zu können.

In unseren kurzen Pausen werfe ich einen Blick nach Süden und Osten, wo ich die Küstengebirge vermute. Schemenhaft zeichnen sich gelegentlich graue Schatten in der von Treibschnee getrübten Luft ab. Mehr kann ich von ihnen nicht erkennen.

Nur die von einem milchigen Hof umgebene Sonne, die gemächlich ihre Bahn zieht, bringt Abwechslung in die gigantische Monotonie. Später, viel später sollte sie mir in den langen Stunden des Schlittenziehens eine liebe Freundin werden, die dem Eispanzer Farbe, Richtung und Zeit gibt. Doch jetzt, zu Beginn der Expedition, ist sie nur ein Punkt am Himmel, der sich wohltuend von dem mich umgebenden Weiß abhebt.

Ich bin noch zu sehr in der grellen und lauten Welt meines Alltags gefangen, kann noch nicht die feinen Veränderungen auf dem grönländischen Inlandeis erfassen. Eine Änderung der Windrichtung, der Temperatur, der Schneeverhältnisse oder der Wolkenformationen, das alles geschieht zu sanft und zu langsam, als das es mir zu Bewußtsein käme. Meine Gedanken sind zu schnell und meine Phantasie zu klein, um die Dimensionen des Inlandeises begreifen zu können.

Und so bin ich froh, als Günter, der als erster geht, am Abend pünktlich auf die Minute um halb acht stehenbleibt, seine Skistöcke in den Schnee rammt und den Tagesmarsch für beendet erklärt. Ob wir an dieser Stelle oder ein paar hundert Meter weiter unser Lager aufschlagen, bleibt sich gleich. Es gibt nur weißen, rilligen Schnee soweit das Auge reicht.

Statt gleich mit dem Aufbau des Lagers zu beginnen, winkt Günter Udo zu sich. Die beiden führen eine lebhafte Diskussion, die sie mit ausholenden Gesten begleiten. Schließlich sind sie sich einig. Mit froher Miene wendet sich Udo an uns, die wir verständnislos dem Treiben zugesehen haben.

"Baut ihr schon mal die beiden Tunnelzelte auf. Günter und ich haben heute abend eine Spezialmission!"

Geheimniskrämerei hier auf der glatten Fläche, die nicht einmal genügend Unebenheiten bietet, um ungesehen austreten zu können?

Da jedoch die Gesichter der beiden derart strahlen, daß wir ihnen den Spaß nicht verderben wollen, tun wir wie geheißen. Während wir an den Planen zerren, Heringe in den Schnee stecken, Alustangen in die Laschen der Überzelte einführen und Leinen spannen, schielen wir immer wieder zu ihnen hinüber.

Sie haben Schaufeln von den Schlitten geholt und gehen mit Schwung ans Werk. Zuerst wird eine quadratische Grube ausgehoben, die eine 3 mal 3 Meter groß Schneefläche umfaßt. In diese Schneefläche wird ein zweiter, hufeisenförmiger Graben gearbeitet.

"Das sind Sandkastenspiele", denke ich und beginne am Verstand der beiden zu zweifeln.

Als sie jedoch die Außenhaut des Pyramidenzeltes über die Grube stülpen, die Ränder der Plane darin versenken und mit Schneeblöcken abdichten, erkenne ich langsam den Sinn ihrer Arbeit.

Längst sind die Tunnelzelte aufgebaut, und wir nähern uns neugierig dem Pyramidenzelt.

"Noch nicht 'reinkommen, wir sind noch nicht fertig", tönt es aus dem Zelt, in dem Günter und Udo emsig mit Töpfen und Kannen, Isoliermatten und Kochern werkeln. Ab und zu fliegt eine Schaufel voll Schnee zum Ausgang hinaus.

Dann ist es endlich soweit. Mit großer Geste werden wir hineingebeten.

Beim Betreten finden wir die konsequente Weiterentwicklung meiner Kochzeltidee. Offenbar haben Günter und Udo während des Tages praktischere Überlegungen angestellt als ich. Rechts und links neben dem Zelteingang sind Isoliermatten parallel zu den Planen plaziert und bieten eine komfortable Sitzbank. Dazwischen befindet sich ein breites Podest aus Schnee, auf dem gekocht werden kann. Einige der ausgehobenen Schneeblöcke liegen im hinteren Teil des Zeltes als Schmelzwasservorrat. Nachdem wir Platz genommen haben, dichtet Günter den Eingang ab – Wind, Kälte und Einsamkeit sind nun ausgesperrt.

Das Kochzelt unserer Expedition

Richtig heimisch fühlen wir uns unter dem blauen Zeltdach. Die Kocher summen und verbreiten eine wohlige Wärme, Dampf steigt aus den Kesseln, der Geruch von Curryreis zieht durch das Zelt. Manchmal tropft Wasser von der Ventilationsluke an der Spitze des Zeltes.

Wir machen es uns bequem – jeder auf seine Weise. Links neben mir brütet Udo über seinen Navigationsberechnungen und ist begeistert, daß er den Taschenrechner jetzt mit bloßen Fingern füttern kann. Er berechnet unseren Standort und überträgt ihn mit peinlicher Genauigkeit auf die Karte.

"Sechsundzwanzig Kilometer haben wir bis jetzt zurückgelegt", verkündet er zufrieden.

Mir gegenüber hält Martin schon seit geraumer Zeit die Thermoskanne bereit, um als erster kochendes Wasser für den Tee zu bekommen. Seine Sehnsucht nach diesem Getränk ist fast körperlich zu spüren. Wenn seine Kanne dann erst einmal gefüllt ist, verteilt er mit selbstverständlicher Großzügigkeit das kostbare Gut. Erhält seine Thermosflasche jedoch als zweite oder erst als dritte Wasser, legt er sofort schärfsten Protest ein.

Neben Martin sitzt Günter und streicht sich in seiner ruhigen, bedächtigen Art über den Bart.

Dann tritt ein Ausdruck tiefer Zufriedenheit in sein Gesicht und er sagt: "Jungs, so schön habe ich es noch nie auf einer Expedition gehabt." Es folgt seine Geschichte über sturmumtoste Zeltlager an den Flanken des Manaslu, eines Himalajariesen. Martin kontert mit einer Erzählung über einen gemeinsamen Bergsteigerfreund, Harry, den Biwakkönig, der keine Tour ohne unfreiwillige Übernachtung am Fels absolviert.

Frank hantiert an seiner Kamera und versucht, die heimelige Runde auf Film zu bannen, doch die Objektive beschlagen in der dampfgeschwängerten Luft. Erst nachdem die Kocher abgestellt sind, kommt er zum Schuß. Mit angehaltenem Atem schaut er durch den Sucher, beugt sich nach vorn, dirigiert Udo und mich etwas mehr in die Mitte und drückt endlich auf den Auslöser.

"Habt ihr etwas gehört?" fragt er mit stolzem Kopfnicken. Wir sehen ihn verständnislos an.

"Natürlich nicht! Ich besitze die Kamera mit dem leisesten Auslöser der Welt!" verkündet er triumphierend. Diesen Satz hören wir ab jetzt bei fast jedem Foto von Frank – und er machte noch viele Fotos! Nach einer Woche haben wir es dann gelernt: Frank drückt ab, wir hören nichts und fünf Expeditionsteilnehmer sagen im Chor: "Der leiseste Auslöser der Welt!"

Nach dem Abendessen gibt es noch eine heiße Tasse Kakao. Frank wühlt in seinem Essenbeutel und kramt eine Aluflasche heraus, auf die sich sofort vier hochinteressierte Augenpaare richten. Ohne dies zu beachten gibt er einen winzigen Schluck hochprozentigen Rums in seinen Kakao. Schon will er die Flasche wieder wegstecken, als er vier Tassen sieht, die ihm wortlos, aber unmißverständlich entgegengehalten werden.

"Habt ihr etwa selbst keinen Alkohol mitgenommen? Ich dachte, jeder sollte einen Liter mitnehmen", sagt er. Wir schütteln nur unsere Köpfe.

"Das kann doch nicht wahr sein! Und jetzt wollt ihr alle mittrinken?" Unsere begeisterten Mienen und die fordernd hingehaltenen Becher sprechen für sich.

Resigniert spendiert Frank jedem von uns einen winzigen Schluck. Nun hat der Abend seinen Höhepunkt erreicht. Zufrieden wärmen wir uns die Hände an den heißen Bechern und schlürfen andächtig das süße Getränk. Die Wirkung des Alkohols, den Frank in homöopathischen Dosen verteilt hat, ist eher eingebildet, aber das tut der Stimmung keinen Abbruch.

Nur unser großzügiger Spender schimpft leise vor sich hin: "Bester Jamaika-Rum, zollfrei in Kopenhagen gekauft. War eigentlich für fünf Wochen geplant, aber wenn jetzt alle etwas davon haben wollen! Erst kernige Sprüche klopfen: 'Wir brauchen doch keinen Alkohol auf dem Inlandeis', dann aber kräftig mittrinken. Das habe ich gerne!"

Als wir zu den Schlafzelten gehen, ist es kurz vor Mitternacht. Im Norden ist der Horizont über der Schneefläche in ein klares Gelb getaucht, darüber liegt ein zarter Grünschimmer, dem ein dunkles Rot folgt. Vom Zenit nach Süden hin regiert das Dunkel der Nacht den Himmel. In flirrendem Glanz stehen Jupiter und Vega am Firmament, das in seiner Klarheit unvorstellbare Weiten erahnen läßt.

Während der Wanderung am Tage erschien mir die Eisfläche endlos. Dreißig, vierzig, vielleicht sogar fünfzig Tage marschieren, um Grönland von Ost nach West zu durchqueren, das kam mir wie eine Ewigkeit vor. Doch was sind sechs oder sieben Wochen im Gegensatz zu den Tausenden von Jahren, die das Licht auf seinem Weg von den nächsten Sternen zu uns benötigt? Und gar einige Milliarden Jahre braucht es, um den matten Schimmer der Galaxien am Rande unseres Universums zu uns zu bringen! Klein erscheint das Inlandeis auf einmal, überschaubar und vertraut.

Ich habe die Kapuze abgezogen, um ungehindert schauen zu können. Meine Ohren sind in der Kälte der Nacht schon gefühllos geworden, doch das stört mich nicht. Zu sehr bin ich gefangen von dem gigantischen Schauspiel, das sich mir bietet.

Vielleicht liegt die Faszination der Arktis in solchen stillen Nächten, in denen der Mensch auf sein wirkliches Maß reduziert wird und gleichzeitig eine Größe gewinnt, die nicht in ihm selbst liegt, sondern in der Erkenntnis, ein Teil der Unendlichkeit zu sein, die ihn umgibt.

Wir schauen noch lange dem Farbenspiel am Himmel zu, sehen uns satt an dem milden Licht, das sich so wohltuend von dem Weiß des Tages abhebt.

Am Thermometer lesen wir minus fünfzehn Grad ab. Wir glauben, daß uns eine Schönwetterperiode bevorsteht, doch Wetterprognosen sind in Grönland reines Glücksspiel.

Tage sollte es dauern, bevor wir die Sonne wiedersahen.

# White-Out

Wärme, wohlige Wärme umgibt mich. Die Mütze tief über die Augen gezogen, um die Helligkeit der Sommernächte abzudämpfen, so liege ich in meinem Schlafsack und genieße den Übergang vom Schlafen zum Wachen. Minuten, in denen ich mir selbst und meinen Träumen gehöre, jener angenehme Zustand, in dem die Phantasie ungestört eine üppige Vegetation auf den eisigen Flächen Grönlands sprießen lassen oder die Schneefläche in ein tropisches Meer mit Palmenstränden verwandeln kann. Die Mühen des Tages sind noch fern.

Patsch! Da reißt ein kalter Tropfen auf meiner Wange brutal den Traumvorhang zur Seite – und mich mitten in die Realität. Ich reiße die Mütze vom Kopf und richte mich auf. Die Luft im Zelt ist nebelverhangen. Aus den Schlafsäcken von Frank und Udo quillt die Atemluft in dicken Schwaden hervor. An der Zeltdecke hängen Dutzende von Kondensationstropfen, jederzeit bereit, sich bei der kleinsten Bewegung der Planen auf uns herabzustürzen. Feuchtigkeit hat die Außenstoffe der Schlafsäcke dunkel gefärbt.

Wenn ich eines nicht leiden kann, so sind es nasse Schlafsäcke. Ärgerlich taste ich meine Daunenhülle ab. Innen ist alles noch trocken, die Federn in den äußeren Schichten sind jedoch schon leicht verklumpt. Durch eine unachtsame Bewegung habe ich einen wahren Schauer von Tropfen verursacht – eine Morgendusche für Frank und Udo. Wie von Taranteln gestochen, springen sie in die Höhe, was einen erneuten Platzregen zur Folge hat.

"Das kann doch nicht wahr sein!" ruft Frank, als er sich mit der Mütze das Gesicht abtrocknet.

"Tja, Grönland hat eben immer wieder neue Überraschungen auf Lager." Udos Schicksalsergebenheit kann manchmal nerven. Die Temperatur ist bis knapp unter den Gefrierpunkt gestiegen, die Luftfeuchtigkeit nahe 90 Prozent. Das Kondenswasser unseres Atems hat die Schlafsäcke so durchnäßt, daß sie nach einer weiteren Nacht unter diesen Bedingungen gewiß ihre Isolationsfähigkeit verlieren würden. Ein Temperatursturz um dreißig Grad, wie er in Grönland keine Seltenheit ist, würde uns wenig erholsamen Schlaf in steifgefrorenen Schlafsäcken bescheren. Das sind recht unangenehme Aussichten. Doch Udo läßt sich auch jetzt nicht aus der Ruhe bringen. "Kommt Zeit, kommt Rat," ist sein Motto auch an diesem Tag.

Frank und ich sind da weniger beherrscht. Laut schimpfen wir auf Grönlands unbeständiges Wetter im allgemeinen und auf das heutige im besonderen.

Wir lassen unserer Phantasie freien Lauf und sind bald in klammen Schlafsäcken erfroren, von einem Orkan unserer Zelte beraubt oder im tiefen Neuschnee versunken.

Unsere Katastrophenvisionen werden jäh unterbrochen, als der Reißverschluß der Zelttüre geöffnet wird und Martins bereifter Kopf durch den Eingang lugt.

"Jungs, Wettersturz, draußen herrscht White-Out!"

Schnell kriechen wir aus dem Zelt und sehen – nichts. Dicker Nebel hat den Horizont verschluckt, Himmel und Erde sind gleichermaßen weiß. Daß unsere Füße beim nächsten Schritt Halt finden, ist eine bloße Annahme. Betrachten wir aus einigen Metern Entfernung unsere Zelte, scheinen sie in der Luft zu schweben. Völlige Windstille herrscht, und leise und unsichtbar fallen schwere Schneeflocken.

Lagebesprechung im Kochzelt. Wir alle wollen trotz dieser schlechten Bedingungen den Weg fortsetzen, obwohl wir aus Berichten früherer Expeditionen wissen, wie schwer es während des White-Outs ist, die Richtung beizubehalten.

Solange zumindest der Horizont und die Strukturen des Schnees zu erkennen sind, kann man sich grob an der Richtung der Schneegangeln orientieren. Ein von Zeit zu Zeit auf den Kompaß geworfener Blick genügt dann für erforderliche Kurskorrekturen.

Jetzt aber wird es uns kaum gelingen, auch nur einige Dutzend Meter zu gehen, ohne völlig vom Kurs abzukommen. Mehr noch, das dauerhafte Fehlen jeglichen optischen Orientierungspunktes kann zu Gleichgewichtsstörungen führen, die jedes weitere Fortkommen unmöglich machen.

Die Stunde des Hals-Nasen-Ohrenarztes ist gekommen. Während ich meine drei Kocher in Schwung bringe und kochendes Wasser für den Kaffee und die Astronautennahrung bereite, halte ich einen kleinen Vortrag zu dem Thema: Die Auswirkungen der optischen Deprivation auf das Gleichgewichtssystem.

Der aufrechte Gang und die Orientierung im Raum werden durch das Zusammenspiel der Gleichgewichtsorgane des Ohres, des optischen Systems, der Bewegungsrezeptoren der Halswirbelsäule und des übrigen motorischen Apparates gewährleistet. Alle diese Systeme senden Informationen zum Hirn, wo eine Verarbeitung dergestalt stattfindet, daß jederzeit über die Lage und Bewegung des Körpers im Raum Klarheit herrscht. Die meisten dieser fein abgestimmten Steuermechanismen nehmen wir nicht bewußt wahr, das Ausfallen aber schon eines dieser Systeme kann verheerende Folgen haben.

Jeder kennt den Moment, wenn er, nach einer ausgedehnten Kneipentour zu Hause angekommen, sich ins Bett fallen läßt, die Augen schließt und ihn statt erholsamen Schlafs ein Übelkeit erregender Drehschwindel überkommt. Da hilft nur eines: Augen öffnen, damit das durch den Alkohol stark lädierte Gleichgewichtsorgan des Ohres Unterstützung von dem weniger alkoholempfindlichen optischen System erhält. Umgekehrt, so schlußfolgere ich, kann stundenlanges Ins-Nichts-Schauen im Zentralnervensystem zu Fehlinformationen führen, die durch die anderen Gleichgewichtssysteme nur unvollständig ausgeglichen werden können. Schwindel ist die unvermeidliche Folge.

Stolz über diesen kleinen Vortrag lehne ich mich zurück. Nun wissen wir alle Bescheid, nur sind wir der praktischen Lösung unseres Problems immer noch ebenso weit entfernt wie der Westküste Grönlands. Auch Udos Bericht über andere Expeditionen, die schon nach einigen Kilometern unter White-Out-Bedingungen zu leiden hatten und schließlich den Marsch aufgaben, hilft da nicht weiter.

Mittlerweile kann ich kaum noch die Kocher vor mir erkennen, so dampfgeschwängert ist die Luft im Zelt. Wir drehen und wenden das Problem, bis wenigstens am intellektuellen Horizont ein Hoffnungsschimmer erscheint. Derjenige, der die Spur legt, soll ins weiße Nichts losgeschickt werden, ohne auf die Richtung zu achten. Seine Aufmerksamkeit soll vielmehr den Skispitzen gelten, die vor ihm den tiefen Schnee durchpflügen und seinen Augen einen Halt bieten. Der zuerst Gehende wird von dem zweiten mit dem Kompaß angepeilt und mit der Trillerpfeife dirigiert.

Ein Pfiff bedeutet "rechts", zwei Pfiffe "links". Ein langgezogenes Trillern ist das Haltesignal. Sobald dies ertönt, bleibt der Spurenleger stehen und die anderen schließen zu ihm auf. Ein umständliches und zeitraubendes Verfahren, was uns jedoch davor bewahren soll, orientierungslos in der weißen Waschküche herumzutapsen.

Am schwersten hat es natürlich der zuerst Gehende und Udo meldet sich freiwillig für diese undankbare Aufgabe. Günter peilt ihn von hinten an. Die Kapuze als Schutz vor dem starken Schneefall tief ins Gesicht gezogen, den Oberkörper weit nach vorn gebeugt, um den Schlitten in dem Pappschnee vorwärtsbewegen zu können, den Blick stur auf seine Skispitzen gerichtet, so stapft er los in das kompakte Weiß. Schief und krumm zieht er seine Bahn, mal weit nach rechts, dann wieder nach links vom Kurs abweichend. Bei jeder Richtungsänderung erfolgen wütende Pfiffe von Günter, der ihn ständig im Visier seines Peilkompasses hat. Nach einigen Dutzend Metern greift der Nebel nach Udos Gestalt. Er ist nur noch als dunkler Schemen hinter dem Dunstvorhang zu erkennen, der ihn mehr und mehr in sich aufnimmt. Lediglich der dünne Faden der Pfeifsignale bindet ihn noch an uns.

Udo schwenkt weit nach links aus und scheint Günters Korrekturpfiffe nicht mehr zu hören. Nun stößt Günter etwas kräftiger und länger in seine Pfeife, was Udo offenbar als Haltesignal auffaßt. Sofort bleibt er stehen und schaut sich fragend nach uns um.

Mit Zeichen will ihm Günter zu verstehen geben, daß er weiter nach rechts gehen muß, um auf den Kurs zu kommen. Doch die Entfernung zu Udo ist schon zu groß, er versteht nicht und bleibt deshalb wie angewurzelt stehen.

"Wenn wir jetzt zu ihm aufschließen, sind wir gut und gern achtzehn Grad von unserem Kurs nach Süden abgekommen," schimpft Günter und läßt noch einige heftige Pfeifsignale los. Udo bewegt sich jedoch keinen Zentimeter weiter. So müssen wir ihm notgedrungen folgen.

"Wenn das nicht besser geht, sind wir bald hoffnungslos von unserer Richtung abgekommen," sagt Günter ungeduldig zu Udo, "du mußt genau auf meine Signale hören."

"Geh du mal als erster, schau ins Nichts und versuche, die Richtung zu halten. Dann hörst du von hinten dauernd Pfiffe, die dich zu Richtungsänderungen zwingen. Oft hast du das eine oder andere Signal überhört, außerdem hast du die Kapuze über dem Kopf und das Knirschen des Schlittens hinter dir in den Ohren", sagt Udo, setzt die Kapuze ab und schüttelt den Neuschnee von seiner Parka.

Währenddessen hat Martin wieder seine Kamera ausgepackt und das Tonbandgerät zum Laufen gebracht.

"Gerade kritische Situationen sind für eine Dokumentation wichtig," verteidigt er sich, als ich ihm Vorhaltungen wegen der permanenten Verzögerungen durch die Filmarbeit mache.

Und kritisch sind die Umstände. Zwar besteht keine unmittelbare Gefahr, aber der Nebel zehrt doch an unseren psychischen Reserven, verschluckt unsere Wünsche und Sehnsüchte, saugt unsere Lebensenergie auf, läßt unseren Blick ins Leere gleiten und sich im Grenzenlosen verlieren.

Wir brechen in der alten Reihenfolge wieder auf, und ich ziehe die Kapuze enger um das Gesicht, so daß die weichen Haare des Wolfspelzbesatzes das Weiß fast völlig aussperren. Soll doch meine Phantasie einen Schutzwall gegen diesen gähnenden Schlund errichten, der mich zu verschlingen droht.

Eine Tafel Schokolade für einen Tagtraum. Doch nichts dergleichen stellt sich ein. Die Leere in meinem Kopf ist genauso greifbar wie der Dunst um mich. Mein Vorleben wird zur Illusion, Erinnerungen zu kraftlosen Schatten. Mein Selbst geht eine unheilvolle Hochzeit ein mit dem strukturlosen Nebel über Grönlands Eispanzer.

Wenn alles andere versagt, so bleibt mir nur noch die Mathematik. Eins plus eins macht immer noch zwei, mag kommen was will. Ich beginne zu rechnen.

Wir sind jetzt vier Tage unterwegs und haben insgesamt 30 Kilometer geschafft. Bleiben noch 670 Kilometer bis zur Westküste. Bei dem derzeitigen Tempo würde unsere Expedition noch 88 Tage dauern. Dies ist ein erschreckender Gedanke. Aber Zahlen sind geduldig. Man muß die ganze Rechnung nur von einem anderen Ansatz angehen, um Tröstlicheres zu prognostizieren. Im Laufe der Wochen werden die Schlitten erheblich leichter, unsere Geschwindigkeit wird sich dadurch beträchtlich erhöhen. Die Steigung wird abnehmen und sich zur Westküste hin in ein Gefälle verwandeln, das uns sicher Tagesetappen mit bis zu dreißig Kilometern beschert. Gehen wir also ruhig von einer durchschnittlichen Tagesleistung von zwanzig Kilometern aus, so haben wir das Inlandeis in etwas mehr als vier Wochen geschafft. Wir schreiben heute den 1. Mai, am 26. müßten wir demnach Kapisillit, den Endpunkt unserer Expedition, erreicht haben.

So reiht mein Gehirn, das noch nicht genügend Gleichmut aufbringt, um den Verhältnissen Grönlands gerecht zu werden, Zahlenkette an Zahlenkette, bis Udo von Günter in der Führung abgelöst wird. Nach einer weiteren Stunde wüster Rechnerei kommt die Reihe an mich, die Spur zu legen.

Sofort wird das Gehen um einiges schwerer. Tief sinken meine Skier in den feuchten Schnee ein, breit liegt mein Schlitten auf dem Untergrund. Wie Kleister pappt der Schnee an den Kufen. Um wieviel war es da doch leichter, in der Spur meines Vordermannes zu laufen. Wie weggeblasen sind die Zahlenketten, Berechnungen, Gleichungen. Ich werde ganz beherrscht von dem nächsten Schritt, der zu tun ist, vom Atemholen, vom Lauschen auf die Kommandopfiffe, die meinen oft großen Richtungsabweichungen Grenzen setzen.

Wenn es doch endlich aufklaren würde! Sobald ich jedoch den Blick von meinen Skiern nehme und geradeaus schaue, baut sich das weiße Nichts wie eine kompakte Masse vor mir auf. Ein klammheimlicher Blick auf die Uhr. Erst zwanzig Minuten seit ich die Führung übernommen habe. Viel länger kommt mir die mühselige Plackerei vor.

"Verdammte Uhr, laß sie, wo sie ist und laufe bis das Ablösesignal von hinten kommt", denke ich.

In regelmäßigen Abständen von zehn Minuten werde ich meinem Vorsatz jedoch noch untreu, bis Frank das Spuren übernimmt und ich mich an das Ende der Schlittenreihe zurückfallen lassen kann.

So zieht unsere Expedition wie ein aufgezogenes Uhrwerk durch das Weiß. Der Stundenzeiger, der Kompaßkurs und die Zahl auf unserem Kilometerrädchen werden zum Maß aller Dinge. Endlos dehnen sich die Stunden, das Weiß des Tages geht in das Grau des Abends über. Auf die Minute genau um neunzehn Uhr erklärt Martin, der die letzte Stunde vorangegangen ist, den Marsch für diesen Tag für beendet. Rasch schlagen wir das Lager auf, froh darüber, der Landschaft einige winzige Farbpunkte zu verleihen. Während die anderen noch mit ihrer Ausrüstung beschäftigt sind, breite ich mich im Kochzelt aus und habe schon die ersten Thermoskannen mit Wasser gefüllt, als sich Frank zu mir gesellt. Er wirkt müde und abgespannt. Offensichtlich hat ihn das schlechte Wetter genauso mitgenommen wie mich. Wortlos schenkt er sich Wasser ein und rührt eine Suppe an. Gerade setzt er die Tasse zu einem ersten genüßlichen Schluck an den Mund, als Udo die Zelttüre öffnet und mit einem kräftigen Schwall Schnee eintritt, der ausgerechnet Frank trifft. Er sieht aus wie ein Schneemann, in der Suppe schwimmen kleine Eisstückchen.

"Paß doch auf, kannst du denn nicht wie ein vernünftiger Mensch 'reinkommen? Vom Schnee habe ich heute die Nase voll. Weiß, nichts als Weiß. Nichts zu sehen, kein Panorama, einfach langweilig!"

"Wettermäßig können wir uns bis jetzt nicht beschweren, von vier Tagen drei Tage Sonne, das ist mehr als man in Grönland erwarten kann. Der heutige Tag wird im übrigen nicht der einzige mit White-Out bleiben. Eine Grönlanddurchquerung ist nun mal kein Schönwetterausflug. Worüber beklagst du dich eigentlich?" sagt Udo und reinigt seine beschlagene Brille.

"Na, über diese weiße Waschküche da draußen. Eigentlich wandere ich gerne, aber als Belohnung für meine Mühe will ich auch etwas zu sehen bekommen. Mir macht es nichts aus, den ganzen Tag zu laufen, einen schweren Rucksack zu tragen und das Ganze in nassen Klamotten. Aber dann will ich eine ansprechende Landschaft um mich herum haben: Berge, Flüsse, Seen. Wenn das so weitergeht, hätte ich genausogut in Deutschland bleiben, mich vier Wochen in eine weißgetünchte Tiefkühlkammer setzten und an die Decke starren können. Und hätte dabei noch eine Menge Geld gespart! Wie seid ihr eigentlich auf diese verrückte Idee gekommen, durch Grönland zu laufen?"

Ich bin froh, mich hinter meinen Kochern verstecken zu können und überlasse Udo die Antwort.

"Erstens, Frank, hat dich niemand gezwungen mitzukommen. Es war ebenso deine wie unsere Entscheidung, diese Expedition durchzuführen. Zweitens hätte ein Blick auf den Globus genügt, um festzustellen, daß es auf dem Inlandeis nichts gibt außer einer riesigen Schneefläche von Hunderttausenden von Quadratkilomtern, dreihundert Kilometer sanft bergauf und dreihundert Kilometer sanft bergab. Keine spektakulären Ausblicke, nirgends ein phantastisches Panorama, vom touristischen Standpunkt gesehen also völlig uninteressant. Aber das war es doch gerade, was uns an der Idee, Grönland zu durchqueren, so fasziniert hat. Was passiert mit uns, wenn wir wochenlang durch eine eintönige Landschaft laufen, abgeschnitten von der Zivilisation, nur auf uns selbst gestellt?"

"Ich kann dir genau sagen, was passiert: Wir langweilen uns zu Tode!"

Wieder wird die Zelttüre geöffnet, Martin und Günter erscheinen. Die obligate Ladung Schnee trifft diesmal Udo.

"Wie findet ihr das Wetter?" werden sie gleich von Frank angegangen.

"So eine Suppe habe ich selten erlebt, aber immerhin haben wir heute sechs Kilometer geschafft, unter diesen Bedingungen nicht schlecht," gibt Günter ruhig zur Antwort.

"Und wir könnten noch wesentlich mehr schaffen, wenn du morgens nicht immer so lange in den Federn liegen würdest," sagt Martin gereizt und bringt damit ein Thema zur Sprache, das ihn und Günter wohl mehr belastet als das schlechte Wetter.

Diese Bemerkung bringt Frank nun erst recht in Harnisch.

"Das mußt du mit deiner dauernden Filmerei gerade sagen! Ich habe das Gefühl, du willst in der ersten Woche das gesamte Material im Kasten haben. Hoffentlich hast du das eine oder andere Meterchen Film übrig, wenn wir an der Westküste ankommen."

"Das laß nur meine Sorge sein. Im übrigen versuche ich tatsächlich, soviel wie möglich aufzunehmen. Schließlich muß ich auch in dem Falle etwas abliefern können, wenn wir abbrechen müssen. Außerdem trage ich die Verantwortung für den Film. Sieh du nur zu, daß du morgens schneller in die Gänge kommst. Ein gemütliches Frühstück kannst du daheim haben – nicht auf dem Inlandeis. Hier muß jeden Tag durchgezogen werden, sonst haben wir nichts mehr zu essen, bevor wir die Hälfte der Strecke hinter uns haben."

"Du meine Güte, die eine oder zwei Stunden machen den Kohl doch auch nicht fett!"

"Glaubst du! Aber wenn wir immer erst mittags loskommen, weil zu lange geschlafen und anschließend ausgiebig gefrühstückt wird, können wir die Westküste vergessen."

"Essen ist fertig," werfe ich in die Diskussion ein, und in der nächsten Viertelstunde ist nur das Klappern der Eßbestecke zu hören. Ein kurzes "Gute Nacht", dann gehen wir in die Federn. Frank spendiert heute keinen Rum.

Das Abbrechen des Lagers

# Startprobleme

Stetig steigt die Temperatur im Zelt. Mit einem matten "Das halte ich nicht länger aus", entledigt sich Udo seines Anoraks und der Faserpelzjacke. Auch mir läuft der Schweiß die Stirn herunter, es wird mir zu eng in meinen Kleidern. Franks Kopf ist so knallrot wie eine überreife Tomate.

Wie auf ein Kommando reißen wir uns die Sachen vom Leibe, was einen erneuten Schweißausbruch zur Folge hat. Endlich, nur noch in Unterwäsche, fühlen wir uns wohler.

"Wieviel Grad sind es eigentlich?" fragt Udo.

Ich schaue auf das Thermometer, das wir an der Trockenleine unseres Innenzeltes angebracht haben. "Zweiundvierzig Grad Celsius, aber gute, nicht miese", gebe ich zur Antwort.

"Das ist wahrscheinlich eine Premiere, das hat's noch nicht gegeben, Sauna auf dem Inlandeis!" begeistert sich Frank.

"Genauer gesagt römisches Dampfbad", ergänze ich im Hinblick auf die Dunstschwaden, die aus unseren völlig durchnäßten Schlafsäcken aufsteigen. Die letzte Nacht hat uns ebensoviel Feuchtigkeit beschert wie die vorangegangene und unsere Schlafsäcke zu nassen Waschlappen zusammenklumpen lassen. Ein Trockenraum mußte her, und so verschlossen wir alle Lüftungsluken, stellten zwei Kocher in die Schlafzelte und lassen sie nun auf vollen Touren laufen, um zu heizen.

Draußen herrscht immer noch White-Out mit Temperaturen knapp unter dem Gefrierpunkt. Im Zelt ist jedoch eine tropische Hitze ausgebrochen, die die Feuchtigkeit aus den Schlafsäcken treibt.

Angenehm ist es, ohne schwere Kleidung zu sitzen und die warme Luft am Körper zu spüren. Mein Kugelschreiber versieht seinen Dienst; ohne Stocken kann ich mit gelenkigen Fingern meine Tagebucheintragungen von den letzten Tagen nachholen. Träge sitzen wir auf den Isoliermatten, wenden ab und zu die Schlafsäcke und lassen uns von der Wärme und dem Summen der Kocher einlullen.

Auch im Nachbarzelt wird getrocknet. Nur scheinen Martin und Günter die Saunafreuden nicht so ausgedehnt genießen zu wollen wie wir. Für unseren Geschmack viel zu früh kommt von drüben die Meldung, alles sei trocken, man könne zum Frühstück übergehen. Fieberhaft fahnden wir nach feuchten Stellen, um einen weiteren Aufenthalt in den beheizten Räumen rechtfertigen zu können. Schließlich haben wir drei Schlafsäcke, die getrocknet werden müssen, nicht nur zwei!

"Geht ihr schon 'mal ins Kochzelt und macht Wasser heiß, wir kommen gleich nach", ruft Frank den beiden durch die dünnen Zeltwände zu.

Ärgerliches Gemurmel ist die Antwort. Als die Benzinvorräte in den Kochern zur Neige gehen, entschließen wir uns notgedrungen zum abkühlenden Marsch ins Kochzelt. Ein kräftiger Wind bläst aus Nordost und rüttelt an den Zeltplanen. Schnee wirbelt durch die Luft, und unsere Schlitten sind von der weißen Last halb begraben. Meterlange Schneedünen haben sich im Windschatten der Zelte aufgebaut. Aber was macht das schon? Ordentlich durchgewärmt und guter Laune kriechen wir ins Gemeinschaftszelt. Sofort bleibt uns das Lachen im Halse stecken. Die frostigen Gesichter von Martin und Günter übertreffen alles an Kälte, was wir bis jetzt auf dem Inlandeis erlebt haben.

"Wißt ihr, wie spät es ist?" fragt Martin. Wir gucken uns verdutzt an.

"Kurz nach Mittag! Den ganzen Morgen habt ihr mit Trocknen vertan. Wie ihr sicher bemerkt habt, herrscht draußen nicht gerade das beste Wetter. Bis wir endlich loskommen, ist es gut und gerne zwei Uhr! Um sieben müssen wir wieder anhalten, um das Lager aufzubauen. Macht ganze fünf Stunden zum Laufen. Günter und ich haben keine Lust, bei dem Sauwetter hier alles abzubrechen, um ein paar hundert Meter weiter wieder aufzubauen. Wir gehen heute nicht weiter. Da hättet ihr früher kommen müssen!"

Eine heftige Diskussion entbrennt, die beiden sind jedoch zu keinem Kompromiß bereit. Stur beharren sie auf ihrem Vorsatz, uns unsere morgendliche "Langweilerei" unter die Nase zu reiben. Frank und ich führen Argumente ins Feld, die für ein Weitergehen sprechen. Langsam werden wir wegen Günters und Martins Haltung zornig. Udo versucht, zwischen beiden Parteien zu vermitteln – umsonst. Schließlich kommt es zur Kampfabstimmung.

"Wer ist für weiterlaufen?" fragt Udo. Franks und meine Hand schnellen in die Höhe. Überrascht schauen wir auf Udos Arme, die gelassen vor seiner Brust verschränkt bleiben.

"Wer ist für hierbleiben?" Bei dieser Frage melden sich Martin, Günter und auch Udo. Ich fühle mich verraten und verkauft, verlassen von dem, der mir auf dieser Expedition am nächsten steht. Ohne ein weiteres Wort verlasse ich das Zelt und ziehe mich gekränkt in meinen Schlafsack zurück.

Eine Schande, heute nicht zu gehen – eine reine Trotzreaktion. Natürlich haben wir viel Zeit gebraucht, um uns an das Leben in der Eiszeit zu gewöhnen, viele Stunden, die dem täglichen Marschpensum verlorengegangen sind. Doch das war bei der kurzen Vorbereitungszeit, die wir vor der Expedition hatten, nicht anders zu erwarten. Ich erinnere mich an Szenen unseres ersten gemeinsamen Treffens in Martins Wohnung in München zwei Monate vor unserer Abfahrt. Udo und ich waren aus Berlin angereist und noch reichlich durchgeschüttelt von der Fahrt. Martin und Günter saßen in einem Haufen von Prospekten und suchten nach geeigneter Ausrüstung. Flink sprang Martin auf und begrüßte uns mit einem strahlenden Lächeln. Ruhig und langsam folgte ihm Günter. Das war also das Kamerateam, das uns begleiten und die notwendige alpine Erfahrung zu dem Unternehmen beisteuern sollte. Übermüdet von seinem letzten Nachtdienst, trudelte Frank als letzter ein und widmete sich zunächst einer Tasse Kaffee, bevor er seine Umgebung richtig wahrnahm. Karten und Fotomaterial von den gewaltigen Gletschern der Auf- und Abstiegszone wurden studiert, Termine abgesprochen, Geldfragen diskutiert.

Neben Beruf und organisatorischem Wirrwarr blieb kaum Zeit, um aus fünf Menschen eine Gruppe zu formen, die Hand in Hand arbeitet und dem einzelnen einen seelischen Rückhalt auf einem siebenhundert Kilometer langen Marsch durch eine leblose Wüste aus Schnee und Eis bieten kann.

Die ersten Tage der Expedition müssen daher als verspätetes Trainingslager angesehen werden, doch die Anfangsschwierigkeiten sind größer als erwartet. Zu stark ist der Druck des Neuen und Unvorhersehbaren auf den einzelnen, als daß Verständnis für die Probleme der anderen aufgebracht werden kann. Ein Gruppengefühl will sich nicht entwickeln; jeder versucht, allein mit dem Inlandeis zurechtzukommen und entwickelt dabei seine eigene Strategie: Martin konzentriert sich auf seinen Film und ärgert sich über die morgendlichen Verzögerungen, die nach seiner Meinung den Ausgang der Wanderung in Frage stellen.

"Den Abbruch einer Expedition zu filmen, gibt auch gute Aufnahmen", sagt er oft fast trotzig, wenn es ihm wieder einmal nicht schnell genug geht.

Günter versucht, seinen gewohnten alpinen Expeditionsstil auf arktische Verhältnisse zu übertragen: Vor der Dämmerung aufstehen und beim ersten Tageslicht losmarschieren. Weil aber gerade der polare Sommer mit seinen hellen Nächten beginnt, ist die Frage, wann es dämmert, schwer zu beantworten. Frank sieht die Expedition als eine Art Abenteuerurlaub an; auch will er in den ersten Tagen ohne stressiges Berufsleben erst einmal richtig ausschlafen. Udo versucht, die Ruhe zu bewahren, die Ausrüstung in den Griff zu bekommen und zwischen allen zu vermitteln. Ich träume schon von unserer Ankunft an der Westküste. Jede Verzögerung, die nicht von mir verursacht ist, versetzt mich in Unruhe.

Und nun liege ich in meinem Schlafsack und bin fertig mit mir, Grönland und dem Rest der Welt. Der Sturm wird immer stärker und zerrt mit ohrenbetäubendem Lärm an den Planen. Zu allem Überfluß nimmt mein heute morgen so liebevoll getrockneter Schlafsack wieder Feuchtigkeit auf. Nun gut, dann wird morgen früh eben wieder getrocknet und nachmittags wieder nicht gelaufen, von mir aus bis ans Ende unserer Essensvorräte. Als ich abends ins Gemeinschaftszelt zurückkehre, hat der Sturm derart zugenommen, daß ich fast umgeweht werde.

"Ein Glück, daß wir heute hiergeblieben sind. Bei dem Wind hätten wir abends arge Schwierigkeiten gehabt, unsere Zelte aufzubauen", versucht Udo der Situation einen anderen Aspekt zu verleihen und den Burgfrieden wiederherzustellen. Murrend füge ich mich, und so wird dieser Tag offiziell unter "Sturm" verbucht. Eines ist jedoch klar geworden: Wenn die täglichen Zeitabläufe nicht besser abgestimmt werden, wird sich die Kluft zwischen Früh- und Spätaufstehern so weit auftuen, daß selbst Udo sie nicht mehr überbrücken kann.

Deshalb treffen wir feste Vereinbarungen: Spätestens um acht Uhr aufstehen und um zehn loslaufen. Damit sind alle zufrieden, nur Frank stöhnt leise: "Und das nennt man nun Urlaub." Trotzdem zückt er nach dem Abendessen die Rumflasche und gießt jedem vorsichtig einen kleinen Schluck ein. Der Vertrag ist besiegelt.

## Surfen auf dem Inlandeis

Wie vereinbart sind wir alle früh auf den Beinen; für Frühstück, Abbrechen der Zelte und Beladen der Schlitten benötigen wir nur zwei Stunden. Nach dem Ruhetag sind wir begierig darauf, wieder Schnee unter die Skier zu nehmen.

Eine leichte Wetterbesserung trägt dazu bei, uns den morgendlichen Start zu erleichtern. Zwar bläst noch ein kräftiger Wind aus Nordost, die Sichtweite beträgt jedoch einige hundert Meter und gelegentlich sind durch Nebellücken hindurch dunkle, schroffe Schatten zu erkennen, die gewaltigen Küstengebirge im Süden der Halbinsel.

Mittags reißt die Wolkendecke auf, und in milchig dunstigem Licht breitet sich eine phantastische Landschaft vor uns aus: Die Küstenlinie biegt in einem weiten Halbkreis nach Süden ab und verläuft dann in rechtem Winkel zu unserer Marschrichtung.

Westlich des Küstengebirges beginnt die unendliche, sanft ansteigende Fläche des Inlandeises. Je weiter der Blick dem Eispanzer nach Westen folgt, desto höher scheint dieser anzusteigen, um schließlich wie eine Wand den Horizont zu verschließen. Das Ende der Halbinsel ist in einigen Kilometern erreicht, dann werden wir endlich unsere Skier auf die Hauptmasse des Inlandeises setzen. Wir beschließen, Mittagspause zu machen.

Udo verteilt Käse, Salami und Knäckebrot. Dann holen wir die Thermoskannen hervor, machen es uns im Windschatten der Schlitten so bequem wie möglich und genießen unser Essen und die Aussicht.

Die Vorstellung, die erste Etappe unserer Wanderung bald bewältigt zu haben, beflügelt uns. So groß die Entfernungen auch sein mögen, so klein die tägliche Marschleistung auch ist, man scheint doch mit zäher Beharrlichkeit den hiesigen Dimensionen gerecht werden zu können.

Derart euphorisiert schlage ich vor, unsere "Geheimwaffe" gegen die riesigen Eisflächen – die Para-Wings – auszuprobieren. Die Sicht ist gut, der Wind recht kräftig und der Schnee fest; ideale Voraussetzungen für einen ersten Versuch, so scheint mir.

Bei den anderen stoße ich mit meinem Vorschlag auf wenig Gegenliebe. Zum einen haben wir die Schirme nur ein einziges Mal vor unserer Expedition im Schwarzwald ausprobiert, deshalb herrscht noch Skepsis, ob diese bunten Segel überhaupt von Nutzen sein werden. Zum anderen sind alle froh, eine kleine Pause genießen zu können. Keiner will sich in neue Arbeit stürzen.

"Probier doch erst einmal dein Segel aus, wir schauen dir gerne dabei zu", muntert mich Günter auf. Udo erklärt sich sogar bereit, mir beim Ausbreiten des Schirmes und Anlegen des Hüftgurtes behilflich zu sein. Gespannt verfolgt der Rest der Mannschaft unser Treiben.

Der Schirm hat eine rechteckige Form. Sein Profil ähnelt dem einer Flugzeugtragfläche. Zweiunddreißig Steuerleinen, die in einem Stab zusammenlaufen, sind an ihm befestigt.

Mit diesem Steuerstab läßt sich der Schirm in jede gewünschte Position dirigieren. An ihm ist eine kräftige Leine angebracht, über die die Zugkraft des Schirmes mittels eines Karabiners auf einen Hüftgurt übertragen wird.

So muß keine Kraft zum Halten des Schirmes aufgewendet werden. Bequem sitzt man in dem Hüftgurt, bringt den Schirm mit einer kleinen Handbewegung in die richtige Segelstellung und schon kann's losgehen – so jedenfalls die Theorie.

Während Udo den Schirm im Schnee ausbreitet, die Leinen ordnet und den Steuerstab in Ruheposition in den Schnee steckt, zwänge ich mich mühselig mit meinen dicken Überhosen in den Hüftgurt, schnalle meine Skier an, befestige den Karabiner meines Hüftgurtes an der Zugleine des Steuerstabes und bin nun auf Gedeih und Verderb mit dem zehn Quadratmeter großen Segel verbunden, das leeseits von mir ungeduldig im Wind flattert. Schon jetzt bekomme ich eine Ahnung von der gewaltigen Zugkraft, die ein solcher Schirm bei Windstärke 6 entwickeln kann. Unsicher schaue ich zu den anderen.

"Hast du etwa Angst vor der eigenen Courage? Auf geht's, hoch mit dem Schirm, bestell' schon mal schöne Grüße von uns, wenn du heute abend an der Westküste angesurft kommst", ruft mir Frank zu. Jetzt gibt es kein Zurück mehr. Mit entschlossenem Griff reiße ich den Schirm in den Wind.

Ein ohrenbetäubender Knall, ein heftiger Ruck an meiner Hüfte, ein stechender Schmerz im Kreuz und ich liege am Boden. Der Schirm flattert herrenlos im Wind, sinkt auf den Schnee und wird mit hoher Geschwindigkeit nach Süden abgetrieben. Wie betäubt schaue ich dem davonfliegenden Para-Wing nach.

Als einziger von uns zeigt Udo Geistesgegenwart und sprintet dem Schirm hinterher. Doch die Entfernung scheint schon zu groß zu sein, als daß er ihn noch erreichen könnte. Haltlos rollt und flattert das Segel über die Eisfläche.

Da legt sich der Wind für einen kurzen Moment, und Udo kann Boden gutmachen. Voller Spannung halte ich den Atem an, denn der Verlust eines Schirmes käme einer Katastrophe gleich. Als er ihn fast erreicht hat, jagt erneut eine Böe über die Schneefläche und reißt den Para-Wing mit.

Udo hat zwar einen festen Untergrund, da der Wind den Schnee zusammengepreßt hat, doch deutlich ist zu erkennen, daß seine Kräfte nachlassen. Die Entfernung zwischen ihm und dem Schirm wird immer größer, doch Udo gibt nicht auf. Endlich verfangen sich die Steuerleinen in einer Schneegangel und es dauert geraume Zeit, bis sich der Schirm befreit hat. Dies gibt Udo Zeit, bis auf wenige Meter heranzukommen.

Mit einem letzten verzweifelten Sprint holt er den Para-Wing ein und wirft sich auf die Steuerleinen. Einige Minuten bleibt er so liegen, bis er die Kraft gesammelt hat, aufzustehen und den Schirm einzurollen.

Erschöpft kehrt er zu uns zurück und beginnt dennoch sofort mit der Erforschung der Unfallursache. Der Karabiner, der den Hüftgurt mit dem Steuerstab verbindet und eine Tragfähigkeit von immerhin 500 kg hat, war gebrochen, der plötzlichen Belastung durch den Winddruck also nicht gewachsen – eine hinreichende Erklärung für die Schmerzen in meiner Hüfte.

Wir beschließen, in Zukunft den Hüftgurt mit Karabinern aus unserer Alpinausrüstung zu bestücken, weil sie die vierfache Belastbarkeit des gebrochenen aufweisen. Trotz des mißlungenen Versuches sind Udo und ich optimistisch, was eine Fortbewegung mit den Schirmen betrifft. Nur Martin, Günter und Frank stehen dem Segeln noch skeptischer gegenüber als zuvor.

"Lieber laufe ich mir die Beine krumm, als mich an ein solches Ding zu hängen", sagt Martin.

Der zweite Segelversuch läßt nicht lange auf sich warten. Während der Mittagspause des nächsten Tages sticht diesmal Udo der Hafer. Mit entschlossener Miene klinkt er die Karabiner in die Halteleine des Steuerstabes ein und prüft den Wind, der steuerbords querab unserer Wanderrichtung kommt. Nachdem er den Schlitten luvwärts am Hüftgurt befestigt hat, stellt er sich mit dem Wind im Rücken in Startposition. Seine Skier weisen genau leewärts, der Schirm liegt quer vor ihm. Mit ängstlicher Erwartung schauen wir zu, wie Udo äußerst vorsichtig und langsam seinen Schirm mit dem Steuerstab in den Wind bringt. Knatternd entfaltet sich der bunte Nylonstoff, der Schirm steigt auf, die Leinen straffen sich. Udo zieht mit hoher Geschwindigkeit davon. Seine Skier knattern über den unebenen Schnee, munter hüpft der Schlitten hinter ihm her, als wenn er kein Gewicht besäße. Behutsam stellt Udo nun den Schirm in Halbwindstellung und biegt auf unsere Marschrichtung ein. Die jetzt entstehenden Abdriftkräfte muß er durch starkes Aufkanten der Skier kompensieren. Riskant sieht es aus, wie er, dauernd um Balance bemüht und mehr Sklave als Herr seines Schirmes, über den Schnee getrieben wird. Bald ist das Gespann nur noch ein kleiner Punkt auf der unermeßlichen Fläche des Inlandeises.

Einige Minuten später wendet Udo und steht in kurzer Zeit wieder vor uns. Noch etwas außer Atem, aber strahlend über seinen Erfolg versucht er, uns zu überreden, es ihm gleichzutun. Doch Martin und Günter sind nicht zu überzeugen. Der Wind sei zu stark, komme aus der falschen Richtung und man laufe Gefahr, bei derartigen Geschwindigkeiten und riskanten Manövern Kopf und Kragen zu riskieren. Und das fernab jeder Zivilisation. Nein, da wolle man doch lieber schwächeren Wind aus günstigerer Richtung abwarten, bevor man sich solchem Segel anvertraue.

Also laufen wir weiter in gewohnter Marschordnung. Stunde um Stunde vergeht, der Tag dehnt sich und will kein Ende nehmen. Schweigend laufen wir in der Spur unseres Vordermannes, den Blick auf den Schlitten vor uns gerichtet. Bei den kurzen Pausen können wir unser Forwärtskommen nur am Küstengebirge feststellen, das wir langsam östlich hinter uns lassen. Nur die höchsten Bergspitzen ragen noch über die Wölbung des Eises und geben unseren Augen den ersehnten Halt. Wenn auch diese letzten Zacken nicht mehr zu sehen sein werden, wie wird die Monotonie des Inlandeises auf uns wirken? Erst dann wird die Reise ins eigene Unbekannte wirklich beginnen. Solche Gedanken kreisen in meinem Kopf, während ich mich in die Zuggurte stemme und einen Schritt vor den anderen setze – ungezählte Schritte, die im Verhältnis zu der vor uns liegenden Strecke lächerlich erscheinen. Nur Udos heutiger Segelversuch gibt mir Hoffnung auf ein schnelleres Vorwärtskommen. Schließlich ist der Beweis erbracht, daß unsere Berechnungen am warmen, heimatlichen Herd der harten grönländischen Realität standhalten. Der Schirm kann uns mitsamt Schlitten ziehen, nur brauchen wir geeigneteren Wind. Der hingegen will sich auch am nächsten Tag nicht einstellen. Im Gegenteil, es herrscht absolute Windstille – eine Seltenheit in Grönland. So sind wir gezwungen, uns erneut in das selbstgewählte Joch zu spannen und weiterzuziehen.

Gegen Mittag passiert das, was wir sehnsüchtig erwarten: Ein leichter Wind kommt auf, genau aus östlicher Richtung. Alle bemerken es, aber keiner will darüber reden, geschweige denn zu einem erneuten Einsatz der Segel auffordern. Gespannt verfolgen wir, wie der Wind aufbriest. Schon treibt er den Schnee in Schlangenlinien über die gefrorene Fläche und zerrt an dem Planen der Schlitten. Keiner will sich eingestehen, daß dies ideale Anfängerbedingungen sind. Kopf in den Schnee und so tun, als ob nichts wäre, das ist die Devise der Stunde. Nur jetzt nicht wieder ein Fehlschlag! Noch eine Viertelstunde spielen wir Vogel Strauß im Eis, dann bleiben wir alle wie auf ein Kommando stehen.

"Wenn wir jetzt nicht segeln, werden wir es nie mehr tun", sagt Frank und beginnt, seinen Schirm auszupacken. Wir folgen seinem Beispiel. Hastig werden die notwendigen Vorbereitungen getroffen und bald herrscht ein unentwirrbares Chaos von Segeln, Leinen, Zuggestängen, Skiern und Schlitten.

"Wohin nur mit den Steigfellen der Skier?"

"Wie hast du das Zuggestänge an dem Hüftgurt befestigt?"

"Mensch, paß auf, trete doch nicht auf meine Leinen!"

Jeder will der erste am Start sein, nur Martin murmelt skeptisch in seinen Bart: "Wenn das nur gutgeht!" Doch niemand schenkt ihm in der allgemeinen Begeisterung Beachtung.

"Meine Leinen sind verheddert, der Schirm wird sich bestimmt nicht öffnen", sagt er hilflos mit herabhängenden Schultern. Schon ist Frank zur Stelle und hat Martins Schirm aufgeklart. Nun gibt es auch für Martin kein Zurück mehr. Fatalistisch ergibt er sich in sein Schicksal. Udo ist als erster startbereit und wir beobachten gespannt, wie er den Steuerstab aufnimmt und das obere Ende zu sich zieht, so daß Wind in den Schirm kommt. Der Para-Wing bläht sich auf und steigt hoch. Die volle Zugkraft entfaltet sich und Udo zieht los. Erst langsam, dann immer schneller jagt er über das Eis dem Westen entgegen.

Vom Segelfieber ergriffen, bringe auch ich meinen Schirm in den Wind; ein Ruck, ich jage los. In rasendem Tempo gleitet die Landschaft an mir vorbei. Da, eine große Schneewehe vor mir. Ein Ausweichmanöver in letzter Sekunde, schon liegt sie weit hinter mir. Ein Blick zurück, die anderen folgen, Martin als letzter. Verkrampft halte ich mich am Steuerstab fest und versuche, die Balance zu halten. Ab und zu werde ich nach hinten gerissen, wenn mein Schlitten gegen eine Schneegangel prallt. Dann reißt mich der Schirm wieder nach vorn, läßt mich über die Schneefläche gleiten, das mir Hören und Sehen vergeht. Das Segel in der richtigen Position zu halten, großen Schneewehen auszuweichen und mich auf den Beinen zu halten, erfordert meine ganze Aufmerksamkeit. Nur keinen Sturz bei der Geschwindigkeit und dem 110 kg schweren Schlittenmonster hinter mir, das mich dann sicher überfahren würde. Nach zehn Minuten erreiche ich Udo, der eine Pause macht. Die anderen kommen nach. Mit zitternden Knien gehen wir zum Kilometerrädchen. Drei Kilometer gesegelt! Fabelhaft, kaum zu glauben – ein Strecke, die sonst eineinhalb Stunden schwerster Schlittenzieherei bedeutet. Wir lachen, schlagen uns gegenseitig auf die Schultern und sind uns einig: Von nun an wird in Grönland kein Schritt mehr getan, jetzt wird nur noch gesegelt! Allerdings stellt sich jetzt die Frage der Navigation. Bei der schnellen Fahrt scheint es uns unmöglich, auf den Kompaß zu schauen und die Richtung zu korrigieren.

Para-Wing–Segeln unter besten Bedingungen

Ratlos stehen wir im Schnee und schauen auf die bunten Schirme, die uns mit ihrem munteren Flattern zur Weiterfahrt aufzufordern scheinen.

Günter zieht seinen Peilkompaß heraus und bestimmt die Fahrtrichtung. Auf der weißen Schneefläche gibt es jedoch nichts, was als Orientierungspunkt dienen könnte.

Stumm liegt der Eispanzer vor uns und läßt uns mit unserem Problem allein, so als wolle er zu verstehen geben: Wenn ihr schon über meinen Rücken spazieren wollt, so will ich das dulden – Hilfe habt ihr von mir aber nicht zu erwarten.

Nun holt auch Udo seinen Kompaß hervor und bestätigt Günters Richtungsangabe. Mit ausgestreckten Armen weisen sie auf einen imaginären Punkt am Horizont und sind sich einig: Dahin muß es gehen, aber wie?

Da erhellt sich Günters Miene. "Natürlich, ich hab's, wir halten uns in der nächsten Stunde einfach etwas links von der Sonne und schon haben wir die Richtung. Um drei Uhr müssen wir dann genau auf die Sonne zuhalten und anschließend etwas rechts, so einfach ist das!"

Die Frage, wie unsere Navigation aussehen mag, wenn der Himmel einmal bedeckt ist, stellen wir uns nicht. Eins nach dem anderen. Heute ist die Sicht gut, und in der nächsten Stunde werden wir uns also links der Sonne halten.

Die Begeisterung treibt uns voran, die Segel werden in den Wind gestellt und weiter zieht unsere kleine Flotille, setzt der grenzenlosen Weite eine neue Geschwindigkeitsdimension entgegen.

Jeder fährt, wie es ihm behagt. Vor mir segelt Udo eine kleine Anhöhe hinauf. Leicht und mühelos nimmt er die Steigung, die uns sonst so manchen Schweißtropfen abverlangt hätte. Hinter mir kann ich gerade noch Günter und Frank erkennen, Martin ist jedoch weit hinter uns in einer Senke. Er muß zwei Kilometer zurückliegen.

"Wir müssen auf Martin warten", schreie ich nach vorn. Doch Udo hört mich nicht. Also verbessere ich die Position meines Schirmes im Wind und schließe zu ihm auf. Mit Handzeichen bedeute ich ihm, anzuhalten. Kurz darauf erreichen uns auch Günter und Frank.

Nur Martin ist wie von der Eisfläche verschluckt. Schon will Udo auf unserer Spur zurücksegeln, um ihn zu suchen, da taucht hinter einer Senke ein kleiner Punkt auf, der rasch größer wird – Martin.

Einige Minuten später steht er neben uns, die Sonnenbrille voller Schnee, die Mütze schief auf dem Kopf und schimpft: "Also, so geht das nicht! Da bin ich dort hinten in einer Schneewehe hingefallen und meine Leinen haben sich verheddert. Und was macht ihr? Ihr segelt einfach ungerührt weiter. Die paar Minuten, die ich gebraucht habe, um wieder auf die Beine zu kommen, haben gereicht, daß ich euch nicht mehr sehen konnte. Wenn nicht eure Spur gewesen wäre, hätte ich euch nie mehr gefunden und ihr wärt wahrscheinlich bis zur Westküste weitergefahren, ohne mein Fehlen überhaupt zu bemerken!"

Wir versuchen, ihn zu beruhigen, was nur unvollständig gelingt. Aber in einem hat er sicherlich recht: Der Zusammenhalt muß gewahrt bleiben, sonst laufen wir Gefahr, uns auf der weiten Fläche zu verlieren.

Nach einigen Stunden haben wir uns an die neue Fortbewegungsart gewöhnt. Alle zehn bis fünfzehn Minuten wird Pause gemacht, um die steif gewordenen Arme und Beine auszuschütteln, das Gepäck auf den durchgerüttelten Schlitten wieder zurechtzurücken und auf die Nachzügler zu warten. Stets werfen wir dabei einen Blick auf den Kilometerzähler, und stets haben wir drei bis vier Kilometer zurückgelegt. Während der Fahrt kann ich gelegentlich meine Augen über die Landschaft schweifen lassen. In sanften Wellen von drei bis vier Kilometern Länge steigt der Eisschild nach Westen an. Die Wolken werfen Schatten auf den Schnee und bringen so Muster von einer unglaublichen Vielfalt hervor. Eine friedliche Stimmung liegt über allem, die so gut mit meiner Freude, im Hüftgurt sitzend dem Wind gleich über die wellige Landschaft zu gleiten, harmoniert. Wind, Sonne, Wolken und Schnee bilden eine Einheit, der ich auf einmal angehöre – durch die Art meiner Fortbewegung bin ich aufgenommen in die großen Abläufe, die das grönländische Inlandeis seit Jahrtausenden bestimmen. Nicht mehr erdgebunden und angeschirrt an meinen Schlitten bin ich, sondern so leicht und frei wie die Schneekristalle, die der Wind über den weiten Eisschild treibt. Gegen Abend nähert sich die Sonne dem Horizont und taucht die Eislandschaft in ein zartes Rot. Die Temperatur sinkt und der Schnee knirscht unter unseren Skiern. Der Fahrtwind beginnt, im Gesicht zu beißen, deshalb ziehen wir die Mützen tiefer in die Stirn. Rauhreif hat sich an unseren Bärten und Kapuzen festgesetzt. Der Arm, der den Steuerstab hält, wird langsam kalt und gefühllos, aber was macht das schon! Wir ziehen weiter mit dem Wind.

Noch lange fahren wir in den Abend hinein, um die günstigen Bedingungen auszunutzen. Nach unserem letzten Halt lesen wir am Rädchen einundzwanzig Kilometer ab. Günters Höhenmesser zeigt dreihundert Meter mehr als am Morgen an – bis jetzt unsere beste Leistung. Zufriedene Stimmung herrscht abends im Kochzelt und zur Feier des Tages gibt es Champignoncremesuppe, als Hauptspeise Nasi-goreng mit Pemmikan und Curry, soviel die Zunge zu ertragen vermag. Anschließend wärmen wir uns die Hände an einer heißen Tasse Kakao mit Rum. Kann man es irgendwo besser haben, als nach solch einem Tag und solchem Essen im warmen Kochzelt bei angeregter Unterhaltung? Im Augenblick würden wir das glattweg abstreiten.

## **Sturm**

8. Mai. Ein wichtiges Datum für eines unserer Expeditionsmitglieder. Vorfreude und Betriebsamkeit herrschen im Kochzelt. Die Isoliermatten werden vom Treibschnee der Nacht gereinigt, Schnee wird geschmolzen, Kaffee gekocht. Dann schaffen wir auf dem Schneetisch in der Mitte des Zeltes Platz und ordnen dort einige kleine Geschenke möglichst liebevoll an. Fehlt nur noch die Hauptperson des Tages – Martin. Als er endlich ins Kochzelt kriecht, donnert ihm ein kräftiges "Happy birthday to you" entgegen. Was dem Gesang an Belcanto fehlt, machen wir ohne weiteres durch Lautstärke wett. Martin ist sichtlich überrascht und gerührt.

"Das finde ich toll, daß ihr an meinen Geburtstag gedacht habt, das erstaunt mich nun wirklich." Strahlend nimmt er unsere Gratulationen und Geschenke entgegen, auf die wir trotz äußerster Gewichtsbeschränkung bei dem Expeditionsgepäck nicht hatten verzichten wollen. Als erster überreicht Frank eine kleine Whiskyflasche.

"Ich weiß zwar nicht, ob du ein Whiskyfan bist, aber ein guter Whisky ist doch immer etwas Feines!"

Günter und Udo haben eine Packung Pralinen mit auf das Eis genommen und zum allgemeinen Erstaunen unversehrt auf den Gabentisch gebracht.

"Ihr seid einfach toll", sagt Martin ein übers andere Mal und läßt die Packung herumgehen. Bald herrscht ausgelassene Stimmung. Zum Schluß stehe ich feierlich auf und händige Martin eine kleine Schmuckschatulle aus.

"Wegen besonderer Verdienste um die Expedition auf dem Inlandeis wollen wir dir den 'goldenen Bergsteiger am Ohr' verleihen!" Unter allgemeinem Gelächter bringe ich eine kleine Ansteckfigur an Martins Ohrmuschel an, die mindestens im siebten Grad den Rand des Ohres erklimmt.

"Das ist gleichzeitig auch ein Gruß von Kristina, die die Figur für dich ausgesucht hat", sage ich. "Da gab's noch eine ähnliche Figur mit der Variante, daß diese gesichert an einem goldenen Seil klettert, wobei das Seil einen Standhaken am Ohrläppchen hat. Die fand ich natürlich noch besser, aber dann hätten wir jetzt ein Loch in eins deiner Ohren stechen müssen."

"Kein Problem für mich, das Gewehr macht schöne, große Löcher", wirft Günter ein.

"Als letztes noch ein Gruß", mit diesen Worten drücke ich Martin einen Brief seiner Frau in die Hand, den sie vier Wochen zuvor geschrieben und in meine Obhut gegeben hat. Unschlüssig dreht und wendet Martin das abgewetzte Couvert. Dann entschuldigt er sich und zieht sich ins Schlafzelt zurück. Er will beim Lesen des Briefes allein sein. Auch das Inlandeis hat ein kleines Geschenk für Martin bereit: Schnee und Sichtverhältnisse sind ausgezeichnet, und es herrscht eine schwache Brise, nach Martins Meinung idealer Segelwind. Er ist der kleinste und mit Abstand leichteste der Expeditionsmannschaft – ein unschätzbarer Vorteil bei schwachem Wind. Und so ist uns Martin heute stets um einige Segellängen voraus. Wir anderen haben alle Mühe, den Anschluß nicht zu verlieren, obwohl wir genau in der Spur fahren, die er so mühelos für uns bahnt. Nachzügler des heutigen Tages sind Udo und Günter.

Frank rät ihnen, abzunehmen, das mache unglaublich schnell. Verärgert besteht Günter darauf, abends die Beladung der Schlitten zu kontrollieren. Er habe schon immer das Gefühl gehabt, Udo und er hätten das schwerste Gewicht zu ziehen.

Wir kommen dennoch auch heute gut voran und als abends der Wind völlig abflaut und zu einem sanften Lufthauch wird, der die Segel zu unförmigen Stoffknäulen zusammenfallen läßt, haben wir siebzehn Kilometer geschafft.

Wir schlagen das Lager auf einer weitgestreckten Schneedüne auf, von der man einen herrlichen Rundblick über die wellige Schneelandschaft hat. Der Himmel ist wolkenlos und das Thermometer fällt nach Sonnenuntergang auf minus fünfzehn Grad Celsius, für uns ein sicheres Zeichen, daß eine Schönwetterperiode ohne Wind vor uns liegt.

Dies sollte eine der wenigen Wettervorhersagen bleiben, die sich als richtig herausstellte.

Im gleißenden Sonnenlicht treten wir am nächsten Tag unseren Marsch an. Statt der Segel sind jetzt Gletscherbrillen und Sonnencreme angesagt.

Die Abendsonne verleiht der monotonen Landschaft Farbe

Schwitzend arbeiten wir uns durch pappigen Schnee, zerren die Schlitten über aufgeweichte Schneegangeln und befreien alle paar Meter die Laufflächen der Skier von lästigen Stollen. Wenigstens etwas Gutes hat das warme, windstille Wetter: Die Mittagspause wird zum Sonnenbad.

Statt wie sonst üblich im Windschatten unserer Schlitten zu kauern und mit klammen Fingern das tiefgefrorene Essen herunterzuschlingen, sitzen wir mit bloßen Füßen und nacktem Oberkörper auf den Schlitten und halten eine ausgiebige Vesper. Tiefblau wölbt sich der Himmel über uns, blendendes Weiß bis zum Horizont. Die Stille ist fast greifbar. Eine verträumte Stunde, der wir uns dankbar hingeben.

Nur Martin will sich diese Wohltat nicht gönnen. Nach kurzer Rast stapft er dem nächsten Hügel entgegen, um von erhöhter Perspektive unsere Wanderung zu filmen. Zunächst hält er sich noch an die Marschrichtung, hat sich jedoch bald derart in den Hang verbissen, daß er, der größten Steigung folgend, viel zu weit nach Norden abweicht.

"Wo läuft der denn hin, er hat wohl gestern zu tief in seine Whiskyflasche geguckt", sagt Günter, der Martins Solo mit dem Peilkompaß verfolgt.

"He, Martin, weiter nach links." Doch unser Kameramann hat andere Vorstellungen. Nach einer Stunde läuft er in fast nördlicher Richtung, baut dann seine Kamera auf und bedeutet uns, ihm zu folgen.

So machen wir gute Miene zum bösen Spiel und folgen seiner Spur. Natürlich wissen wir nicht, wann er auf den Auslöser der Kamera drückt, wollen ihm aber auch keine Sequenz verderben. Martins Wut nach verpatzten Filmszenen ist berühmt. Also laufen wir die Steigung in einem durch und sind völlig verausgabt, als wir ihn erreichen. Doch jetzt scheint die Einstellung gerade am besten zu sein.

"Weiter, los, an mir vorbei weiter, nicht stehenbleiben, ihr seid fabelhaft im Bild", treibt er uns voran.

Nach geraumer Weile versagen die Kräfte und wir bleiben einfach stehen. Was zuviel ist, ist zuviel, selbst wenn es dafür einen Oskar geben würde. Wir brauchen eine Pause. Erschöpft drehen wir uns nach Martin um. Der hat jedoch schon längst seine Kamera abgebaut, in den Schlitten gepackt und folgt uns in bester Laune.

"Eine tolle Aufnahme", sagt er und kann unsere grantige Stimmung nicht so recht verstehen. Bei dem weiteren "Pappschneewaten" vergeht uns jedoch bald der Sinn fürs Streiten. Wieder nimmt die Arbeit im Zuggestänge uns voll gefangen.

Als wir das Lager aufschlagen, ist der Himmel immer noch klar. Eine Wolkenbank, die Wind verspräche, ist nicht in Sicht. Das Thermometer befindet sich wieder im freien Fall. Verwöhnt von den ersten beiden Segeltagen und enttäuscht von der geringen Marschleistung heute, schwören wir, die nächste Gelegenheit zum Eissegeln zu nutzen – und sei es mitten in der Nacht. Doch friedlicher als heute abend kann das Inlandeis nicht aussehen.

Zwei Stunden später summen die Petroleumkocher und verbreiten eine wohlige Wärme im Kochzelt, so um minus fünf Grad Celsius. Nach einem mehr als magenfüllenden Abendessen schmelzen wir noch Schnee für einen heißen Kakao. Plötzlich bewegt sich die Zeltplane. Erst ganz sanft, dann immer stärker – Wind!

Konsterniert schauen wir uns an. Der Eispanzer nimmt uns beim Wort!

Hastig packen wir die Kochutensilien zusammen und treten vor das Zelt. Immer noch ist der Himmel wolkenlos, aber es bläst ein kräftiger Wind aus Nordost und jagt Sturzseen von Treibschnee gegen die Zelte. Im Norden geht das farbenprächtige Abendrot bereits in die Morgendämmerung über.

Die Müdigkeit des vergangenen Tages ist verflogen. Unser Entschluß steht fest: Statt zu schlafen wird in dieser Nacht gesegelt! Sofort stürzen wir uns in die notwendigen Vorbereitungen. Die Windtemperatur liegt sicher bei minus vierzig Grad Celsius, die dickste Kleidung ist da gerade warm genug. Faserpelz, Daune und Windbekleidung werden übereinander geschichtet, bis wir uns kaum noch bewegen können. Doppelte Handschuhe, Woll- und Daunenmütze sowie Sturmbrille vervollständigen den Anzug.

Schnell brechen wir die Zelte ab und packen die Schlitten, während der Wind immer mehr an Stärke gewinnt. Schon ist es fast unmöglich, die Schirme in Startposition zu bringen. Wütend reißt der Sturm an den Planen und verwirbelt immer wieder die Leinen. Nur zu dritt können wir jeweils einen Schirm bändigen. Mittlerweile ist der Wind so stark, daß wir uns nur noch schreiend verständigen können. Eine kompakte, meterhohe Treibschneeschicht jagt über die Fläche und verdunkelt den Himmel. Dies sind Anzeichen für einen heraufziehenden Orkan, doch wir sind blind gegenüber den Warnzeichen.

Heute Nacht wird gesegelt – komme, was da wolle. Günter findet als erster den Mut, sich dem Sturm zu überantworten. Kaum hat er das Segel vom Boden hochgerissen, da hat ihn die Dämmerung auch schon verschlungen.

Nun kommt die Reihe an mich. In rasender Fahrt prasseln meine Skier über das Eis, an Steuern ist nicht mehr zu denken. Nach einigen Dutzend Metern verliere ich die Kontrolle über den Schirm, stürze und werde von dem wütend um sich schlagenden Segel noch eine Strecke über den Schnee gezerrt, bevor ich den Steuerstab in Ruheposition bringen kann und endlich zum Liegen komme. Irgendwo vor mir erkenne ich einen Schatten, der, ebenfalls am Boden liegend, mit seinem Schirm kämpft: Günter.

Und der Wind nimmt weiter zu. Mit unserem Starrsinn haben wir uns in eine lebensgefährliche Situation manövriert. Die Zelte, die uns jetzt bitter nötigen Schutz vor dem Sturm bieten könnten, sind abgebaut. Günter und ich liegen auf der Hochfläche und haben keinen Sichtkontakt zu den anderen.

"Jetzt geht's ums nackte Überleben", schießt es mir durch den Kopf. Mühsam kämpfe ich mich hoch und bändige meinen Schirm. Irgendwo aus dem Meer von Treibschnee eilt Udo Günter und mir zu Hilfe. Gemeinsam können wir auch den zweiten Schirm bergen. Als wir die Schlitten zu Frank und Martin zurückziehen, nimmt uns der Sturm fast den Atem. Nach langem Suchen erreichen wir schließlich mehr kriechend als gehend unseren alten Lagerplatz.

Immer stärker wütet der Orkan und verzweifelt mühen wir uns, die Schlafzelte aufzubauen. Noch einige Stunden in diesem Inferno und wir werden erfroren sein. Schon jetzt preßt der Sturm Schneekristalle durch die Kleidung. Wir sind bis auf die Haut durchnäßt und bis auf die Knochen durchgefroren.

Wenn wir einen kurzen Moment innehalten, um auszuruhen, greift der Frost mit eiserner Kralle zu. Nur die Bewegung schützt uns noch vor Erfrierungen, doch langsam schwinden die Kräfte.

Seit achtzehn Stunden sind wir ununterbrochen auf den Beinen, und nur noch der Wille zu Überleben hält uns aufrecht. Gemeinsam bauen wir die beiden Schlafzelte auf. Fast zwei Stunden brauchen wir für diese Arbeit, die sonst zu zweit in einer Viertelstunde bewältigt wird. Äußerst vorsichtig und überlegt gehen wir zu Werke, da wir nicht Gefahr laufen wollen, die Zelte an den Orkan zu verlieren. Doppelte Abspannleinen werden angebracht. Skier und Stöcke, die uns als Heringe dienen, werden über einen Meter tief in den Schnee getrieben. Dann kämpfen wir uns zu den Schlitten und nehmen an Essen heraus, was wir gerade greifen können. Als auch die Schlitten sturmsicher verankert sind, kehren wir zu den Zelten zurück, die als einzige Unebenheiten auf der endlosen Hochfläche dem Sturm die Stirn bieten. Mit der Wucht eines Wasserwerfers katapultiert der Orkan den Treibschnee gegen die Planen, die sich unter der Belastung beängstigend biegen.

Völlig verausgabt lassen wir uns in die Zelte fallen und schließen den Reißverschluß hinter uns – gerettet. Wir versuchen, es uns in den Schlafsäcken so bequem wie möglich zu machen und ein wenig Schlaf zu finden. Wie Detonationen knallen die Planen und lassen die Luft im Zeltinneren so stark vibrieren, daß es durch Mark und Bein geht. Die Sorge um das Zelt hält uns wach. Einige Stunden vergehen, bevor wir Zutrauen in die Planen gefunden haben und endlich in einen erschöpften Schlaf fallen.

Als ich am nächsten Tag aufwache, ist das Innenzelt um einiges kleiner geworden. Der Sturm, der mit unverminderter Stärke tobt, hat Schnee unter das Überzelt gepreßt und einen halben Meter zwischen Innen- und Überzelt aufgetürmt. Das Innenzelt hat dem Druck nachgegeben, und so liege ich nun mit der Nase am Schnee.

Ärgerlich versuche ich, mir durch Einschlagen auf die Schneewehen Raum zu schaffen – umsonst. Beängstigend biegt sich das Innenzelt unter der Last, die Befestigungsleinen sind zum Zerreißen gespannt. Hier muß schnell Entlastung geschaffen werden.

Udo ist auch schon munter, und so gehen wir die Aufgabe gemeinsam an. Mit Schaufeln befreien wir den Raum zwischen dem dünnen Innen- und dem winddichten Überzelt von Schnee. Frank liegt derweil noch in tiefem Schlaf. Erst gegen Mittag regt es sich in seinem Schlafsack und ein griesgrämiges Gesicht schaut uns an.

"Mein Gott, das stürmt ja immer noch. Wann wird das bloß aufhören?" Als Antwort wirft sich der Orkan mit einer erneuten Böe gegen die Planen, daß die Alugestänge des Außenzeltes sich bis auf die Hälfte ihrer normalen Höhe herabbiegen. Ängstlich zieht Frank den Kopf ein und schaut zur Decke.

"Keine Panik, das Zelt hält", sagt Udo. "Michael und ich sehen uns das Schauspiel schon seit heute morgen an. Unglaublich, wie gut sich die Schlafzelte im Wind halten. Ich frage mich, ob das große Kochzelt nicht schon längst davongeflogen wäre."

"Und was machen wir, wenn die Zelte den Flattermann machen?" stelle ich zur Debatte.

"Ganz einfach, wir nehmen die Schaufeln und graben uns in den Schnee ein. Doch bevor es soweit ist, sollte einer nach draußen gehen und die Leinen kontrollieren", empfiehlt Udo. Als er weder bei mir noch bei Frank irgendwelche Bereitschaft zu dieser Aktion sieht, brummelt er Unverständliches in den Bart, zieht seine dicksten Sachen an und begibt sich in den Sturm.

"Der ist schon ein richtiger Hirsch", sagt Frank anerkennend.

Udo sieht jedoch eher wie ein zerzauster Schneemann aus, als er eine halbe Stunde später wieder ins Zelt kommt. Atemlos ist er und durchgefroren. Mühsam pellt er sich aus der Kleidung, sein Unterzeug ist naß. Vorsichtig entfernt er dicke Eisklumpen aus seinem Bart.

"Einige Leinen waren schon halb durchgewetzt, ich habe sie repariert und sämtliche Spannleinen nachgezogen. Die Heringe sitzen fest. Ich glaube, das Zelt wird den Sturm überstehen."

"Wie geht's Martin und Günter", frage ich.

"Gut. Gerade als ich ins Zelt zurückgehen wollte, kam Martin heraus, um ebenfalls nach dem Rechten zu sehen. Wir haben versucht, miteinander zu reden, aber der Sturm war einfach zu stark. Ich habe keines seiner Wörter verstanden! Es scheint aber bei denen alles in bester Ordnung zu sein."

Unter dem Knattern der Planen machen wir Inventur unserer Vorräte. Zwei Tafeln Schokolade, eine Packung Knäckebrot sowie je eine Tagesration Wurst und Käse finden sich, dazu eine Thermoskanne mit Tee. Das ist nicht gerade viel, aber da wir keine körperliche Arbeit zu leisten haben und den Schutz des Zeltes nicht unnötig verlassen wollen, schnallen wir die Gürtel enger. Langsam vergeht der Tag, ohne daß der Sturm an Stärke nachläßt. Mit der Zeit gewöhnen wir uns an den Lärm, das Durchbiegen der Zeltstangen und das Rütteln des Windes an den Planen.

Nachmittags ist die Reihe an mir, draußen einmal nachzusehen. Dick eingemummt verlasse ich das Zelt und werde sofort mit unbändiger Wucht von dem Orkan erfaßt, der mich fast umwirft. Der Himmel ist immer noch wolkenlos. Das tiefdunkle, Ruhe ausstrahlende Blau bietet einen unfaßbaren Kontrast zu der tosenden Gewalt des Pitteraq, der über die Eisfläche jagt. Dutzende von Metern lang sind die Schneeverwehungen, die sich in Lee der Zelte und Schlitten aufgeworfen haben.

Tief gebeugt kämpfe ich mich zur windexponierten Seite des Zeltes und versuche, eine Schneemauer als Schutz vor dem Sturm zu errichten. Die kiloschweren Schneeblöcke, die ich aus dem hartgepreßten Schnee herausschneide, werden mir jedoch sofort von der Schaufel geblasen. Fast waagerecht fliegen sie über die Eisfläche und werden noch in der Luft von dem Sturm zu Schneekristallen zerstäubt. Auch mein Versuch, die Blöcke mit den Händen übereinander zu schichten, mißlingt. Kaum habe ich einen der Blöcke ausgestochen und hochgehoben, zerrinnt er mir auch schon zwischen den Fingern. So beschränke ich mich darauf, die Heringe und Abspannleinen zu kontrollieren und bin froh, in den Schutz des Zeltes zurückkriechen zu können. Bis zum Mittag des darauffolgenden Tages wütet der Sturm und hält uns gefangen. Dann endlich läßt das Knattern der Planen nach, die Böen werden immer schwächer und kommen in längeren Abständen. Der Sturm hat sich ausgetobt.

Nach dem Sturm haben sich lange Schneedünen gebildet

## Nebel über dem Inlandeis

"Guten Morgen, acht Uhr, aufstehen." Um seine Worte zu unterstreichen, klopft Martin kräftig auf die Gestänge unseres Zeltes. Wie ein Platzregen prasseln Kondenstropfen auf uns hernieder. Mittlerweile nehmen wir diese morgendliche Dusche schon gelassen hin. Erstaunlich, an welche Menge von Unannehmlichkeiten man sich gewöhnt, wenn sie nur lange genug andauern und unabänderlich sind. Nach einigen Tagen unter White-Out-Bedingungen können wir uns ein Aufwachen in trockenen Räumen kaum noch vorstellen.

Eilig versucht jeder, sich aus dem Schlafsack zu pellen und die Kleidung überzustreifen; bei dem beengten Raum ein artistisches Kunststück.

Wie an jedem Tag, so kommt es auch heute zu heftigen Kollisionen zwischen Udo und mir. Sein Anorak, schwungvoll übergezogen, landet in meinem Gesicht und verpaßt mir eine schallende Ohrfeige. Nun ramme ich Udo meine Füße in die Oberschenkel bei dem Versuch, die kniehohen Socken überzuziehen. Anschließend landet mein Ellbogen in seiner Magengegend, als ich in die steifgefrorenen Innenschuhe hineinschlüpfen will und mit den Händen abrutsche. All das ist unter uns kaum der Rede wert, Teil einer täglichen Routine des Anziehens auf engstem Raum.

Um uns Platz zu schaffen, hat sich Frank in die äußerste Ecke des Zeltes zurückgezogen und schaut unserem Treiben mit verhaltenem Interesse zu. Vielleicht träumt er auch noch, das weiß man zu so früher Stunde bei ihm nie genau.

Udo ist als erster "ausgehfein" und wagt einen Blick aus dem Zelt. "Wie sieht's aus mit dem Wetter?" fragt Frank und kratzt sich behaglich am Kopf.

"Nicht anders als in den letzten Tagen: leichter Schneefall, Wind aus Nordost und wieder nichts zu sehen außer dem Weiß", ist die wenig aufmunternde Antwort.

Im Kochzelt sind die Gerätschaften von einer dünnen Rauhreifschicht überzogen. Feinkörniger Treibschnee ist durch eine Lücke am Zeltboden hereingeweht und hat die Essensvorräte unter sich begraben. Alles wirkt leblos und verlassen.

Zuerst sucht Udo nach den Kochern und füllt Petroleum auf, wobei er immer wieder die klammen Finger in den Handschuhen wärmt. Die Flamme zündet. Sofort wird es behaglicher. Das Schmelzen von Schnee, Tee in Thermoskannen abfüllen, Frühstücksrationen austeilen, das alles geht mittlerweile problemlos von der Hand.

"Wasser ist fertig!" Dieser Ruf holt Frank endgültig aus den Federn und Martin und Günter von ihrer morgendlichen Wartungsarbeit an Kamera und Tonbandgerät.

Und nun beginnt das tägliche Frühstückslotto. Udo hält fünf Pakkungen Astronautennahrung in den beiden Geschmacksrichtungen Orange und Banane wie ein Kartenspiel aufgefächert so hin, daß die Aufschriften nicht zu lesen sind. Jeder zieht nun eine Schachtel und je nach Geschmacksrichtung erhellt oder verdüstert sich die Miene. Banane ist der Renner, Orange dagegen der Garant für ein wenig schmackhaftes Frühstück, das man am besten mit einer Menge Tee herunterspült. Neidvolle Blicke auf die, die Banane gezogen haben, bleiben da nicht aus. Zum dritten Mal hintereinander habe ich den ungeliebten Trank erwischt. Lauthals mache ich meinem Ärger Luft.

Udo, der Statistiker, hält mir entgegen: "Wir haben in gleichen Mengen Orange und Banane. Bei einer Zufallsverteilung muß also auf lange Sicht jeder auf seine Kosten kommen." Im Augenblick hilft mir diese Einsicht jedoch wenig.

Nach dem Frühstück räume ich die Kochutensilien zusammen, während Udo und Frank noch gemütlich eine Tasse Kaffee trinken. Martin und Günter haben schon längst das Kochzelt verlassen und ihre Schlitten gepackt. Nun stehen sie draußen im Wind und warten auf uns. Doch Udo und Frank sind nicht aus der Ruhe zu bringen. Die Tasse Kaffee zum Abschluß des Frühstücks ist ihnen heilig.

Endlich haben sich auch die beiden Frühstücksfetischisten soweit gesammelt, daß sie ans tägliche Werk gehen können. Ausgedehnte Grabungsarbeiten finden jetzt statt, um die von Treibschnee begrabenen Schlitten wieder ans Tageslicht zu befördern. Schnell sind die Zelte abgebrochen, und jeder müht sich mit der Beladung seines Schlittens. Zwar sind wir schon sechzehn Tage auf dem Eis, doch haben sich Gewicht und Umfang noch nicht deutlich verringert.

Als letztes werden morgens die Zelte abgebrochen

Mit der gebotenen Vorsicht versuchen wir, Essen, Isoliermatten, Schlaf- und Packsäcke unter den schützenden Planen der Pulkas zu verstauen, ohne daß Schnee in die Schlitten gelangt. Oft genug reißt uns jedoch der Wind die Planen aus der Hand und Treibschnee statt Gepäck findet seinen Weg in die Wannen.

"Ich habe das ungute Gefühl, daß ich mittlerweile mehr Eis und Schnee im Schlitten habe als Gepäck", kommentiert Frank die Situation.

Ein Blick zurück auf unseren Lagerplatz. Nur noch Fußstapfen und einige übereinandergetürmte Schneeblöcke sind zu sehen. In wenigen Tagen werden Wind, Schnee und Sonne die Spuren verwischt haben, und nichts wird mehr an unseren Aufenthalt erinnern. Das Inlandeis wird sich eifersüchtig den kleinen Raum zurückerobern, den wir für eine Nacht zu einer menschlichen Behausung gemacht haben.

Dann ziehen wir weiter unsere Spur nach Westen, Kompaßkurs $270^0$. Um die Richtung bei schlechter Sicht besser einhalten zu können, befindet sich immer ein Kugelkompaß an dem Schlitten dessen, der zuerst geht. Sein Hintermann liest ständig den Kompaß ab und dirigiert ihn.

"Etwas mehr nach links, weiter nach rechts", mehr bekommt er nicht zu hören, bevor er nach einer Stunde in der Führung abgelöst wird und sich an das Ende der Schlittenreihe fallen lassen kann.

So wechselt jeder stündlich die Position in unserem Konvoi. Am schwersten hat es immer der Mann an der Spitze: Er hat nicht nur die harte Arbeit des Spurens, sondern muß auch versuchen, mit viel Orientierungssinn die ihm angegebene Richtung zu halten. Mit der Zeit haben wir die erstaunliche Fähigkeit entwickelt, an der Richtung der Schneegangeln, dem Wind oder dem Sonnenstand, an noch so unscheinbaren Strukturen vor uns im Schnee den richtigen Kurs zu erahnen. Immer seltener kommen die Korrekturen des "Steuermanns".

Seine Aufgabe besteht in der geschickten Führung des ersten. Angestrengt schaut er auf den Kompaß, der vor ihm durch den Schnee schaukelt. Wenn der Schlitten des Führers über eine Schneeverwehung klettert und anschließend wieder herunterkracht, wandert die Kompaßnadel spielend von Nord über Ost nach West. Welchen Kurs geht nun eigentlich der Vordermann? Auf einem kurzen, ebenen Stück Eis hat sich die Nadel beruhigt und steht bei 280 Grad. 10 Grad zu weit nördlich.

Aber laß den Vordermann ruhig einige Zeit in dieser Richtung laufen, verwirre ihn nicht durch ständige Richtungskorrekturen, schicke ihn einfach nach einiger Zeit auf Kurs 260 Grad. Und schon hat sich der Fehler ausgemittelt. So ist es nicht verwunderlich, daß unsere Spur in leicht geschwungenen Linien über das Eis führt. Wenn die Sicht gelegentlich besser ist, so daß wir einige Kilometer weit sehen können, erschrecken uns diese schwungvollen Bögen immer wieder und Zweifel an der Navigation werden laut.

"Wir laufen durch die Landschaft wie Betrunkene", sagt Martin, "würde mich nicht wundern, wenn wir auf einmal an Grönlands Südspitze landen statt im Austmannadalen!"

Zweihundertzwanzig Kilometer haben wir bis jetzt zurückgelegt und 2.200 Meter über dem Meeresspiegel erreicht. Ungeduldig warten wir auf den Moment, an dem die Steigung der Eisfläche nachläßt, ein Zeichen dafür, daß wir das Hochplateau des Eispanzers erreicht haben, das sich über hundert Kilometer im Zentrum des Inlandeises erstreckt. Dann wäre die erste große Etappe, der Aufstieg zum Zentralplateau, geschafft. Dort versprechen wir uns ein schnelleres Vorankommen. Doch unaufhörlich reiht sich eine langgezogene Schneedüne an die andere wie eine gigantische Treppe, deren Ende nicht abzusehen ist.

Ein weiterer Punkt des allgemeinen Interesses liegt an der Ostseite des Zentralplateaus genau auf unserer Marschrichtung: Dye 3, eine der vielen amerikanischen Frühwarnstationen, die in einem riesigen Halbkreis von Südgrönland bis nach Alaska mit ihren gigantischen Radarantennen nach russischen Atomraketen Ausschau halten. Seit Tagen spukt die Station in unseren Köpfen herum. Da wird von Steaks, Bier, Kuchen und einer heißen Dusche phantasiert, aber auch von möglichen Schwierigkeiten mit der amerikanischen Militärbürokratie. Oft diskutieren wir in diesem Zusammenhang das unspektakuläre Ende einer Einmann-Expedition. Ein Norweger hatte versucht, das Inlandeis zu überqueren. Drei Wochen war er schon unterwegs, als er in dichtestem Nebel plötzlich auf die Station stieß. Unbekümmert stellte er seinen Schlitten ab und marschierte direkt ins Kontrollzentrum der Radarstation.

Die Amerikaner fielen vor Überraschung fast von ihren Stühlen. Als sie sich gefaßt hatten, nahmen sie den Norweger fest. Wegen seines unverfrorenen Auftretens in einem militärischen Sperrgebiet wurde er kurzerhand ausgeflogen – Ende seiner Expedition.

Das soll uns nicht passieren. Vorsichtige Annäherung wird deshalb nötig sein. Aber noch ist die Station in der grenzenlosen Weite des Inlandeises nicht gefunden.

Immer wieder schielen wir abends auf Udos Zeichnungen und fragen ihn, wie weit wir noch von der Station entfernt sind, die auch Prüfstein für seine Navigation ist.

"Noch ein schönes Stück", erwidert er dann immer. Ein bis zweimal die Woche schießt er, wenn es das Wetter erlaubt, die Sonne und berechnet unsere Position.

Nie ist die Differenz zwischen dem mit Hilfe des Kompaßkurses und der Marschrichtung bestimmten Aufenthaltsort und dem, der nach astronomischer Navigation von ihm errechnet wird, größer als fünfzehn Kilometer; für ihn ein sicheres Zeichen, daß wir auf dem richtigen Wege sind.

Doch vor allem Martin bleibt skeptisch: "Dieses gefrorene Meer sieht doch überall gleich aus, wie sollen da Kompaß, Kilometerrad und Sextant Auskunft geben können, wo man nun genau ist?"

Und das gefrorene Meer, wie Martin den Eispanzer nennt, ist schon seit Tagen wolkenverhangen. Oft senkt sich der Nebel bis auf die Schneefläche herab und läßt den Horizont verschwinden. Stundenlang ziehen wir dann durch das White-Out, uns und unseren Gedanken überlassen. Das Ziehen des Schlittens, Anschluß zum Vordermann halten, das ist zur Routine geworden und geschieht gleichsam unbewußt. Auch wandert der Blick nicht mehr suchend in das weiße Nichts. Dort gibt es keine Anregung für das Auge. Das wissen wir längst und kehren den Blick nach Innen. Erinnerungsfetzen und Bilder aus vergangenen Tagen tauchen auf und werden gleich wieder erstickt von der Stille und Monotonie, die uns umfangen hält. Selbst die Phantasie findet kaum einen Durchschlupf durch diese eisigen, nebelverhangenen Mauern.

Das Vorleben verschwimmt, wird vom Eispanzer aufgesogen. Zu weit sind wir von dem Bekannten entfernt, zu weit eingedrungen in eine leblose, erstarrte Landschaft, um die Gefühlswelt unseres Lebens außerhalb des Eises empfinden zu können. Was bleibt, sind die Ereignisse des Alltages, die unsere Gedanken beherrschen. Jede Kleinigkeit, jede Unterhaltung, jede harmlose Meinungsverschiedenheit wird von allen Seiten betrachtet, bis sie unangemessene Größe erreicht. Die Heftigkeit der Reaktionen steht dann oft in keinem vernünftigen Maß zu dem Anlaß.

Während des Marschierens gehen mir all die kleinen Streitigkeiten und Eifersüchteleien durch den Kopf, die abends das Gespräch im Kochzelt prägen.

Als wir bemerken, daß die Anzahl der Instantsuppen falsch kalkuliert ist und wir die Rationen pro Tag und Kopf von vier auf eine reduzieren müssen, spricht Martin von einer Katastrophe und sieht die gesamte Ernährungssituation bedroht. Udo und ich versuchen, ihm zu erklären, daß die Suppen in unseren Kalorienberechnungen keine Rolle gespielt haben. Sie waren als geschmackliche Alternative unserer Getränkekarte gedacht und können problemlos durch Kakao, Kaffee, Pfefferminz-, Hagebutten- oder schwarzen Tee ersetzt werden. Doch er ist für kein rationales Argument zugänglich.

"Vielleicht habt ihr euch auch bei Reis, Nudeln oder Pemmikan verrechnet, wer weiß? Was ist, wenn wir eines Tages feststellen, daß wir kein Essen mehr haben?"

In das gedrückte Schweigen, das Martins Ausbruch folgt, sagt Günter mit bedächtigem Kopfnicken in seinem beruhigenden Tiroler Akzent: "Jetzt schau'n mir 'mal, wie's weitergeht. Schau, bis jetzt ist doch alles bestens gegangen. Die Jungs haben wirklich prima für das Essen gesorgt. Noch nie hat's mir auf einer Expedition so gut g'schmeckt."

Unverständliches brummelnd macht sich daraufhin Martin über eine riesige Portion Curryhuhn mit Pemmikan her.

Das einzige, was wir noch verstehen können, ist: "Na, warten wir's ab." Frank hat in Udo einen geduldigen Streitpartner gefunden. Es ist das schlechte Wetter, das ihm zusetzt und aus der Fassung bringt. Den ganzen Tag hat er sich darüber geärgert, seiner Wut bloß keinen Ausdruck geben können. So garniert er das Abendessen mit witzigen, bissigen Bemerkungen.

"Wie war denn das Wetter heute, Udo", pflegt er zu sagen.

Udo besinnt sich einen Moment und gibt dann zur Antwort: "Nun, Windstärke 3, kein Segelwind, dafür aber eine Sichtweite von hundert Metern, Temperatur knapp unter dem Gefrierpunkt, etwas schwerer Schnee. Trotzdem haben wir sechzehn Kilometer geschafft. Also gutes Wetter, es hätte schlimmer kommen können!"

Frank schüttelt traurig den Kopf. "Typischer Fall von Grönlandkrankheit. Udo weiß nicht mehr, was gutes und was schlechtes Wetter ist. Also, gutes Wetter: der Himmel ist blau, die Sonne scheint, Wind aus Ost, gerade gut zum Segeln. Schlechtes Wetter: Wolken am Himmel, nichts zu sehen, Flaute. Nun, war der Himmel heute blau?" Fragend schaut er Udo an, doch der sagt kein Wort. "Nein!" gibt er sich selbst die Antwort. "Hat heute die Sonne geschienen?" Jetzt wartet er Udos Antwort nicht mehr ab. "Nein! Hatten wir heute Segelwind? Nein! Also, Udo, wie war heute das Wetter?" Immer noch bleibt Udo still.

"Natürlich schlecht. Also, das ganze von vorne. Was ist gutes Wetter?" Der Monolog erheitert zwar, wird aber auf die Dauer so monoton, daß Udo endlich zu einer Gegenrede ansetzt.

"Mensch, Frank, hier herrschen andere Gesetze als in Deutschland. Solange man laufen kann, ist das Wetter gut. Erst wenn's einen von den Füßen weht, ist es schlecht!"

Das bringt Frank noch mehr in Fahrt. "Seit vierzehn Tagen jagt hier ein Islandtief nach dem anderen über das Inlandeis, daß man die Hand vor den Augen nicht sieht. Die ganze Suppe zieht nach Nordwesten statt nach Europa. Die müssen den Jahrhundertmai haben, und wir sitzen hier im Nebel und treten Pappschnee. Nicht zu fassen!"

Noch kurz vor dem Einschlafen, eingerollt in seinen Schlafsack, murmelt er: "Was ist gutes Wetter?"

Mit Franks Attacken und dem schlechten Wetter geht Udo auf seine Weise um, er verbeißt sich in Arbeit. Tausend Kleinigkeiten erledigt er abends. Der Kilometerzähler muß enteist werden, Zuggeschirr geflickt, die Pumpe des Petroleumkochers untersucht werden. Auch morgens nach dem Frühstück ist er wieder solange mit diesem oder jenem beschäftigt, daß wir um eine halbe Stunde oder Stunde verspätet aufbrechen.

Dies bringt nun mit der Zeit Günter derart in Harnisch, daß er eines stürmischen Morgens erklärt: "Wenn ihr noch länger wartet, könnt ihr ohne mich losgehen!"

Jeder reibt sich an den Fehlern der anderen. Einzige Lichtblicke in diesem ewigen Nebel sind die Tage mit Segelwind. Meist herrscht morgens nur eine schwache Brise, und wir spannen uns in die Zuggeschirre. Gegen Mittag wird es windiger. Reicht das schon zum Segeln?

"Laßt's uns noch ein wenig tapsen, Jungs. Mit dem ewigen Schirm aus- und einpacken verlieren wir nur Zeit. Das reicht noch nicht!" sagt Günter und spurt weiter. Wir anderen folgen.

Nur Frank bleibt zurück. Aus den Augenwinkeln heraus beobachten wir, wie er sein Segel herausnimmt, die Steigfelle von den Skiern reißt und den Schirm in Startposition bringt. Unsere stillen Wünsche sind mit ihm. Zu spannend ist der Moment, in dem er das Segel in den Wind stellt. Lieber schauen wir starr auf den Schlitten des Vordermannes. Kurz darauf hören wir ein Knattern im Wind und Frank saust strahlend an uns vorbei.

"Wenn ihr bis zur Westküste laufen wollt, von mir aus. Ich segele schon 'mal vor!" Ein kurzer Gruß mit der Hand und er hat uns überholt. Betont lässig hängt er im Hüftgurt. Mit der rechten Hand hält er gerade noch den Steuerstab, die linke läßt er entspannt herabhängen, als ob es keine Arbeit für sie gäbe. Mensch, Schirm, Schlitten und Wind in herrlichster Eintracht. Stetig zieht er seine Spur, bis der Nebel ihn nach einigen hundert Metern verschluckt.

Nun gibt es kein Halten mehr. In Windeseile sind auch wir startklar und folgen ihm. Als wir Frank erreichen, bekommt er gebührend Lob für seine Initiative, aber auch eine kleine Rüge von Günter.

"Du kannst nicht einfach ins Blaue hineinsegeln, die Richtung muß schon eingehalten werden", sagt er, holt seinen Kompaß aus der Brusttasche, stellt die Marschzahl ein und starrt über Kimme und Korn ins weiße Nichts. Wieder einmal ist die Wolkendecke so dicht, daß weder Sonne noch Horizont zu sehen sind.

"Da geht's lang", stellt er schließlich fest und schickt Frank voraus, der ihm als mobile Peilmarke dient. Nachdem Frank einige Dutzend Meter vorgelegt hat, fährt Günter als zweiter in seiner Spur, angelt gelegentlich während der Fahrt nach dem Kompaß und korrigiert Franks Kurs. So können wir auch bei schlechtester Sicht die Para-Wings nutzen, ohne in die Irre zu fahren.

Günters Schlitten hüpft vor mir durch den Schnee, durch die Steuerleinen meines Schirmes hindurch schaue ich auf seinen Rücken, der vom Vorschub des Segels und vom Zug der Pulka einen ungewollten Tanz aufführt. Über mir bläht sich mein Schirm. Wie ein lebendiges Wesen bewegt er sich im Wind, nickt manchmal leicht nach rechts, dann wieder nach links. Eine kleine Korrektur mit dem Steuerstab hat ihn jedoch schnell wieder zur Räson gebracht.

Die Schirme werden zum Segeln bereitgelegt

Wie eine schützende Haube schwebt der ParaWings über meinem Kopf und hält mir mit seinem knalligen Gelb und Grün das ewige Weiß vom Leibe. Nachmittags wechseln wir die Positionen. Zum Vorsegler werde ich auserkoren, Udo peilt mich von hinten an. Der Wind brist auf und fällt kräftig in die Segel. In jagender Fahrt geht es nun über die Schneefläche, die immer noch keine Konturen zu erkennen gibt. Selbst größere Schneewehen verbergen sich im Nebel und machen sich erst durch ruppige Stöße in den Fuß- und Kniegelenken bemerkbar. Aber was macht das schon? Hauptsache, wir kommen voran.

Am Abend geschieht das lang Erhoffte: Der kräftige Wind zerteilt die Wolken, und ich blinzele ungläubig in die Sonne, die die Landschaft in ein mildes, silbriges Licht taucht. Nach Tagen des Nebels und Schneegestöbers zeigt sich der Eispanzer endlich wieder von seiner sanften Seite. Welch ein wunderbares Gefühl, über diese glitzernde Herrlichkeit zu gleiten, die uns der Nebel so lange vorenthalten hat! Eine riesige Schneedüne liegt vor mir und begrenzt meine Sicht nach Westen. Neugierig auf das, was dahinter liegen mag, lasse ich mich vom Schirm auf die Kuppe der Düne tragen. Weit öffnet sich nun der Blick. In nicht enden wollenden Wellen hebt und senkt sich die Landschaft zu meinen Füßen. Sonnenbeschienene Flanken glänzen im hellen Licht – unterbrochen von zartblauen Schatten, die sich über die riesigen Mulden der welligen Eisfläche gelegt haben.

Ein Hauch des Unberührten und Geheimnisvollen liegt in dieser Abendstimmung. Eine Welt, die gerade erst erschaffen worden ist und doch seit Jahrmillionen schon besteht. Uralt und doch durch den aufsteigenden Nebel wie neugeboren. Lange stehen wir auf der Düne und lassen uns von der Stimmung einfangen. So sieht also die Landschaft aus, durch die wir seit Tagen laufen und fahren. Wenn das Wetter doch nur bliebe!

Doch nur kurz gewährt uns das Inlandeis diesen Blick. Schnell verhüllt es wieder sein Gesicht hinter einer von Osten her aufziehenden Wolkenfront. Und wieder umgibt uns undurchdringliches Weiß.

Als wir abends das Lager aufschlagen, scheint es, als ob es diesen Moment des Aufklarens nie gegeben hätte. Auch die nächsten Tage bringen keine Wetterbesserung.

Ob es so etwas wie Sonnenschein, Schatten, Licht und Farbe überhaupt noch gibt, erscheint uns immer zweifelhafter. Doch der Wind bleibt uns treu und wir legen zwischen fünfundzwanzig und fünfunddreißig Kilometer täglich zurück. Nach solchen Segeltagen klingen abends im Kochzelt andere Töne an als sonst.

"Wenn wir noch zwei Wochen solchen Wind haben, sind wir an der Westküste."

"Was heißt zwei Wochen. Angenommen, der Wind wird stärker, da schaffen wir locker zwanzig Kilometer die Stunde. Macht zwei Tage bis zum Austmannadalen!"

Wie sagte noch Wolf Behringer, der Konstrukteur der Schirme? "Wie lang ist die Strecke? Sechshundert Kilometer übers Eis? Tja, bei gutem Wind fünfzig Kilometer die Stunde, da nehmt ihr kleines Handgepäck mit, macht bei Dye 3 eine kurze Mittagspause und habt nach einem zugegebenermaßen etwas anstrengenden Nachmittag die Westküste erreicht!"

"He, Frank, du bist doch sehr schnell. Fahr schon 'mal vor und bestell' ein schönes Frühstück für uns morgen in Kapisillit.

Ich denke da an Champus, Lachs, Brötchen und Aufschnitt!" In unserem Übermut haben wir das Inlandeis schon bezwungen. Doch wehe, eine Flaute bringt nach schönen Segeltagen unsere Rechnungen durcheinander. Dann verfluchen wir Grönland, das Wetter, den pappigen Schnee und die schweren Schlitten und halten über uns selbst Gericht. Wie konnten wir nur auf eine so wahnsinnige Idee kommen, diesen trotzigen, unberechenbaren Eispanzer überqueren zu wollen? Unsere Stimmung steigt und fällt mit dem Barometer.

Nach einem dieser windstillen, nebligen Tage, die in ihrer Monotonie durch nichts zu überbieten sind, sitze ich im Kochzelt und hacke den Pemmikan klein, damit er im kochenden Wasser schneller auftaut. Martin und Günter sitzen mir gegenüber und starren müde in die dampfenden Kessel. Neben mir hat sich Udo in seine Berechnungen vertieft. Mit unbewegter Miene reiht er eine Zahlenkolonne an die andere. Jetzt sinkt sein Kopf langsam nach vorn, als wolle er einschlafen. Dann ein Ruck und er hat sich wieder gefangen. Und weiter gleitet der Stift übers Papier.

Die allgemeine Müdigkeit ist verständlich. Achtzehn Kilometer im weichen Neuschnee, dazu hundertfünfzig Höhenmeter, das hinterläßt Spuren auf unseren Gesichtern. Alles in allem ein ganz normaler Tag auf dem Eis, trotzdem herrscht heute abend eine ungewohnte Spannung. Keiner will eine Unterhaltung beginnen, und Frank, der uns sonst gerne mit seinen Witzen zum Lachen bringt oder einen kleinen Streit vom Zaun bricht – nur der Unterhaltung wegen, versteht sich –, geht draußen vor dem Zelt auf und ab. Als das Essen fertig ist, rufe ich ihn herein.

Doch anstatt sich wie üblich mit kräftigem Appetit über den Topf herzumachen, wendet er sich an Udo und fragt mit entschlossener Miene: "Wie weit ist es noch bis Dye 3?"

Gewissenhaft schaut Udo in seine Unterlagen. "80 Kilometer, schätze ich."

"Gut, also noch ungefähr vier Tage. Jungs, in Dye 3 lasse ich mich ausfliegen, mir reicht's, ich habe von dem schlechten Wetter die Nase voll!" Nach dieser Eröffnung entspannt sich sein Gesicht. Nun wartet er auf unsere Reaktion.

Mit entwaffnender Offenheit sagt Martin: "Wenn das deine Entscheidung ist, werden wir dir nicht im Wege stehen. Jeder kann tun und lassen, was er will. Im übrigen haben Günter und ich auch schon über einen Abbruch in Dye 3 nachgedacht. Wenn wir in dem bisherigen Tempo weitermachen, sind wir erst in fünf Wochen an der Westküste. Dazu reicht der Proviant nicht. Wozu also bei schlechtem Wetter sinnlos im Schnee herumstapfen, wenn wir es doch nicht schaffen und uns am Ende ausfliegen lassen müssen? Dann lieber gleich!"

Als er Udos und mein überraschtes Gesicht sieht, fügt er schnell hinzu: "Keine Angst, war nicht ernst gemeint. Aber über ein schnelleres Fortkommen sollten wir uns schon Gedanken machen."

Doch bei Frank scheint der Fall ernst zu sein. Je länger er redet, desto mehr kommt er in Fahrt.

"Ich habe nichts gegen schlechte Sicht, gegen Schneefall, gegen Sturm. Aber drei Wochen keine Sicht – und mit keiner Sicht meine ich überhaupt keine Sicht – das geht zu weit. Sturmtage, an denen man ans Zelt gefesselt ist, finde ich noch ganz lustig. Das gehört zu einer Grönlandexpedition. Aber was nicht dazugehört, was absolut nicht eingeplant war, sind drei Wochen schlechten Wetters. Das ist untypisch und ungerecht, und wenn ich ungerecht behandelt werde, werde ich ..." Atemlos sucht er nach dem richtigen Wort.

"... sauer", helfe ich ihm.

"Genau. Ist doch klar, oder?" Fragend schaut er uns an.

"Also, so schlecht finde ich das Wetter nicht", hält ihm Udo entgegen. In gespielter Resignation läßt Frank die Schultern hängen.

"Man muß doch abwägen. Was ist einem das Ziel wert, die Westküste zu erreichen und wieviel ist man bereit, dafür einzustecken. Die Westküste zu erreichen ist die eine, sechs Wochen lang nichts zu sehen eine ganz andere Sache."

"Aber gerade das ist eine Erfahrung, die man nur hier in Grönland machen kann", mische ich mich in die Diskussion.

"Richtig", pflichtet Udo mir bei. "Für mich eine einmalige Erfahrung, die ich bis zum Ende durchmachen will."

"Dieses ewige Warten auf gutes Wetter, das dann doch nicht kommt, geht mir auf die Nerven. Und wenn sich dann mal blauer Himmel zeigt, fängt es gleich an zu stürmen. Das ist doch nicht normal. Hier kann man sich auf nichts verlassen!" schimpft Frank.

"Und gerade dieses Unberechenbare ist für mich als Physiker, der sonst alles berechnen kann, so faszinierend an dieser Expedition", erwidert Udo.

"Ich finde dieses chaotische Wetter auch nicht besonders reizvoll, aber irgendwann erreichen wir die Westküste", sagt Frank.

"Da bin ich nicht so sicher", erwidert Martin, "noch ein paar Tage Sturm, dann haben wir nichts mehr zu essen."

"Daß es zu schaffen ist, glaube ich schon", beharrt Frank.

"Das ist auch nicht die Frage", antworte ich ihm. "Das haben andere vor uns schon oft genug bewiesen. Die unbeantwortete Frage ist bis zum Schluß, ob wir es schaffen. Frank, ich finde, du siehst das alles zu persönlich. Du findest es ungerecht, daß andere Expeditionen die ganze Zeit über gutes Wetter hatten und wir nicht."

"Genau", sagt Frank mit einem Lachen, "ich fühle mich benachteiligt und ungerecht behandelt. Ich hasse es, ungerecht behandelt zu werden."

"Frank, ich glaube, wir müssen doch jetzt die Frage stellen, ob du als Kind immer genügend zu essen bekommen hast", sage ich. Die Unterhaltung bekommt nun einen deutlich humoristischen Charakter.

Als Udo sagt: "Ich glaube, Frank, dein Bruder ist dicker als du", bricht allgemeines Gelächter aus, dem sich auch der Angesprochene nicht entziehen kann. Die Situation hat sich zum Positiven gekehrt und der Abend nimmt seinen gewohnten Gang. Doch die Diskussion sitzt mir zu sehr in den Knochen, als daß ich sie so leicht vergessen könnte. Im Schlafzelt ziehe ich Udo flüsternd beiseite.

"Angenommen, Frank läßt sich wirklich in Dye 3 ausfliegen. Martin hat seinen Film abgedreht und schließt sich Frank an. Günter wird nicht ohne Martin weitergehen. Sind nur noch wir übrig!"

"Du siehst gleich alles viel zu negativ", flüstert Udo zurück. "Ein Tag mit kräftigem Wind und die Unterhaltung ist Schnee von gestern."

"Da bin ich mir nicht so sicher, Frank klang recht entschlossen", widerspreche ich und zwänge mich müde in meinen Schlafsack. "Wenn die drei gehen, was dann? Das Inlandeis schaffen wir schon zu zweit. Aber wir haben keinen, der uns durch die Gletscherbrüche an der Westküste bringt, ich sehe mich schon in einer riesigen Gletscherspalte verschwinden."

"Das sind doch Hirngespinste, Michael! Nur keine Panik, noch sind wir nicht in Dye 3, bis dahin kann vieles passieren..." Udos Stimme wird immer leiser, dann ist er eingeschlafen. Auch der Wind hat sich in den nächsten Tagen zur Ruhe begeben; still und leblos liegt die Eiswüste vor uns. Dicke Schneeflocken tauchen aus dem Nichts auf und legen sich schwer auf Zelte, Schlitten und Kleidung, als wenn sie sogar unsere Bewegungen unter sich begraben wollten. Doch wir schütteln den Schnee ab und setzen der lähmenden Lautlosigkeit unsere Schritte entgegen.

Eines Mittags sehen wir am wolkenverhangenen Himmel etwas Unfaßbares: Ein Schwarm von neun Wildgänsen zieht lautlos und majestätisch über uns hinweg nach Südwesten. Wie angewurzelt bleiben wir stehen und schauen dem Flug der Vögel zu, die so mühelos über die endlose Eisfläche dahinziehen.

Es sind die ersten Lebewesen, die wir seit Wochen sehen. Längst vergrabene Erinnerungen an rauschende Wälder, wogende Kornfelder und duftende Blumen werden wach. In wenigen Tagen werden die Gänse aus dem kalten Norden in den blühenden Frühling hineinfliegen, der jetzt in unserer Heimat herrschen mag. Sehnsüchtig schauen wir dem Schwarm nach, bis der Nebel ihn wieder verschluckt. Wir bleiben zurück in der eisigen Realität des Inlandeises.

Noch am selben Abend glauben wir, unseren Ohren nicht zu trauen. Munteres Vogelgezwitscher dringt zu uns ins Kochzelt. Mal von der einen, dann wieder von der anderen Seite. Erstaunt schauen wir uns an. Zu ungewohnt sind uns Geräusche geworden, die nicht vom Wind oder von uns selbst hervorgerufen werden.

Frank ist die Sache sogar etwas unheimlich. "Wo Vögel sind, sind vielleicht auch Eisbären. Günter, wo ist das Gewehr?"

"Ein Spatz auf dem Dach ist noch kein Eisbär im Zelt", beruhigt ihn Martin und wagt sich als erster nach draußen. Vorsichtig stecke auch ich meinen Kopf zur Zelttüre hinaus. Dutzende von winzigen, braungefiederten Vögeln umflattern munter unsere Zelte. Dann lassen sie sich auf die Schlitten nieder, putzen das Gefieder oder nehmen mit sichtlichem Vergnügen ein ausgiebiges Bad im Schnee.

"Mensch, Spatzen, kann man die essen?" fragt Frank begeistert. Er hat seine Fassung wiedergefunden.

"Das sind keine Spatzen, das sind Schneesperlinge", korrigiert ihn Günter. "Ich frage mich nur, was die hier machen, Hunderte von Kilometern von der Küste entfernt."

"Vielleicht haben sie sich verirrt und finden den Weg nicht mehr zurück. Unsere Zelte halten sie für Land und suchen nach Nahrung. Die müssen ganz schön ausgehungert sein!" mutmaßt Udo.

Doch die Sperlinge machen keinen verirrten oder hungrigen Eindruck. Sie scheinen einfach nur ihren Spaß mit unserem Lager haben zu wollen auf ihrem Weg von irgendwoher nach irgendwohin. Auch wir haben unsere Freude an den kleinen Federbällen, die das Lager in Besitz genommen haben.

Auf einmal verdunkelt sich Martins Miene. "Von wegen die Sperlinge haben sich verirrt. Wir sind es, die falsch gelaufen sind! Wahrscheinlich sind wir nur ein paar Kilometer von der Küste entfernt und laufen parallel zu ihr nach Süden. Udo, deine Navigation ist total falsch!"

"Am Mittag Wildgänse und jetzt Schneesperlinge. Da kann ich Martin nur Recht geben. Wenn wir morgen auf einen Typen in Bermudashorts stoßen, der ein Surfbrett unter dem Arm trägt und sagt: 'Hi folks, I need a coke', sind wir bestimmt falsch", sagt Frank trocken und bringt damit selbst Martin zum Lachen. Doch ein Anflug von Zweifel bleibt. Wir sind gespannt, ob Dye 3 in wenigen Tagen vor uns liegen wird.

Bei Wind von querab muß hart aufgekantet werden

# Günters Verletzung

15. Mai. Schon seit neunzehn Tagen sind wir auf dem Eis und nach Udos Berechnungen achtzig Kilometer von Dye 3 entfernt. Obwohl die Station noch weit außerhalb unseres Gesichtskreises liegen muß, sucht gelegentlich der eine oder andere den Horizont ab. Man kann nie wissen, vielleicht hat sich Udo verrechnet. Der Wunsch ist Vater dieses Gedankens. Außer einer in Nebel gehüllten Hochfläche ist jedoch nichts zu sehen. Aber vielleicht hinter der nächsten Schneedüne? Unsere Hoffnungen entbehren zwar jeder Grundlage, sind aber trotz zahlloser enttäuschender Rundblicke unerschütterlich. Ein kräftiger Wind weht aus Ost und wir kommen trotz schweren Schnees mit Hilfe der Segel gut voran. Bis zur Mittagspause haben wir zehn Kilometer zurückgelegt. Anstatt wie sonst üblich die Schlitten in Marschrichtung stehenzulassen und sie als Sitzbank zu verwenden, stelle ich heute meine Pulka quer zur Fahrtrichtung – den Blick nach Westen.

"Was soll denn das?" fragt Udo sichtlich überrascht.

"Nun, so habe ich den Wind im Rücken," erkläre ich – eine fabelhafte Ausrede. Um mich nicht lächerlich zu machen, habe ich den wahren Grund verschwiegen. So blicke ich nämlich genau in die Richtung, in der wir, versteckt hinter Wolken, Dye 3 vermuten.

Die anderen folgen meinem Beispiel – selbstredend des Windes wegen. Aber immer wieder blinzeln wir in Marschrichtung, während wir an Käse und Knäckebrot knabbern.

Nichts gegen unser Mittagessen, es ist kalorienreich, hat viel Fett und Proteine und schmeckt den Umständen entsprechend. Wenn ich aber an die Herrlichkeiten denke, die dort irgendwo im Schnee auf mich warten. Nicht auszudenken! Den anderen scheint es ähnlich zu gehen. Der sonst übliche herzhafte Biß in die Stullen fehlt.

Kopfschüttelnd schaut sich Udo unser Treiben an.

"Wenn ihr weiter nur von Dye 3 träumt und nicht richtig eßt, fallt ihr bald vom Fleisch. Bis zur Station werdet ihr noch einige Male Knäckebrot kauen müssen!"

Nachmittags briest der Wind auf und erreicht Stärke sieben. Gleichzeitig verdichtet sich der Nebel, die Sichtweite beträgt nur noch einige Meter. Dennoch wollen wir das Tempo nicht reduzieren, denn der Wind in den Segeln verheißt schnelle Fahrt und Dye 3 lockt. Lediglich Martin, der bei Starkwind große Probleme mit seinem Segel hat, rät zu vorsichtigerer Fahrweise. Bei dem schlechten Wetter könne man schnell eine Schneewehe übersehen und stürzen, was ernsthafte Verletzungen zur Folge haben könne. Doch wir achten nicht auf seine düsteren Prophezeihungen.

Gegen Nachmittag verdichtet sich die Wolkendecke, ein bleigraues Dämmerlicht liegt nun über dem Inlandeis, der Wind frischt weiter auf. Böen peitschen über die Fläche und fallen mit ungehemmter Wucht in die Schirme. Die Steuerleinen sind zum Zerreißen gespannt. Wir jagen dahin mit einem Tempo, das wir vor einigen Tagen noch für unmöglich gehalten hätten. Der Sturm bläst den Segeln ein Eigenleben ein, das kaum zu bändigen ist. Die Grenzen unserer Segelkünste sind erreicht, wenn nicht gar überschritten. Immer schwieriger wird es, die Kontrolle über die Segel zu behalten. Die Stürze häufen sich. Dennoch wollen wir nicht aufgeben. Wir geraten in einen Geschwindigkeitsrausch, der jede Vorsicht vergessen läßt.

"Nur weiter, vorwärts, nicht nachlassen!" denken wir.

Immer wieder prallen Skier gegen hohe Schneegangeln, daß der Schnee nur so aufwirbelt. Sekundenbruchteile später folgt ein dumpfer Aufprall des Schlittens und ein kräftiger Ruck am Zuggestänge, wenn er die Dünen niederwalzt. An diesem Nachmittag bin ich die mobile Peilmarke für Günters Kompaß. Als erster rase ich über die Eisfläche und lege – von Günter korrigiert – die Spur. Die anderen folgen dem Navigationsduo.

Die schwerste Aufgabe ist Günter zugefallen. Er muß sich nicht nur darum bemühen, bei dieser halsbrecherischen Fahrt über unebenes und unübersichtliches Gelände auf den Beinen zu bleiben, sondern er hat auch möglichst oft über Kimme und Korn seines Peilkompasses zu schauen, was ungeteilte Aufmerksamkeit erfordert.

Aber warum sich darüber Gedanken machen, schließlich handhaben wir diese Art der Navigation schon seit Tagen mit Erfolg. Zuversichtlich fahre ich in die Dämmerung hinein.

Plötzlich ein lauter Schrei hinter mir und Rufe: "Halt, Michael, stehenbleiben, komm zurück!" Erschrocken drehe ich mich um.

Günter liegt mit schmerzverzerrter Miene im Schnee, Frank und Martin bemühen sich, ihm aus den Skiern zu helfen, während Udo sich um den wild um sich schlagenden Schirm kümmert. Sofort streife ich das Zuggeschirr ab und laufe zur Unglücksstelle.

"Meine Knie!" stöhnt Günter, dessen Gesicht unter dem braunen Bart kalkweiß ist. "Ich bin mit meinen Skiern in einer Schneewehe hängengeblieben, der Schirm hat mich mit aller Kraft nach rechts herübergezogen und meine Knie verdreht."

Wir helfen ihm auf die Beine und stützen ihn, während er einige Gehversuche macht. Doch er kann kaum einen Schritt vor den anderen setzen. Schon das Stehen bereitet ihm große Schmerzen, deshalb setzt er sich auf einen Schlitten und bleibt in der Obhut von Frank, während Udo, Martin und ich in Windeseile das Lager aufschlagen. Dann helfen wir ihm ins Schlafzelt, wo Frank ihn einer Untersuchung unterzieht.

Bange Minuten vergehen, bevor er seine Verdachtsdiagnose bekanntgibt: "Wahrscheinlich nur eine Zerrung, ein Erguß besteht zum Glück nicht. Ich denke, daß eine Nacht Ruhe und ein oder zwei Tage mit bandagierten Knien ausreichen, um Günter wieder herzustellen."

Erleichtert sinken wir in die Schlafsäcke, zu müde, um uns Sorgen über Günters Verletzung und den Fortgang unserer Expedition zu machen.

Am nächsten Morgen treffen wir Martin mit düsterer Miene im Kochzelt an.

"Günter hat die ganze Nacht vor Schmerzen kein Auge zugetan. An Weiterlaufen ist nicht zu denken!"

Als sich Günter einige Minuten später zu uns gesellt, genügt ein Blick, um Martins Aussage zu bestätigen. Er stützt sich auf einen Skistock und versucht, sein linkes Bein möglichst zu entlasten. Vorsichtig setzt er sich und hält das Knie gestreckt.

"Mit meinem linken Knie sieht's schlecht aus. Ich kann nicht auftreten," sagt er deprimiert. Frank untersucht ihn erneut.

Dann sagt er: "Sieht so aus, als wäre der Innenmeniskus verletzt. Ob Bänder zusätzlich betroffen sind, kann man so schlecht beurteilen. Dazu bräuchte man schon eine Röntgenaufnahme. So wie's im Augenblick aussieht, kann er auf keinen Fall laufen!" Frank verordnet absolute Ruhe – mitten in Grönland, zweihundertfünfzig Kilometer vom nächsten Land entfernt!

Krisensitzung im Zelt. Gereizt beginnt Martin mit einer Schuldzuweisung an Franks und meine Adresse. Wir hätten auf zu lange Segelstrecken bei schlechtem Schnee und geringer Sicht gedrängt. Doch für solche Überlegungen ist es jetzt zu spät.

Wir machen Bestandsaufnahme. Das einfachste wäre, an Ort und Stelle den Heilungsverlauf abzuwarten. Aber die damit verbundene Untätigkeit will uns nicht so recht schmecken. Ein oder zwei Wochen festzusitzen und die Nahrungsmittelvorräte dahinschmelzen zu sehen, erscheint uns Zeitverschwendung zu sein.

Als zweite Möglichkeit wird der Abbruch der Expedition erwogen. Zu unsere Sicherheit führen wir ein Rettungsfunkgerät mit, das auf Knopfdruck einen SOS-Ruf via Satellit an die Flugrettungswacht in Toulouse abgeben kann.

Der Ablauf unserer Bergung wäre dann folgender: Die Position des SOS-Rufes wird bis auf zehn Kilometer genau geortet, so daß die aus Südfrankreich alarmierte südgrönländische Flugrettungswacht einen präzisen Einsatzplan ausarbeiten kann. Zuerst startet dann ein Aufklärer der amerikanischen Air Force in Narsassuaq oder Søndre Strømfjord mit der Order, das Gebiet, aus dem der SOS-Ruf erfolgt ist, anzufliegen und Sichtkontakt mit der in Not geratenen Expedition aufzunehmen.

Dann beginnt die zweite Phase der Rettungsaktion. Der Aufklärer führt einen Hubschrauber oder ein Flugzeug, das auf Schnee landen kann, zu der Unglücksstelle – ein riesiger Apparat also, der durch den Druck auf das SOS-Knöpfchen in Bewegung gesetzt würde. Und das alles nur wegen eines verdrehten Knies, das sei doch zuviel des Guten, meint Günter. Nein, da müsse es eine bessere Lösung geben.

Schließlich entwickeln wir einen ausgefallenen Plan, der auf der Zugkraft unserer Segel basiert: Franks Schlitten wird zur Ambulanzpulka für Günter umfunktioniert. Günters Schlitten wird an meinen angekoppelt. Die Lasten sollen derart verteilt werden, daß jeder 140 Kilogramm zu ziehen hat.

So wollen wir versuchen, die amerikanische Frühwarnstation, die noch fünfzig Kilometer entfernt ist, zu erreichen. Sollte sich Günters Knie bis dahin nicht erholt haben, kann er vielleicht ausgeflogen werden, ohne daß die ganze Expedition abgebrochen werden muß. Martin ist skeptisch, stimmt aber zu als er sieht, daß Günter mit dem Vorschlag einverstanden ist.

Der Sturm hat im Vergleich zum gestrigen Tag an Stärke gewonnen, außerdem herrscht heftiges Schneetreiben. So ist es keine Kleinigkeit, den Plan in die Tat umzusetzen. Das gesamte Gepäck muß aus den Schlitten geräumt und neu verteilt werden. Dabei tut Eile not, denn der Treibschnee begräbt in wenigen Minuten alles, was nicht sicher in den Pulkas verstaut ist. Viel Feinarbeit muß geleistet werden, die nur mit bloßen Fingern vorgenommen werden kann, und immer wieder müssen wir unsere steifgefrorenen Hände kräftig schlagen und in den Handschuhen wärmen, um Erfrierungen zu vermeiden. Doch alle fassen mit an, und so geht die Arbeit rasch von der Hand. Selbst Günter hilft, obwohl ihm jeder Schritt offensichtlich Schmerzen bereitet.

Jeder scheint heute seine Ehre darin zu sehen, den schwersten Schlitten zu haben, um die anderen zu entlasten. Kaum liegt ein schweres Gepäckstück herrenlos im Schnee, stürzen sich alle darauf, um es auf ihren ohnehin schon hoch bepackten Schlitten zu wuchten. Es scheint, als hätten Günters Verletzung und die Notwendigkeit, ihn möglichst schnell in die Nähe ärztlicher Hilfe zu bringen, uns zu einer verschworenen Gemeinschaft gemacht.

Schließlich ist alles geordnet, ein warmer Platz für Günter auf Franks Schlitten geschaffen und Günters Pulka an meine angehängt. Der Krankentransport kann beginnen.

Es herrschen fast White-Out–Bedingungen. Über Nacht ist eine tiefe Neuschneeschicht gefallen, die der Sturm noch nicht festgepreßt hat. Daher befürchten wir anfänglich, daß unsere Segel die überladenen Schlitten nicht bewegen können, doch die zehn Quadratmeter bieten dem Sturm genügend Angriffsfläche. Zuerst schwerfällig und langsam, dann immer schneller pflügen wir durch den tiefen Schnee. Es ist harte Arbeit, eingespannt zwischen Para-Wing und Pulka auf den Beinen zu bleiben. Trotz beißender Kälte und schneidendem Wind entledigen wir uns der Polarwearjacken und fühlen uns in Unterzeug und dünnen Windanoraks keineswegs zu leicht bekleidet.

Nur Günter friert erbärmlich. Viel läßt er sich nicht anmerken, das ist so seine Art. Doch wir wissen, was in ihm vorgeht. Ärztlicherseits besteht wenig Hoffnung für ihn, die Expedition zu Ende zu führen. Die Verletzung ist zu schwer, als daß er in wenigen Tagen wieder wird mithalten können – und Günter weiß darum. Daß es ausgerechnet den traf, der konditionell am stärksten ist, bleibt unverständlich. Für Günter bedeutet die Expedition sehr viel; es wäre für ihn eine maßlose Enttäuschung, so frühzeitig aufgeben zu müssen. Doch so groß seine Unruhe auch sein mag, er läßt sie sich nicht anmerken, sondern bleibt gefaßt, schickt sich in das Unabdingbare und tut das im Augenblick einzig Richtige, nämlich gar nichts. Weder Panik noch Unruhe sind ihm anzumerken. Vielmehr strahlt er eine Ruhe aus, die für uns beispielhaft ist. Er ist bereit, den Kampf mit den Schmerzen und der Angst vor einer eventuellen Niederlage aufzunehmen. Und wenn die Aussichten noch so schlecht sein mögen, er gibt sich nicht geschlagen.

So ist er uns kein Ballast, dennoch ist es ein Jammer, ihn, vom Treibschnee zugeeist, die Kapuze fest um das Gesicht gezogen, wie ein Häuflein Elend auf Franks Schlitten sitzen zu sehen. Hilflos muß er unserer Plackerei zuschauen und fühlt sich obendrein schuldig an dem Desaster, völlig zu Unrecht natürlich. Um wenigstens ein kleines Scherflein zum Vorankommen beizutragen, übernimmt er die Kurskorrektur. So sitzt Günter, vornübergebeugt und durchgeschüttelt von derben Stößen, auf der Pulka, holt von Zeit zu Zeit seinen Kompaß hervor und peilt Frank an, der als erster fährt.

Gegen Mittag nimmt der Wind an Stärke zu. Ohne die bittere Notwendigkeit, rasch Dye 3 erreichen zu müssen, hätten wir die Segel gerefft. So aber gönnen wir uns kaum eine Pause. Heftige Böen, die aus düsteren Wolkenbänken über uns hereinbrechen, verwirbeln immer wieder die Schirme.

Ambulanzpulka auf dem Inlandeis

Häufig stürzen wir und werden von den Bambusgestängen der Pulkas in den Schnee gedrückt. Gegenseitig müssen wir uns aufhelfen und zu zweit oder zu dritt die Segelleinen entwirren. Verbissen kämpfen wir gegen Sturm, Tiefschnee, die Überlast der Schlitten und nicht zuletzt gegen unsere Sorgen.

Was ist, wenn sich Günters Knie nicht bessern sollte oder wir bei der schlechten Sicht einige hundert Meter an Dye 3 vorbeifahren, ohne die Station zu entdecken? Wie soll es dann weitergehen?

Einziger Trost an diesem Tag sind Kilometerrädchen und Höhenmesser. Allen Widrigkeiten zum Trotz kommen wir so schnell voran wie selten zuvor und als Udo abends wie an jedem Tag sein navigatorisches Bulletin verliest, staunen wir nicht schlecht.

Sechsunddreißig Kilometer und dreihundert Höhenmeter haben wir geschafft und befinden uns seinen Berechnungen zufolge nur noch vierzehn Kilometer nordöstlich von Dye 3. Wenn der Wind mitspielt, können wir guter Hoffnung sein, die Station am nächsten Tag zu erreichen. Eine zuversichtliche Stimmung breitet sich im Kochzelt aus, der nur ich mich nicht ganz anschließen kann. Als ich während meiner abendlichen Lieblingsbeschäftigung (Schnee schmelzen und

Pemmikan anrühren) zaghaft frage, wie wir denn in diesem gräßlichen White-Out Dye 3 finden wollen, wird mir bedeutet, mich lieber um die Suppe im Kochtopf als um die vor dem Zelt zu kümmern.

"Wir haben doch heute die Sache mit Günter prima geschaukelt. Außerdem ist uns das Wetter nach den schlechten Tagen ein kleines Entgegenkommen schuldig," sagt Frank. "Ich hoffe doch stark, daß das Inlandeis uns eine kleine Lücke im Nebel gönnt, durch die wir Dye 3 entdecken können!"

Und Grönland zeigt sich am nächsten Morgen tatsächlich von seiner schönsten Seite! Als wir aus den Zelten kriechen, begrüßen uns strahlender Sonnenschein und ein fast wolkenloser Himmel. Unser erster Blick gilt natürlich dem Horizont in südwestlicher Richtung. Doch von Dye 3 keine Spur. Scheinbar endlos dehnt sich das Inlandeis vor uns aus, ohne etwas anderes preiszugeben als eine leicht gewellte Schneefläche, die in grellem Sonnenlicht liegt.

Mit zusammengekniffenen Augen schaut Frank durch sein Fernglas nach Westen und sagt: "Wäre ja auch zu schön gewesen, die Amerikaner jetzt winken zu sehen."

"Aber bei der guten Sicht können wir garantiert nicht an Dye 3 vorbeilaufen," entgegnet Udo.

"Wenn wir wirklich da sind, wo wir uns vermuten," dämpft Martin Udos Optimismus. Vorsichtig streckt Günter, auf einem Schlitten sitzend, sein verletztes Knie.

"Aber es ist schön, die Sonne 'mal wieder auf dem Pelz zu spüren, da geht's meinem Knie gleich besser!"

Nur einen Nachteil hat die Schönwetterlage: Aus dem Wind ist ein laues Lüftchen geworden. Kraftlos stehen die Schirme in der Luft und flattern müde auf und ab, ohne uns und unsere Last vorwärts zu bewegen. Unverrichteter Dinge schnallen wir die Schirme auf die übervollen Schlitten und spannen uns ins Zuggeschirr. Ich stemme mich nach vorn und will den ersten Schritt tun, doch nichts rührt sich. Ich habe das Gefühl, an einem Felsbrocken zu ziehen. Wie angewurzelt steht die Pulka hinter mir im Schnee. Im zweiten Anlauf erst kann ich sie in Schwung bringen. Gleich am Anfang dieses Tages wird mir klar, wie schwer es ist, ein Schlittenungetüm von hundertvierzig Kilogramm hinter mir herzuziehen. Den anderen scheint es ähnlich zu gehen; wir ringen um jeden Meter. Quälend langsam geht es voran. Nach einer Stunde haben wir nicht mehr als einen Kilometer geschafft. Dye 3 rückt in unerreichbare Ferne.

"He, Günter, mach' dich etwas leichter," ruft Frank seinem Passagier mit letztem Atem zu.

"Ich kann ja versuchen, ohne Gepäck neben euch herzulaufen. Da habt ihr's doch leichter," schlägt Günter vor.

Heftige Proteste von allen Seiten lassen ihn seinen Vorschlag jedoch schnell vergessen. Die Arbeit ist so anstrengend, daß wir keinen Blick mehr für den Horizont haben. Warum auch, schließlich kommen wir kaum von der Stelle. Mittags gönnen wir uns eine längere Pause. Günter streckt seine vom Sitzen steifgewordenen Glieder, Frank und Martin dösen in der Sonne. Ich suche in meinem Schlitten nach der Thermosflasche.

"Ich habe sie," höre ich Udo in völlig normaler Tonlage sagen.

Schnell richte ich mich auf. Udo steht etwas abseits von den Schlitten und schaut mit unbewegter Miene durch das Fernglas.

"Was hast du?" fragt Frank uninteressiert.

"Na, die Station," gibt Udo bekannt. Alle rennen zu Udo und versuchen, ihm das Fernglas zu entreißen.

"Nur keine Aufregung," sagt er, "man kann sie doch schon mit bloßem Auge sehen. Da drüben!" Er zeigt nach Südwesten. Tatsächlich, genau in der von uns erwarteten Richtung erkennen wir einen kleinen, dunklen Fleck.

Das Fernglas zeigt Einzelheiten: Wie ein riesiges Insekt steht die Station auf dem Eis. Stelzfüßig ragt sie knapp über den Horizont und schaut mit ihren weißen Radarkuppeln nach Osten. Euphorie macht sich breit. Mein Gott, wir haben sie gefunden, wir sind direkt darauf zugelaufen. Überschwenglich schlagen wir Udo auf die Schultern, gratulieren ihm zu seinen Navigationskünsten, die wir in der grenzenlosen Weite des Inlandeises so oft angezweifelt hatten.

Lange können wir uns von diesem ungewohnten Anblick nicht losreißen. Das Fernglas wandert von Hand zu Hand. Zum ersten Mal seit zwanzig Tagen werden wir wieder mit der Zivilisation konfrontiert. Immer wieder vergewissern wir uns, daß der kleine, dunkle Fleck noch zu sehen ist – als hätten wir Angst, er könne im nächsten Moment wieder verschwunden, eine Ausgeburt unserer Phantasie sein. Doch der Punkt bleibt unverrückbar am Horizont. Erleichterung macht sich breit. Endlich haben wir die Station gefunden, auf der wir Hilfe erwarten können für den Fall, daß Günters Knie keine Besserung zeigen sollte.

Aber zu der Erleichterung gesellt sich bald Nachdenklichkeit. Uns trieben Abenteuerlust und Neugier auf das Unbekannte hierher. Dye 3 wurde aus Angst vor atomarer Kriegsführung gebaut mit einem immensen Aufwand, der den Grad dieser Angst widerspiegelt. Schlagartig wird uns die globale Bedrohung durch einen nuklearen Holocaust klar, der selbst vor dem grönländischen Inlandeis nicht haltmachen würde.

Nur kurze Zeit jedoch währt dieser Moment, in dem wir der bitteren Wahrheit ins Auge sehen. Dann wenden wir uns ab und nehmen die Station wieder als das, was sie vorher für uns bedeutete: einen Ort, an dem wir Hilfe für Günter erwarten können.

Im Verlaufe des Nachmittags haben wir uns Dye 3 so weit genähert, daß wir Versorgungsflugzeuge erkennen können, die pausenlos starten und landen. Mit dem Ziel vor Augen läuft es sich wesentlich besser, zum ersten Mal seit drei Wochen legen wir eine schnurgerade Bahn in den Schnee. Und als Günter abends aus dem Schlitten steigt und verkündet, seinem Knie gehe es wesentlich besser, er werde morgen einen Gehversuch machen, schließlich seien wir bald auf Dye 3 und er müsse wissen, wie sein Knie auf Belastung reagiere, fällt uns ein Stein vom Herzen.

Die Sonne steht auf den Zelten und wärmt die Planen. Eine friedliche Stimmung liegt über dem Lager. Frank sitzt im Eingang des Schlafzeltes und gibt sich einer ausgiebigen Fußpflege hin, Martin und Günter werkeln mit zufriedener Miene an Kamera und Tonbandgerät.

"Sehr angenehm, einmal nicht mit der Haut am Metall anzufrieren," sagt Martin.

Ich suche aus Udos Schlitten eine Ration Abendessen hervor und gehe zum Kochzelt. Unter meinen Schritten knirscht trocken der Schnee. Goldgelb schimmert die Ebene in der tiefstehenden Sonne. In Lagernähe haben die dunklen Schatten unserer Schrittspuren die Schneeoberfläche durchbrochen. Dahinter jedoch dehnt sich die Eisfläche unberührt vor mir aus – eine glitzernde Pracht von Kristallen, ein zartes Relief von Verwehungen, die der Wind in seinem ewigen Spiel hervorgezaubert hat.

Im Westen erheben sich sanft die hell beschienenen Flanken einer mächtigen Schneedüne, deren Fuß schon im Schatten liegt. Im Osten hat der Himmel ein dunkles Blau angenommen, Vorbote der heraufziehenden Nacht. Senkrecht steht mein Atem in der klaren Abendluft.

"Laß den Eingang geöffnet," sagt Udo, als ich mich zu ihm ins Kochzelt geselle, "eine schöne Stimmung ist draußen."

Ungewohnt trocken und hell ist es unter der blauen Plane, und so geht mir das Schmelzen und Kochen leicht von der Hand. Als ich die anderen an die Töpfe rufe, berührt die Sonne fast den Horizont, der als scharfgezogene Linie eine Endlichkeit vortäuscht, die es auf dem Inlandeis nicht gibt. Die Schneelandschaft ist jetzt in ein warmes Rot getaucht.

Rasch fällt die Temperatur weit unter den Gefrierpunkt. Dennoch lassen wir die Zelttüre geöffnet, um während des Abendessens das stille Schauspiel des arktischen Sonnenunterganges genießen zu können.

Doch Grönland ist eine unbeständige Geliebte! Der nächste Morgen bringt wieder Wolken und leichten Schneefall. Dye 3 ist zum Glück jedoch noch zu erkennen. Günters Knie hat sich tatsächlich soweit gebessert, daß er wieder laufen kann. Er zieht sogar einen Schlitten. Langsam nähern wir uns der Station, die jetzt mit bloßem Auge gut erkennbar wie eine Riesenspinne vor uns liegt. Auch heute herrscht reger Flugverkehr, das tiefe Brummen der Herkules-Transportmaschinen begleitet uns den ganzen Tag. Wir spekulieren darüber, ob wir entdeckt worden sind; schließlich nähern wir uns einer der wichtigsten Militärbasen der USA in der nördlichen Hemisphäre.

"Die Piloten haben uns sicher schon längst gesehen," sagt Günter. "In dieser weißen Landschaft müssen unsere knallroten Schlitten doch von weitem zu sehen sein!"

Jeden Moment erwarten wir, daß eine Herkules herangebraust kommt und neben uns landet. Doch nichts dergleichen passiert. Stundenlang laufen wir, ohne daß die Station so recht näherrücken will. Wetten werden abgeschlossen, wie weit wir noch entfernt sind. Die günstigste Schätzung kommt von mir.

"Zwei Kilometer," sage ich mit Überzeugung, werde aber von den anderen nur ausgelacht.

"In der klaren Luft scheint alles viel näher zu sein, als es wirklich ist," belehrt mich Günter.

Einigkeit herrscht jedenfalls darüber, daß wir heute die Station erreichen wollen – und wenn wir bis tief in die Nacht laufen müssen. Auch Günters Knie hat keine Einwände dagegen. Zu unserer Erleichterung kann er prächtig mithalten und der Alptraum, ihn von Dye 3 ausfliegen zu sehen, wird schnell zu einer bloßen Erinnerung. Scheinbar nichts mehr steht einem herrlichen Abendessen auf der Station entgegen. Nur haben wir die Rechnung ohne den Eispanzer gemacht, der sich am späten Nachmittag mißgelaunt in dichten Nebel hüllt. Hastig laufen wir weiter, um Dye 3 nicht aus den Augen zu verlieren – und verlieren doch das Rennen. Plötzlich finden wir uns in dickstem White-Out wieder, so daß kaum noch die Skispitzen zu erkennen sind. Bei diesem Wetter können wir zwischen den Stelzen der Station hindurchlaufen, ohne sie zu sehen. Eine heftige Diskussion entbrennt. Frank und ich sprechen uns für das Weiterlaufen aus, doch wir werden überstimmt.

"Angenommen, wir finden die Station nicht, übernachten irgendwo im Nebel und finden uns am nächsten Morgen genau auf der Landebahn wieder!" sagt Udo. "Das wird dann ein ganz schön langer Schlaf!"

So begraben wir für diesen Tag unsere Träume von den Genüssen der Zivilisation und schlagen das Lager auf.

"So nahe dem Ziel nach langer Fahrt, war uns der Streich noch aufgespart," zitiere ich resigniert den "Fliegenden Holländer".

Doch wir findet das gar nicht lustig. Die allgemeine Laune ist weit unter den absoluten Nullpunkt gesunken.

## Dye 3  65,183° N  43,817° W

Das tiefe Brummen starker Motoren weckt mich. Sekunden vergehen, bevor ich den ungewohnten Lärm zuordnen kann. Die Versorgungsflugzeuge von Dye 3 haben ihre Tätigkeit wieder aufgenommen, demnach muß es schon später Vormittag sein! Unser sonst so zuverlässiger "Wecker" Martin hat offenbar verschlafen.

Auf den roten Planen des Zeltes steht die Sonne, deutlich zeichnen sich Schatten der Spannleinen und Skier ab. Draußen muß das herrlichste Wetter sein! Ob wir schon entdeckt worden sind? Erwartungsvoll richte ich mich auf und krieche zum Ausgang, was in der Eile nicht ohne den einen oder anderen Übergriff auf Franks oder Udos Schlafsack abgeht.

"He, was soll denn das," sagt Udo verschlafen. Statt einer Antwort öffne ich den Zelteingang.

Grelle Helligkeit empfängt mich. Also zurück ins Zelt und die Gletscherbrille herausgesucht.

"Kann man Dye 3 sehen," fragt Frank, der sich hastig anzieht.

Doch ich bin schon wieder draußen. Fast zum Greifen nahe liegt die Station jetzt vor mir. Ungefähr zwei Kilometer entfernt erhebt sich auf riesigen Stelzen ein schwarzer Stahlkoloß, gekrönt von einer weißen, glänzenden Radarkuppel. Links neben der Station erkenne ich einige Versorgungsgebäude. Zur Rechten ist eine kilometerlange Fähnchenreihe zu sehen, die die Landebahn im Schnee markiert. Klein wie ein Spielzeugauto bewegt sich eine Schneeraupe zwischen den Stelzen der Station. In der Zwischenzeit haben sich alle – mehr oder weniger angezogen – vor den Zelten versammelt. Wir beraten, was zu tun ist. Auf die Station zuzulaufen, erscheint uns im Hinblick auf zu erwartende Schwierigkeiten mit der amerikanischen Militärbürokratie nicht ratsam. So wollen wir Unabhängigkeit signalisieren. Wir beschließen, uns entdecken zu lassen; schließlich bieten wir uns den Amerikanern wie auf dem Präsentierteller dar. Unsere roten Zelte stehen wie Klatschmohn auf der weißen Fläche.

"Wenn die uns jetzt nicht sehen, handelt es sich eher um eine Spät- als eine Frühwarnstation", sagt Frank.

Wir frühstücken gemütlich in der Sonne auf den Schlitten und beobachten das rege Treiben auf der Station. Wenn ein Flugzeug startet oder landet und dabei seine ausgedehnten Schleifen um Dye 3 zieht, glauben wir jedesmal, entdeckt zu sein. Doch nichts rührt sich.

Die Sache beginnt, langweilig zu werden. Sonnenöl wird verteilt, wir machen es uns bequem.

Da donnerte eine Herkules im Tiefflug über unsere Zelte hinweg. Durch die Scheiben des Cockpits hindurch können wir den Piloten erkennen. Kein Zweifel, das galt uns!

Eine halbe Stunde später löst sich eine mächtige Schneeraupe von der Station und kriecht auf uns zu. Alle Luken geschlossen, kein Zeichen der Freundschaft. Jetzt ist die Raupe bis auf 100 Meter herangekommen, doch immer noch rührt sich nichts. Das plötzlich aus dem Nebel aufgetauchte Zeltlager scheint den Amerikanern so unheimlich zu sein, daß sie den Schutz der Kabine nicht verlassen wollen. Um unsere friedlichen Absichten zu bekunden, hebe ich die Hand zum Gruß.

"Grüßen ist immer gut", denke ich. Da ist der Bann gebrochen. Abrupt wird die Schneeraupe gebremst, die Türen fliegen auf und drei ölverschmierte Overalls springen heraus.

Als erster kommt ein Amerikaner auf uns zu, der sich trotz seiner Beleibtheit erstaunlich behende im Schnee bewegt. Flinke Auge blitzen unter buschigen Augenbrauen. Der Mund ist von einem gewaltigen Schnauzbart verdeckt, der jedem Walroß zur Ehre gereicht hätte.

"Hello, I am Lee Schoen from Dye 3, where in hell are you coming from?" ruft er jovial und stellt uns seine Begleiter vor, den Chief mechanic und den Administrator, beide Dänen.

Es folgt ein allgemeines Händeschütteln und Schulterklopfen. Ungläubiges Erstaunen zeichnet sich auf den Gesichtern der Dänen ab, als wir von unserer Wanderung berichten. Zu Fuß mit selbstgezogenen Schlitten durch das Inlandeis? Das sei unglaublich!

Doch den Leiter der Station, Lee Schoen, kann nichts so leicht aus der Fassung bringen. Schließlich habe er schon eine ähnliche Expedition auf der amerikanischen Südpolstation begrüßt, wie er uns erzählt.

Die Schlitten werden an die Raupe gehängt. Im Hintergrund Dye 3

"Do you want a cigarette?" Und ob wir wollen!

"What's about a shower and a cup of coffee?" Unsere euphorischen Mienen sprechen für sich.

Nun bekommt Lee Schoens Miene einen Anflug von Formalität: "Let me check with BHQ, whether we can let you in!" Mit der Lässigkeit des arktischen Weltmannes stellt er über Funk eine Verbindung zum Headquater in Washington her. Er will fragen, wieviel Gastfreundschaft in diesem nicht alltäglichen Falle erlaubt sei. Die Antwort umfaßt so ungefähr alles, was wir uns erträumt haben. Nur schlafen müssen wir draußen im Schnee.

"No problem, das machen wir schon seit zwanzig Tagen!" denken wir uns.

Auch das Fotografieren und Filmen wird uns erlaubt. Doch diese Erlaubnis kommt etwas verspätet. Martin hat natürlich diese historische Begegnung schon auf Zelluloid gebannt.

Ob wir mit der Schneeraupe oder lieber zu Fuß die letzten Meter zurücklegen wollen, werden wir gefragt. Da wir uns ja nicht zu den orthodoxen Grönlanddurchquerern zählen, gehen wir gern auf den

Vorschlag ein. Mit geübten Griffen brechen wir das Lager ab, packen die Schlitten und koppeln sie an die Schneeraupe. Wir steigen in die Kabine und bekommen fast einen Hitzschlag. Verständnisvoll stellt der Fahrer sogleich die Heizung aus.

Das Gefährt ruckt los und wir rumpeln in Richtung Dye 3. In dem ohrenbetäubenden Lärm der Maschine verstummt die Unterhaltung. So strahlt man sich wortlos an.

Einige Amerikaner und Dänen haben sich vor der Station versammelt, um unsere Ankunft neugierig zu beäugen. Noch wird scheu Abstand gehalten. Nicht ohne Stolz bauen wir im Schatten der hochaufragenden Station unser Lager auf und werden dann von Lee Schoen hineingebeten.

Über eine hohe Sprossentreppe betreten wir die Station. Als erstes müssen wir uns ins Gästebuch eintragen. Dann schlägt Lee mit verständnisvoll gerümpfter Nase eine Dusche vor.

"It's always the same, when people like You drop in," sagt er. Die Ausdünstungen unserer Kleider, die wir seit zwanzig Tagen nicht gewechselt haben, kommen jetzt in der Wärme voll zur Entfaltung. So müssen wir zu einer Dusche nicht erst überredet werden.

Genüßlich lassen wir das heiße Wasser über unsere Körper laufen, die seit drei Wochen nicht aus den Kleidern gekommen, geschweige denn gewaschen worden sind. Die Haut ist von einer dünnen Fettschicht bedeckt, an der das Wasser jetzt abperlt.

Nicht Faulheit, Überlegung hat zu diesen Umständen geführt, für die man unter mitteleuropäischen Verhältnissen nur ein Wort hätte: Schweinerei. Wasser kann aber auf dem Inlandeis nur durch Schmelzen von Schnee gewonnen werden. Petroleum ist begrenzt und macht jeden Schluck Wasser zu einer Kostbarkeit, die uns zur Körperpflege zu schade ist.

Außerdem schützt die dünne Fettschicht, die sich nach zwei bis drei Tagen gebildet hat, die Haut vor Austrocknung und Scheuerstellen. Dreck ist in Grönland also nicht notwendiges Übel – er ist erwünscht! Doch jetzt schieben wir natürlich alle derartigen Überlegungen beiseite und fröhnen ungehemmt unserer Badelust. Welch herrliches Gefühl, sich nach den kalten Tagen unter einem heißen Wasserstrahl dehnen und strecken zu können!

Von links nach rechts: Günter, Michael, Udo, Frank, Martin

"Mensch, Udo, hast du abgenommen", sagt Frank mit lautem Lachen. Ein Blick auf die Waage zeigt jedoch, das wir kaum Gewicht verloren haben. Die Angaben schwanken zwischen einem und drei Kilogramm, für eine Grönlanddurchquerung eine Seltenheit. Gunnar Jensen hatte von einer Expedition berichtet, die pro Person 15 Kilogramm auf dem Eis ließ und kaum noch zu erkennen war, als er sie am Kopenhagener Flughafen abholte.

"Unser Essen scheint ja doch nicht so schlecht zu sein", muß auch Martin jetzt zugeben.

Unsere Unterwäsche jedoch ist selbst für die besten Waschmittel ein hoffnungsloser Fall. Sie wird entsorgt – sprich weggeworfen. Wir haben schließlich eine Garnitur zum Wechseln mitgenommen.

Frisch gewaschen und gekämmt, betreten wir anschließend den Speisesaal in Erwartung zahlloser Köstlichkeiten. Und wir sollten nicht enttäuscht werden. Der Koch hat sich ins Zeug gelegt und ein warmes Buffet aufgefahren, daß uns das Wasser im Munde zusammenläuft. Unter dem Lachen der Stationsmannschaft häufen wir unsere Teller randvoll und machen uns mit Appetit von 20 Tagen über die Herrlichkeiten her.

Lee Schoen gesellt sich zu uns. Bald sind wir in einer angeregten Unterhaltung, die nur gelegentlich durch unsere vollen Münder behindert wird. Der Leiter der Station zeigt sich dabei als profunder Kenner arktischer Geschichte.

Detailliert weiß er über die Grönlandexpedition des Schweden A. E. Nordenskiöld zu berichten, der 1883 von der Westküste aus versuchte, möglichst weit auf das damals noch gänzlich unbekannte Inlandeis vorzudringen, um auf der riesigen Insel eisfreie Flächen zu finden.

Von sieben Schweden und zwei Lappen begleitet, startete er am dritten Juli in Aulaitivik. Nach Überquerung der Gletscherbrüche wagte er sich 150 Kilometer ins Landesinnere, bis ihn Nahrungs- und Brennstoffmangel zur Umkehr zwangen.

Vorher aber schickte er noch die beiden Lappen in schnellem Vorstoß zwei Tagesmärsche nach Osten. Leichtes Gepäck und Skier sollten ihnen ein schnelleres Fortkommen erlauben als der schwerfälligeren Expedition. Nach 57 Stunden kehrten die Lappen zurück. 230 Kilometer hatten sie in dieser kurzen Zeit zurückgelegt und auf der gesamten Strecke nur die endlosen Wellen des Inlandeises gesehen. Die Theorie der eisfreien Flächen im Inneren Grönlands geriet nun ins Wanken.

Der unglaublich schnelle Vorstoß der beiden Lappen bewog jedoch fünf Jahre später Nansen, seine gesamte Expedition auf Schneeschuhen durchzuführen, ein bis dahin ungewöhnliches Vorgehen bei Arktisunternehmungen. Von vielen Seiten wurde Nansen deswegen angefeindet, fand aber Unterstützung bei Nordenskiöld, der die Pläne des jungen Norwegers vorbehaltlos befürwortete. Nach Nansens Grönlanddurchquerung auf Skiern traten die Bretter ihren Siegeszug um die ganze Welt an.

So tauschen wir in der warm beheizten Mensa von Dye 3 mitten auf dem Inlandeis Geschichten über Arktisexpeditionen aus, deren Spuren schon längst viele Meter unter dem Eis begraben sind.

Doch dann beginnen wir, uns für die Person Lee Schoens selbst zu interessieren.

Er ist der Prototyp des heutigen Polarforschers, der, mit allen technischen Möglichkeiten des 20. Jahrhunderts ausgestattet, ungleich leichtere Arbeitsbedingungen vorfindet als seine Kollegen vor hundert Jahren. Nur die Motivation hat sich nicht geändert. Einst wie jetzt sind es die Faszination der Arktis und die Neugier auf das Unbekannte, die ihn hinausziehen läßt in die menschenleere endlose Eiswüste.

Fast sein ganzes Leben hat Lee Schoen als Glazeologe (Gletscherexperte) in der Arktis und Antarktis zugebracht. Point Barrow, Glacier Bay, der Südpol und seit einigen Jahren Dye 3 sind die Stationen seines ungewöhnlichen Lebens. Wie alle anderen Männer auf der Frühwarnstation verbringt er bis zu sechs Monate auf dem Inlandeis, bevor er für einige Wochen Urlaub ausgeflogen wird.

Wie er es denn die lange Zeit auf der isolierten Station aushalte, und ob sein Familienleben nicht unter diesem doch etwas ausgedehnten Schichtdienst leide, wollen wir wissen.

Er verneint mit einem Lachen, das Augenbrauen, Schnauzbart, Bauch und selbst seinen Stuhl in fröhliche Bewegungen geraten läßt. Er habe eine fabelhafte Frau, die ebenfalls eine Arktisfanatikerin sei. Deshalb verbringe man den gemeinsamen Urlaub auch oft in Alaska. Was die Langeweile angehe, so sei das ein für ihn unbekanntes Wort. Was könne man auf Dye 3 nicht alles tun: Ausflüge auf das Inlandeis, Grillparties im Schnee oder Skilanglaufwettbewerbe. Welchen geeigneteren Ort für all diese herrlichen Zerstreuungen gäbe es als Dye 3! Dann sei da noch die Routinearbeit und die schwere, aber auch interessante Aufgabe, immer wieder aufkeimenden Streit in der Mannschaft zu schlichten.

Ungefähr fünfzehn Dänen und Amerikaner arbeiten auf der Station. Hauptaufgabe der Amerikaner ist die Überwachung der Radarschirme in den oberen Stockwerken des Gebäudes. Die unteren Etagen sind den Versorgungseinheiten der Station vorbehalten. Hier wird geheizt, Schnee geschmolzen, gekocht und gewaschen. Alles Aufgaben, die ausschließlich von Dänen erledigt werden.

Diese scharfe Trennung der Arbeitsgebiete lasse in den von Hause aus stillen Skandinaviern ein Minderwertigkeitsgefühl aufkommen, das durch die burschikose Art der Amerikaner noch verstärkt werde. Der Konflikt sei, wie Lee Schoen meint, vorprogrammiert. Meistens handele es sich nur um einen Schwelbrand, gelegentlich komme es jedoch zu so hoch auflodernden Flammen, daß der Friede nur durch Ausfliegen der Streithähne wieder hergestellt werden könne.

Unvermittelt schaut Lee auf die Uhr. Das nächste Flugzeug werde erwartet, ob wir das Spektakel auf der Landebahn mit anschauen wollten.

Minuten später sind wir im Freien. Die gesamte Mannschaft legt sich ins Zeug, um uns zu zeigen, was Dye 3 an Motorisierung zu bieten hat. Und das ist nicht wenig! Bulldozer räumen Treibschnee der letzten Nacht fort, Schneeraupen jagen geschäftig hin und her. Rush Hour auf dem Eis. In den Motorenlärm mischt sich bald ein tiefes Brummen. Eine Herkules setzt zum Landeanflug an. Die Ölvorräte der Station werden gerade aufgefüllt, erklärt Lee. Deshalb der rege Flugverkehr.

Mit einer riesigen Schneefahne am Heck setzt die Maschine schwerfällig auf, rollt aus und kommt wenige Meter entfernt von uns zum Stehen. Sekunden später springt der Pilot aus dem klobigen Rumpf und schüttelt uns begeistert die Hand.

"Habe ich einen Schneeball aus euch gemacht, als ich heute morgen über eure Zelte geflogen bin?" schreit er, um den Motorenlärm zu übertönen. Nein, geben wir lässig zur Antwort, da sind wir doch schon einiges mehr an Sturm gewöhnt! In Windeseile wird das Öl in Tanks gepumpt, die tief unter dem Eis liegen. Die Motoren der Herkules brüllen weiter. Würde man sie abstellen, bestünde die Gefahr, das Flugzeug in der Kälte nicht wieder flott zu bekommen.

Nachdem der Tankvorgang beendet ist, dreht die Herkules und startet in den wolkenlosen Himmel. In zwei Stunden wird sie die Westküste erreicht haben. In Gedanken folge ich der Maschine auf ihrem Flug über das Inlandeis, über Gletscherbrüche und ausgedehnte Grundmoränen an der Westküste. Wie lange werden wir noch unterwegs sein, um diese Strecke zu bewältigen? Am Abend sitzen wir an der Bar der Station und trinken ein Glas Wein. Für die deutschen Gäste hat man extra Wein aus Baden aus den schier unerschöpflichen Alkoholvorräten herausgesucht. Die fensterlose Bar mit Tresen, Hockern und einem Billardtisch läßt die unwirtliche

Umgebung draußen vergessen. Natürlich sind wir Zentrum des allgemeinen Interesses, bieten wir doch eine willkommene Unterbrechung der täglichen Routine. Zunächst gibt sich die Mannschaft noch scheu, mit jedem Glas Wein schwindet jedoch die Zurückhaltung und bald sind wir vollends in die kleine Gemeinschaft aufgenommen.

Voller Begeisterung erzählt der Chief Mechanic die Geschichte unserer Entdeckung:

*Nichtsahnend bestieg er zusammen mit einem Kollegen einen Bulldozer, um wie an jedem Morgen die Stelzen der Station vom Treibschnee zu befreien. Im herrlichen Sonnenschein ließ er während der Arbeit den Blick über die Schneefläche gleiten. Er war gefangen von der friedlichen und ruhigen Stimmung, die sich wohltuend von der der stürmischen und nebligen Vortage abhob. Da fiel sein Blick auf drei bunte Punkte im ewigen Eis. Jetzt hat ihn der Polarkoller erwischt, war sein erster Gedanke. Sein Blick war noch einmal in die Richtung gegangen in der Hoffnung, einem Tagtraum aufzusitzen. Doch wieder waren dort die drei Flecken, unverrückbar und nicht zu übersehen.*

*Also wendete er sich an seinen Kollegen mit der Bitte, auch einmal in die fragliche Richtung zu sehen. Dieser konnte ihm nur bestätigen, was er selber sah. Was sich hinter dem Phantom im Schnee verbarg, war ihnen jedoch völlig unerklärlich, weshalb sie einen sorgfältig abgefaßten Funkspruch an Lee durchgaben.*

*Der hörte sich den Bericht zunächst ruhig an und meint dann, sie sollten sich nach Søndre Strømfjord ausfliegen lassen und einige Tage Urlaub machen. Schließlich gab er aber nach und riskierte selbst einen Blick aus seinem Büro auf das Eis – damit war unsere Anwesenheit offiziell zur Kenntnis der Stationsleitung gelangt. Da den Amerikanern und Dänen die Sache nicht geheuer war, sandten sie einen Funkspruch zu einer Herkules mit der Bitte, einen Aufklärungsflug nordöstlich der Station durchzuführen. Minuten später lag der Bericht des verblüfften Piloten vor: drei Zelte, fünf Männer, aber weder Schlittenhunde noch Schneescooter. Und nun war Lee in seinem Element. Er organisierte einen Stoßtrupp, dem neben ihm selbst die beiden Entdecker angehörten. Zur Fahrt wählten sie die größte und imponierendste Schneeraupe aus.*

An nebligen Tagen verschmilzen Schnee und Himmel

Der Abend nimmt seinen feucht fröhlichen Lauf und so ist es nicht verwunderlich, daß wir am nächsten Morgen mit einem schweren Kater erwachen. Noch einmal werden wir in die Mensa zum Frühstück geladen, dann machen wir unsere Schlitten startklar.

Die gesamte Mannschaft hat sich vor der Station versammelt, um von uns Abschied zu nehmen. Als Dank für die Gastfreundschaft überreichen wir Lee ein Paket Pemmikan, das der Koch abends als Fleischbrühe servieren soll.

Nach langen Diskussionen über unsere Lebensmittelvorräte haben wir uns zu diesem Geschenk entschlossen, und Lee ist sichtlich gerührt, als er es in Empfang nimmt.

Ein leichter Dunst liegt über dem Inlandeis, und ein schwacher Wind weht aus Nordost. Nach einem letzten Händeschütteln stellen wir unsere Schirme in den Wind und segeln stolz wie eine spanische Flottille nach Westen. Schon bald ist die Station hinter den Nebelschleiern verschwunden, und wir sind allein auf der riesigen Fläche. Von Weitem hören wir noch einmal das Brummen einer Herkules, dann umfängt uns wieder das große Schweigen.

# Im Zentrum des Inlandeises

"He, Michael, wo bleibst du denn die ganze Zeit!" ruft Udo, der die Führung hat. "Dauernd müssen wir auf dich warten."

Einige Minuten brauche ich, bis ich zu den anderen aufgeschlossen habe. Wartend haben sie sich zu mir umgedreht und versuchen, sich vor dem schneidenden Wind zu schützen, der so unangenehm durch Mark und Bein geht, wenn man nicht ständig in Bewegung bleibt. Die Schlitten in Reih und Glied hintereinander, die Schultern mit den gekreuzten Zuggurten, die Doppelreihe weißer Skistöcke – dieser vertraute Anblick verschwimmt heute immer wieder. Mir wird öfter schwarz vor den Augen. Der wolkenverhangene Himmel wirkt bedrohlich grau. Alles scheint weit entfernt und unwirklich.

Dauernd diese Pausen, um auf dich zu warten, was ist denn heute mit dir los? Diese Frage steht in allen Gesichtern. Nur – ich weiß es selbst nicht. Mein Herz legt bei jedem Schritt, den ich tue, einen Sprint ein, daß mir die Luft wegbleibt. Der Schlitten ist heute unerträglich schwer, jede Bewegung kostet mich Überwindung.

"Ich fühle mich nicht wohl", sage ich lapidar und lasse mich auf den Schlitten fallen. Nun schirren sich die anderen aus, bilden einen Kreis um mich und betrachten mich mit besorgten Mienen. Ich schildere ihnen meine Beschwerden.

"Vor allem bleibt mir dauernd die Luft weg!" sage ich.

"Kein Wunder, nach all der Qualmerei auf Dye 3." Ein vorwurfsvoller Ton liegt in Martins Stimme.

"Vielleicht bist du als Flachländer die Höhe nicht gewohnt", meint Günter und schaut auf seinen Höhenmeter. "2.900 Meter über dem Meeresspiegel, das kann schon Probleme machen!"

Doch Frank schüttelt den Kopf. Wir seien schon seit Tagen in dieser Höhe und müßten uns längst akklimatisiert haben. Er will wissen, ob ich ein Kribbeln in den Fingern verspüre. Ich nicke.

"Dann ist die Sache klar: Kohlenmonoxydvergiftung!" diagnostiziert Frank mit düsterer Stimme.

Und Udo hat auch sofort eine Erklärung parat. Im Laufe der Expedition sind wir beim Aufschlagen des Kochzeltes immer perfekter geworden, eine Perfektion, die gestern ihren Höhepunkt erreichte. Es gelang uns, die Planen luftdicht in den Schnee zu versenken. Alle Wärme der Kocher blieb im Zelt, das Kohlenmonoxyd allerdings auch.

Da ich als Koch abends und morgens etwa zwei Stunden länger im Küchenzelt verbringe als der Rest der Mannschaft, habe ich die weitaus größte Dosis dieses unliebsamen Gases genossen. Wir ziehen die Konsequenz aus diesem Vorfall: lieber kalte Luft als warmes Gift; in Zukunft müssen wir für bessere Belüftung sorgen.

"Und was machen wir nun mit Michael?" will Udo wissen.

"Gar nichts, die Symptome geben sich im Laufe der Zeit von selbst", sagt Frank.

Die langfristig gute Prognose hilft mir leider im Moment wenig. Mühsam schleppe ich mich stundenlang in der Spur der anderen und versuche, mit ihnen Schritt zu halten. Zum Glück kommt nachmittags Wind auf, wir können die Segel benutzen. Erschöpft lasse ich mich in die Hüftgurte meines Para-Wings fallen und überlasse es dem Wind, für mein Fortkommen zu sorgen. Abends kann ich schon wieder beim Aufbau des Lagers helfen.

Auch meine Dienste im Kochzelt versehe ich wie gewohnt, nur bleibt heute die Eingangstür weit geöffnet. Ungemütlich kalt ist es beim Essen, kondensierte Atemluft steht im Zelt. Man trägt heute wieder Handschuhe und Daunenjacke zum Dinner.

"Findest du das nicht etwas übertrieben?" fragt Frank vorsichtig.

Energisch schüttele ich den Kopf.

"Ich will jetzt nichts hören, die Tür bleibt offen!" So bleibt das Abendessen eine Zitterpartie. Auch der heiße Kakao mit einem Schuß Rum, den uns Lee kurz vor der Abfahrt zugesteckt hat, ändert da nichts.

Am nächsten Morgen bin ich beschwerdefrei. Erleichtert zwänge ich mich aus dem Schlafsack, ziehe meine Windbekleidung über und reinige im Innenzelt die Schuhe von Treibschnee, der durch Spalten im Außenzelt gedrungen ist und Packsäcke, Rucksäcke und alles, was im Vorzelt liegt, mit einer dicken, weißen Schicht bedeckt hat. Der Reißverschluß des Außenzeltes ist mal wieder vereist und muß mit der bloßen Hand aufgetaut werden, bevor er sich mühsam öffnen läßt. Draußen herrscht verhaltenes Wetter. Hinter dünnen Wolkenschleiern scheint die Sonne, deren mildes Licht der Landschaft eine morgendliche Frische verleiht. Scharf beißt der Frost beim Einatmen in der Nase. Im Gegenlicht der Sonne erkenne ich die Umrisse Martins, der unsere "Zeltstadt" filmt. Recht hat er! Auch ich suche im Schlitten nach meinem Fotoapparat. Nur leicht sinke ich in den festgeblasenen Schnee, als ich, in die Helligkeit blinzelnd, zu Martin hinübergehe.

Von weitem erscheint das Lager klein, gleichsam verloren auf der riesigen Fläche des Inlandeises. Wie winzige Unebenheiten wirken die drei Zelte, zwischen denen die halb verwehten Schlitten und Zuggestänge zu sehen sind. Planen und Zuggurte flattern leicht im Wind. Silbern blitzt das Kilometerrad hinter meinem Schlitten in der Sonne. Doch nur mühsam kann das Lager den Eindruck von Höhe vermitteln, der dritten Dimension, die dem Eispanzer selbst abhanden gekommen zu sein scheint. Wie flachgewalzt ist die unermeßliche Schneefläche.

"Es ist unglaublich, was man in dieser Gegend an UV-Filtern braucht", sagt Martin und schraubt mit steifen Fingern an den Objektiven herum.

"Und immer diese Kälte! Jetzt bin ich mit meinen Händen schon wieder am Stativ festgefroren!"

"Filmen in Grönland ist halt knallharte Arbeit", schlage ich ihn gutgelaunt mit seinen eigenen Worten.

"Wer den Schaden hat, braucht für den Spott nicht zu sorgen", brummt er daraufhin in seinen wild wuchernden Bart.

Mittlerweile ist Leben ins Lager gekommen. Winzig wie Ameisen erscheinen Günter, Udo und Frank, die zwischen den Zelten herumlaufen.

Welch kleines bißchen Leben inmitten dieser erstarrten, eisigen Welt, die sich ringsum bis zum Horizont erstreckt! Kalt glitzerndes Weiß, soweit das Auge reicht.

Seit wir vor drei Tagen Dye 3 verlassen haben, befinden wir uns im Zentrum des Inlandeises auf der höchsten Stelle unsere Wanderung.

Das Inlandeis – eine Welt von glitzerndem Licht

Wir haben die Wetterscheide zwischen Ost- und Westgrönland überschritten und Islandtiefs, die uns zu Anfang wochenlang White-Out bescherten, erreichen uns jetzt nicht mehr. Das Wetter ist beständiger geworden, wenn auch die Temperaturen um einige Grade gesunken sind. Mit minus fünfunddreißig Grad Celsius haben wir gestern unsere bisher kälteste Nacht auf dem Eis erlebt. Der Wind hat auf Nord gedreht und den Schnee zu Querrillen verblasen. Beinahe eben liegt das Plateau vor mir, und doch scheint das Eis ringsum zum Horizont anzusteigen.

Eine optische Täuschung, die wir "Untertassenphänomen" getauft haben. Oft scheint es nämlich, als ob wir in der Mitte eines Tellers mit hochgezogenem Rand auf der Stelle treten.

Eine Steigung nach Westen ist nicht mehr zu erkennen. Ich habe das Gefühl, daß der Weg zur Küste nun frei und offen vor uns liegt, ein Gefühl, das mich lange nicht verlassen sollte.

"Das dicke Ende kommt bestimmt noch", versucht Martin, meine morgendliche Euphorie zu dämpfen. Dann stapft er mit dem Stativ auf der Schulter und der Kamera in der Hand zum Lager zurück.

Erst sehr viel später werde ich an seine Worte erinnert, mit denen er so bitter recht behalten sollte. Doch im Augenblick liegt über der Expedition eine unbeschwerte Stimmung, der ich mich gerne hingebe. Das Ziel kann nicht mehr fern sein! An diesem Morgen bin ich in Gedanken bereits an der Westküste bei Bärbel und Kristina, den beiden Frauen, die dort auf uns warten. Die Idee, uns abzuholen, wurde in einer Berliner Kneipe geboren. Als ich von unserem Plan erzählte, Grönland von Ost nach West zu durchqueren, nahmen die beiden dies spontan zum Anlaß, einen Urlaub in Westgrönland zu planen, dessen Höhepunkt das Treffen mit unserer Expedition sein sollte. Zwischen mehreren Gläsern Wein verabredeten wir uns unter dem Motto: irgendwann Ende Mai oder Anfang Juni, irgendwo kurz unterhalb des Polarkreises in einem kleinen Ort namens Kapisillit.

Alles klar? – Alles klar! Bei so präzisen Orts- und Zeitangaben, da kann man sich einfach nicht verfehlen! – Det Ding is jeloofen. Prost!

Was uns damals in weinseliger Stimmung so einfach schien, bekommt jetzt in der Einsamkeit des Inlandeises einen unglaubwürdigen Zug. Vor zwei Tagen müßten sie in Grönland angekommen sein. Ob sie Kapisillit überhaupt finden, ob wir es bis zu ihrem Abfahrtstermin, dem 3. Juni, überhaupt schaffen?

Die Sonne steht schon hoch am Himmel, als ich aus meinen Tagträumen erwache. Meine Beine sind bis zu den Knien steif vor Kälte und ungelenk tappe ich durch den Schnee zum Lager zurück, froh, in die Wärme des Kochzeltes kriechen zu können.

Gegen Mittag dieses Tages verdichtet sich im Osten die Dunstschicht. Während des Schlittenziehens beobachte ich immer wieder über die Schulter das Geschehen in unserem Rücken. Frank, der die Nachhut bildet, hat meine Blicke bemerkt und dreht sich nun ebenfalls um. Hellgrauer Nebel kriecht über das Eis und streckt seine milchigen Finger nach uns aus. Die Konturen der Schneefläche sind schon verwischt, langgezogene Wolken, die aber wohl noch Dutzende von Kilometern von uns entfernt sind, stehen über ihr. Aber bald schon jagen die ersten Böen über das Eis und wirbeln Schnee auf, der an dem rilligen Profil der Schneewehen feilt.

"Jungs, ich glaube, uns sitzt ein Tiefdruckgebiet mit gutem Wind im Nacken", ruft Frank. "Nichts wie 'raus mit den Segeln!"

Prüfend schauen die anderen nach Osten.

"Das ist noch weit entfernt. Laßt uns lieber noch ein Stück laufen. Außerdem sieht das nach mehr Wind aus, als uns recht sein kann", sagt Udo und stemmt sich wieder in die Zuggurte. Murrend folgt ihm Frank.

"In Bälde gibt es garantiert wunderbaren Segelwind", keucht er in seinem Zuggeschirr, "wozu jetzt noch die Ochsenarbeit?" Beide sollten recht behalten! Eine halbe Stunde später bricht ein kräftiger Wind aus Nord los und verwandelt die Eisfläche in ein Tollhaus von Treibschnee.

"Das ist zu stark zum Segeln", brüllt Martin und dreht sein Gesicht in den Windschatten, um sich vor Schneekristallen zu schützen, die wie Nadeln in die Haut stechen.

"Wir können's doch mal versuchen", schreit Frank gegen den Sturm und wendet sich fragend an Udo, Günter und mich. Nach einigem Zögern sind wir einverstanden. Die Felle von den Skiern zu reißen, die Hüftgurte überzustreifen und die Segel auszurollen, ist mittlerweile die Sache eines Augenblicks.

Da heute Starkwindsegeln angesagt ist, lassen wir Martin den Vortritt. So haben wir ihn immer im Auge, falls er und sein Schirm unsere Hilfe brauchen sollten. Mit lautem Knall entfaltet sich sein Para-Wing, ein kräftiger Ruck und Martin fliegt geradezu über das Eis. Breitbeinig stemmt er sich in den Schnee, um die Balance zu halten. Krampfhaft hält er den Steuerstab umklammert, den Oberkörper weit nach vorn gebeugt. Gespannt schauen wir der wilden Jagd zu.

"Jungs, heute wird das Segeln wirklich hart", sagt Günter.

"Er ist fast schon außer Sichtweite", drängt Udo zum Aufbruch. Tatsächlich ist unser Vorreiter nur noch ein winziger Schatten im Schneetreiben. Günter, Frank und Udo geben nicht gerade ihre eleganteste Vorstellung, als die volle Wucht des Sturmes in ihre Segel fällt. Sie werden mit einem Satz nach vorne gerissen werden. Doch nach einigen Dutzend Metern können sie ihre Fahrt stabilisieren.

Nur ich lege einen glatten Fehlstart aufs eisige Parkett. Eine Böe bringt den Schirm zum Taumeln. Ich bemühe mich um Ausgleich und überreiße den Steuerstab, worauf der Para-Wing mit noch heftigeren Bewegungen antwortet. Nun ist dieses Chaos nicht mehr zu beherrschen. Die Steuerleinen verheddern sich, der Schirm dreht sich einige Male fröhlich um seine eigene Achse und stürzt ab, worauf auch ich mich nicht länger auf den Beinen halten kann und auf engsten Kontakt mit dem Inlandeis gehe. Die Kleider voller Schnee, die Sturmbrille vereist, so arbeite ich mich wieder an die Oberfläche und schimpfe laut über mein Mißgeschick.

Nur – mir hört keiner zu! Die anderen sind schon längst über alle Berge. Lediglich ihre Spur zeigt die Richtung, die sie genommen haben.

"Eine gewisse 'jeder für sich, Wind für uns alle' – Mentalität kann man unserer Expedition an solchen Starkwindtagen nicht absprechen", denke ich ärgerlich und nehme die Verfolgungsjagd auf. Jetzt gilt es, sich zu beeilen, denn die lebensrettenden Spuren sind schon halb verweht. Vorsichtig stelle ich den Schirm in Halbwindposition. Sofort antwortet das Segel mit ungeheuren Abdriftkräften. Ich muß die Skier hart ankanten und den Körper so weit zurücklehnen, daß ich fast den Boden berühre, um nicht querab zur Fahrtrichtung über den Schnee gezerrt zu werden. Den Schirm links über mir, den Blick geradeaus gerichtet, so prassele ich über die Schneegangeln. Nach zehn Minuten hastiger Fahrt tauchen die bunten Segel der anderen vor mir auf – ein beruhigender Anblick in dem Weiß des Schneetreibens. Ich korrigiere die Position des Schirmes und meine Geschwindigkeit nimmt sofort zu. Bald habe ich die anderen erreicht.

Die Fahrt gerät zu einem Wettrennen. Frank und ich übernehmen die Führung und setzen uns weit ab. Um der Nachhut Gelegenheit zu geben, zu uns aufzuschließen, machen wir eine Pause. Reichlich durchgefroren sind wir, als der letzte endlich eintrudelt. Gespannt kratzen wie den Schnee von dem zugeeisten Kilometeranzeiger. Acht Kilometer in zehn Minuten, unglaublich!

"Das ist eine Geschwindigkeit von fast fünfzig Kilometern pro Stunde, heute fahren wir Rekord!" ruft Frank.

Die nächsten Etappen gehen ähnlich rasant vonstatten. Die Strecke fliegt nur so unter unseren Skiern dahin. Das geht nicht ohne Stürze ab. Zeitweilig befinden wie uns mehr in als auf dem Schnee. Doch nicht nur Stürze halten uns auf, sondern auch die vielen Pausen, die aus verschiedenen Gründen eingelegt werden müssen:

Udo muß sich öfter verschnaufen, weil ihn seine Knie vom Aufkanten schmerzen, Martin hat noch manchmal Probleme mit seiner Segeltechnik und Günter hat es nach seinem schweren Sturz vor Dye 3 nicht sonderlich eilig.

"Nur die Ruhe, lieber langsam und gesund als schnell und verletzt", sagt er und schlägt eine Mittagspause vor. Bereitwillig gehen Udo und Martin auf den Vorschlag ein. Nur Frank und mich zieht es weiter. Den Wind möglichst lange ausnutzen, das ist unsere Devise. Doch wir werden überstimmt.

Die Planen der Pulka werden mir fast aus der Hand gerissen, als ich unsere Mittagsration hervorziehe. Im Windschatten der Schlitten schlingen wie die gefrorenen Brocken möglichst rasch hinunter. Die Kapuze meines Anoraks flattert so heftig im Wind, daß ich Günter kaum verstehen kann, obwohl er neben mir sitzt. Aus den Wortfetzen wird jedoch deutlich, was er mir sagen will. Über fünfzig Kilometer haben wir heute schon zurückgelegt, und unser Optimismus, das Inlandeis bald überwunden zu haben, bekommt mit jedem Kilometer neue Nahrung. Eilig verpacken wir wieder unsere Utensilien und jagen weiter nach Westen. Der Wind nimmt noch an Stärke zu, die Sicht wird schlechter.

"Fabelhafte Bedingungen, um sich die Knochen zu brechen", ruft Udo, als er sich nach einem spektakulären Sturz aus einer Schneewehe hervorgearbeitet hat. Er rät dazu, die Segel einzuholen. Aber nur kurz dauert noch das Aufbäumen das Sturmes, dann ist seine Kraft gebrochen. Langsam dreht der Wind von Nord auf Ost, die Böen kommen in immer längeren Abständen.

Am Spätnachmittag herrschen schließlich ideale Segelbedingungen. Stetig werden wir von achterlichem Wind nach Westen getrieben. Wir müssen nicht sehr viel mehr tun, als den Steuerstab zu halten. Die Wolken reißen auf, trotz vorgerückter Stunde wird es heller. Ein

Stück blauen Himmels ist zu sehen, den die Schneefläche in zartem Ton widerspiegelt. Dann bricht die Sonne hervor und taucht die Landschaft in ein silbriges Grau. Schneegangeln werfen langgezogene Schatten. Die Luft wird fühlbar kälter, und der Fahrtwind beißt uns ins Gesicht.

Endlich lichtet sich der Nebelvorhang gänzlich. Das Inlandeis breitet sich ruhig und unberührt vor uns aus. Ich setze mich an die Spitze unseres kleinen Segelverbandes, um ungestört in die friedliche Abendstimmung hineinfahren zu können. Langsam lasse ich den Blick über die Schneefläche wandern, über dieses wellige, harsche Profil, bis der Horizont weit in der Ferne meinen Augen Grenzen setzt. Da stutze ich, halte sofort an und nehme die Sturmbrille ab, um besser sehen zu können.

Tatsächlich, ich habe mich nicht getäuscht! Die anderen haben längst zu mir aufgeschlossen. Wortlos schauen wir nach Westen. Vor uns liegt das lang Erwartete und dennoch Unfaßbare: Das Inlandeis senkt sich sanft nach Westen ab. Fast unmerklich ist die Veränderung, fast heimlich und scheu beugt der Eispanzer seinen gewaltigen Rücken der Westküste zu.

So gering die Senkung auch sein mag, wieviel bedeutet sie uns! Die zweite Etappe unserer Durchquerung – das Zentralplateau – liegt nun hinter uns, und wir treten den letzten großen Abschnitt der Expedition an, den Abstieg zur Westküste.

"Von nun an ging's bergab", sagt Martin und gibt damit der allgemeinen Stimmung Ausdruck. Mit den mittlerweile um fünfundzwanzig Kilogramm leichteren Schlitten scheint es uns eine Kleinigkeit zu sein, die letzten paar Kilometer bis zur Westküste hinter uns zu bringen. Das Kilometerrädchen tut ein Übriges, unseren Optimismus ins Grenzenlose wachsen zu lassen. 88 Kilometer zeigt es abends an, als wir unser Lager aufschlagen. Unsere beste Tagesleistung, die wir mit einer Extraration heißen Kakaos mit Rum gebührend feiern.

"Noch ein oder zwei solche Segeltage, dann haben wir es geschafft!" sage ich, während ich das süße Getränk schlürfe. Die großartige Segelleistung des heutigen Tages und die Senkung des Inlandeises nach Westen scheinen uns den Kopf verdreht zu haben.

Das Zentralplateau liegt hinter uns

Wir haben die gewaltigen Dimensionen des Eispanzers vergessen. Nach einigen Berechnungen und Zeichnungen holt uns Udo auf den Boden der Tatsachen zurück.

"Wir haben noch zweihundertfünfzig Kilometer vor uns, ein Drittel der gesamten Strecke. Ich fresse einen Skistock, wenn wir das in so kurzer Zeit bewältigen!" sagt er und packt Rechner, Zeichengeräte und Karten in seinen Rucksack.

"Angenommen, der Wind flaut ab oder dreht in eine ungünstige Richtung. Dann können wir die Segel vielleicht nicht benutzen und schon sind aus ein paar Tagen zwei Wochen schwerster Schlittenzieherei geworden."

Doch ich will an Udos garstige Rechnung nicht so recht glauben. Noch lange liege ich nachts im Schlafsack und lausche auf den Wind, der an den Planen rüttelt und uns bald zur Westküste tragen soll.

"Kräftiger Wind draußen", sagt Udo, als er am nächsten Morgen ziemlich durchgeweht von einem Spaziergang ins Schlafzelt zurückkehrt.

"Wunderbar, nichts wie 'ran an die Segel!" Frank ist ungewöhnlich schnell aus den Federn.

"Der Wind kommt allerdings aus der falschen Richtung, er hat über Nacht auf Süd gedreht", erwidert Udo mit unbewegtem Gesicht und klopft mit den Handschuhen Treibschnee von seinem Anorak.

"Guten Morgen, liebe Sorgen, seid ihr auch schon wieder da!" stimmt daraufhin Frank sein Lieblingslied in Grönland an und läßt sich wieder auf den Schlafsack fallen. Dann ist er bis zum Frühstück nicht mehr ansprechbar.

Da unser Kurs in westsüdwestlicher Richtung abgesetzt ist, fällt der Wind heute mit ungefähr sechzig Grad von links ein. Wir befürchten, so dicht am Wind nicht mehr segeln zu können, dennoch wollen wir einen Versuch wagen. Strahlend steht die Sonne an einem wolkenlosen Himmel, der so gar nicht zu dem starken Fallwind passen will. Die Schneeoberfläche ist festgeblasen und verharscht.

Während ich noch ein Foto von dem herrlichen Panorama mache, haben die anderen ihre Vorbereitungen schon getroffen und segeln los. Knatternd fliegen die Para-Wings über das Eis. Im Schlepp ihre Herren, denen die knallroten Schlitten munter hüpfend folgen. Soweit scheint alles in bester Ordnung. Als sich die Gespanne jedoch einige hundert Meter entfernt haben, kann ich meinen Augen kaum trauen. Jeder fährt in einer anderen Richtung davon! Udo steuert einen südwestlichen Kurs in dem Bemühen, genau unsere Marschrichtung zu halten. Da er am härtesten an den Wind geht, kommt er kaum von der Stelle. Günter will es ihm gleichtun, fällt aber etwas nach Westen ab. Martin wird vom Wind nach Norden verschleppt. Und Frank, der von einem Geschwindigkeitsrausch gepackt zu sein scheint, jagt auf nordwestlichem Kurs dem Horizont entgegen.

Es sieht aus, als ob sich jeder ein anderes Ziel in den Kopf gesetzt hat und dies konsequent verfolgt, ohne auch nur die Spur eines Gedankens an den Zusammenhalt der Gruppe zu verlieren. Wenn das so weitergeht, werden wir uns bald aus den Augen verloren haben!

Wem soll ich folgen? Da Udo und Günter sich am ehesten an unserer eigentlichen Marschrichtung orientieren, schlage ich mich auf ihre Seite. Etwas später habe ich eine Position genau zwischen den beiden eingenommen und bedeute ihnen zu halten. Udo und ich schließen zu Günter auf. Nun haben auch Martin und Frank bemerkt, daß ihr

Kurs keine Anhänger gefunden hat und stehen abwartend ein bis zwei Kilometer von uns entfernt auf dem Eis, der eine in nördlicher, der andere in westlicher Richtung. Jetzt unternimmt Martin einen verzweifelten Versuch, zu uns aufzukreuzen – umsonst. Gegen den starken Wind kommt er nicht an. Dann tut sich einige Minuten lang gar nichts. Jeder wähnt sich da, wo er im Augenblick ist, aus dem einen oder anderen Grund am richtigen Platz. Die anderen haben sich gefälligst zu ihm hinzubemühen.

"Das geht hier zu wie in der Tanzstunde bei Damenwahl", schwelge ich in Erinnerungen.

"Jetzt seid's nicht so starrsinnig", sagt Günter endlich zu Udo und mir. "Der Klügere gibt nach. Fahr'n wir zu Martin 'rüber." Ich stimme zu, doch Udo sieht die Sache immer noch anders.

"Wir sind die einzigen, die in korrekter Richtung fahren", verteidigt er sich. Nach kurzer, heftiger Diskussion folgt er uns jedoch. Als wir Martin erreichen, erwartet uns eine weitere Überraschung. Er hat seinen Schirm verpackt!

"Segelt ihr nur, wohin ihr wollt. Mir reicht's, ich gehe zu Fuß weiter! Ich packe meinen Schirm in Grönland nicht mehr aus!" verkündet er mit trotziger Miene. Es bedarf einiger Überredungskünste von Seiten Günters, bis Martin von dem Sinn eines zweiten Segelversuches überzeugt ist.

"Laß uns erst einmal nur zu Frank hinübersegeln, dann sehen wir weiter", sagt er. Da wir nun nicht so dicht am Wind segeln, kommt das Gipfeltreffen auf dem Eis endlich zustande.

"Frank, du kannst doch nicht einfach irgendwohin rasen, ohne dich um uns oder den Kurs zu scheren", beschwert sich Günter und stößt wütend seine Skistöcke in den Schnee.

"Was heißt hier irgendwohin? In meine Richtung geht's am schnellsten. In zwei Tagen können wir an der Küste sein!" verteidigt sich Frank. Udo schüttelt energisch den Kopf.

"Ja, irgendwo an der Küste, aber nicht da, wo wir hin müssen. Was machen wir, wenn wir irgendwo in der Pampa sitzen, ein paar Dutzend Kilometer von Kapisillit entfernt?"

"Dann laufen wir eben über Land. Ist doch sowieso interessanter als in dieser ewige Schneewüste!"

"Kommt gar nicht in Frage, wir segeln weiter auf Kurs", beharrt Udo.

"Und ich kann sehen, wo ich bleibe", meint Martin.

Als wir schließlich nicht nur unser Mütchen gekühlt, sondern auch vom langen Herumstehen im Wind völlig durchgefroren sind, bekommt die Diskussion einen sachlicheren Charakter. Den Wind auszunutzen, scheint allen geraten. Unsere ursprüngliche Richtung können wir nicht beibehalten. Bleibt nur, den Kurs um zwanzig Grad nach Westen abzusetzen und hundert Kilometer vor den Gletscherbrüchen der Westküste auf südwestlichen Kurs zu gehen. Dieser Kompromiß erweist sich als fruchtbar. Abends haben wir 45 Kilometer zurückgelegt. Zur Feier des Tages spendiert Udo eine Extraration Schokolade aus den Beständen, die auf seinem Schlitten verpackt sind.

"Laßt's euch gut schmecken", meint er leutselig und beißt als erster kräftig in den Riegel. Doch das Stück Schokolade bleibt ihm im Halse stecken.

"Schmeckt ja entsetzlich nach Petroleum!" sagt er. Als er den Bissen endlich bewältigt hat, unterzieht er die Schokolade einer eingehenden Prüfung. Das Papier ist durchgeweicht, der gesamte Riegel riecht nach Petroleum. Frank und ich probieren ebenfalls ein Stück und kommen zu dem Resultat: ungenießbar. Nur Udo will es nicht wahrhaben und ißt die gesamte Tafel mit tapferer Miene auf.

"Geht doch", vermeldet er. "Fragt sich bloß, woher das Petroleum kommt. Hoffentlich haben die übrigen Lebensmittel nichts abbekommen."

Das hintere Drittel von Udos Schlitten bietet jedoch das Bild einer mittelschweren Ölpest. Der Verschluß eines Petroleumkanisters, der am Pulkaende verstaut ist, ist vereist und hat sich deshalb nicht richtig schließen lassen. Zwar steht der Kanister senkrecht im Schlitten, aber durch die heftigen Stöße der Pulka beim Segeln muß immer wieder Petroleum übergelaufen sein. Obwohl es sich nur um geringe Mengen handeln kann, sind viele Lebensmittel verdorben. Vor allem Knäkkebrot und Schokolade stinken entsetzlich nach dem Brennstoff.

Selbst Nahrungsmittel wie Nudeln, Reis, Käse und Wurst, welche in Plastikbeuteln eingeschweißt sind, weisen noch den typischen Geruch auf. Lediglich die in Alubeuteln verpackte Astronautennahrung scheint in Ordnung. Insgesamt zehn Kilogramm Lebensmittel, das sind zwei Tagesrationen, sortieren wir aus und erklären sie für ungenießbar.

Für die verbleibenden 200 Kilometer bis zu den Gletscherbrüchen und den 80 Kilometer langen Fußmarsch nach Kapisillit, der nächstgelegenen Siedlung, stehen uns noch vierzehn Tagesrationen zur Verfügung. Also können wir den Verlust verschmerzen. Aber Udo kann sich an den Gedanken, zwanzig Pfund Lebensmittel umsonst über das Inlandeis gezogen zu haben, nicht so recht gewöhnen.

"Ich schleppe das verdorbene Zeug noch mit mir 'rum, bis ganz klar ist, daß wir es nicht mehr brauchen", gibt er seiner Meinung Ausdruck, "außerdem, so schlimm ist der Geschmack doch nicht!" Mit diesen Worten verleibt er sich unter dem Prostest aller noch ein Stück verdorbener Wurst ein.

"Das ist nicht nur eine Frage des Geschmacks", warnt Martin. "Zuviel Petroleum ist sicher ungesund!"

Die Wirkung sollte nicht lange auf sich warten lassen! Nachts wird Udo von argen Bauchkrämpfen geplagt, und am frühen Morgen können ihm die Reißverschlüsse des Schlafsackes und Zeltes nicht schnell genug aufgehen. Ein kräftiger Durchfall hat ihn gepackt. Bis zum Vormittag hält er einen lebhaften Pendelverkehr zwischen Schlafsack und Inlandeis aufrecht.

"Petroleum ist eben ein gutes Abführmittel. Das gibt sich schon wieder", tröstet Frank, dreht sich zur Seite und schläft weiter. Doch Udo kommt nicht so schnell zur Ruhe. Zu allem Überfluß hat der Ostwind, der uns am Vortag eine lange Segelstrecke beschert hat, beträchtlich an Stärke zugenommen.

"Scheußliches Wetter draußen", stöhnt Udo, als er sich wieder einmal nach einem erzwungenen Ausflug frierend in den Schlafsack zwängt. "Der Wind hat kräftig zugenommen. Es stürmt, daß einem fast die Hose wegfliegt." Wie um Udos Worten Nachdruck zu verleihen, packt eine starke Bö das Zelt und reißt mit ohrenbetäubendem Knall an den Planen. Das Alugestänge biegt sich bedrohlich unter der Wucht des Sturmes. Dann ist wieder das beständige Prasseln des Treibschnees auf der Außenhaut des Zeltes zu hören. Dies alles spricht eine deutliche Sprache, deren Vokabeln ich mittlerweile im Schlafe beherrsche: In der Nacht hat sich ein Unwetter zusammengebraut, das das Segeln unmöglich macht. Zwar könnte man heute noch marschieren, aber wer will nach diesen schönen Segeltagen bei schneidendem Wind schon die Zelte abbauen, Stunden um Stunde gegen den Sturm ankämpfen und schließlich einige Kilometer weiter in mühevoller Arbeit das Lager wieder aufschlagen? Nein, heute sollten wir uns eine Pause erlauben. Der Sturm ist Anlaß genug.

Müde drehe ich mich in meinem Schlafsack zur Seite, ziehe die Mütze über die Augen und bin sofort wieder eingeschlafen.

Als ich am späten Vormittag erwache, bin ich allein im Zelt. Auf den Außenstoffen der Schlafsäcke hat sich eine dicke Raureifschicht gebildet; vom Innenzelt hängt die gefrorene Atemluft in kristallenen Zapfen herunter, die bei besonders heftigen Attacken des Sturmes von der Plane abgeschüttelt werden und auf Schlafsäcke, Kleider und Isoliermatten herunterrieseln.

Zwar bin ich noch nicht ganz ausgeschlafen, aber mich zieht es in die Gesellschaft der anderen. Schnell bin ich sturmsicher angezogen und begebe mich vor das Zelt. Wirbelnder Treibschnee schlägt mir entgegen, nur wenige Meter reicht die Sicht. Die zugewehten Schlitten, die Schneeverwehungen rund um die Zelte, die als Heringe verwendeten Skier, die sich im Sturm biegen – das alles ist längst kein ungewohnter Anblick mehr für mich. Mit tief ins Gesicht gezogener Kapuze laufe ich zum Kochzelt.

"Kannst gleich weiterschlafen", sagt Martin zu mir, als ich hereinkrieche, "wir haben in deiner Abwesenheit schon abgestimmt: vier Stimmen für Ruhetag."

Nach einem lustlosen Frühstück ziehe ich mich in den Schlafsack zurück und hänge meinen Gedanken nach.

Siebenundzwanzig Tage sind wir jetzt auf dem Eis, das sind fast vier Wochen harter Arbeit, in denen wir uns kaum eine ruhige Minute gegönnt haben.

Der Tag ist angefüllt mit schwerster Plackerei: die Schlitten ziehen, Lager auf- und abbauen, Zubereiten der Mahlzeiten mit vorherigem Schmelzen von Schnee. Und nebenher die sich oft wiederholenden Vorgänge, ohne die eine Expedition nicht auskommt: Navigation, Reparaturen, Inventur der Vorräte, Wetterbeobachtungen und Tagebuchaufzeichnungen. Tausende von Handgriffen, die getan werden müssen, die man nicht aufschieben oder delegieren kann und die den Begriff Pause zu einer Utopie werden lassen.

Mit Bewunderung muß ich an Martin denken, der neben der harten Routine noch Zeit und Energie findet, sich seiner Filmarbeit zu widmen. Lediglich nach dem Abendessen ist Zeit für etwas Muße. Doch oft sind wir so müde, daß die Köpfe während des Redens nach vorn sinken. Wir kriechen dann schnell in die Federn, um nicht im Sitzen einzuschlafen. Kaum haben wir die Reißverschlüsse der Schlafsäcke geschlossen, überkommt uns ein traumloser Schlaf, der nach sieben Stunden genauso rasch beendet ist, wie er begonnen hat. Und so sind wir froh, für heute der selbstgewählten Frohn entkommen zu sein. Nicht, daß wir körperlich verausgabt wären, im Gegenteil!

"Viel körperliche Arbeit in frischer Luft bei reichlichem Essen, etwas Gesünderes kann es kaum geben", sagt Frank öfter, wenn er sich über die Monotonie des Tages hinwegtrösten will. Aber ab und zu braucht der Mensch Ruhe, auch auf dem Inlandeis.

Ich mache es mir in meinem Schlafsack bequem. Soll doch draußen der Sturm heulen, hier ist es warm!

Nur die Tatsache, daß wir durch diesen Ruhetag Zeit verlieren und eventuell Kristina und Bärbel verpassen könnten, bereitet mir Unbehagen. In zehn Tagen spätestens werden sie Kapisillit mit dem Postdampfer verlassen müssen, um ihr Flugzeug nach Kopenhagen zu erreichen. Es ist fraglich, ob wir es in der verbleibenden Zeit bis dorthin schaffen.

Mit ungeheurer Kraft fällt eine Bö auf das Zelt und reißt an den Planen. Doch ich beachte dies kaum. Sommer muß jetzt herrschen in Berlin. Der Sommer mit seinen überfüllten Straßencafés. Blicke auf wehende Haare und luftige Kleidung. Augen, die sich begegnen, ein Lächeln, das berührt und vorbeizieht wie die weiche Abendluft. Der

harzige Geruch der Badepontons am Halensee, glitzerndes Wasser, das so herrlich abkühlt, wenn es in der Sonne zu heiß geworden ist.
Ein Gesicht erscheint. Blaue Augen, klar gezeichnete Züge, hohe Stirn und schlanker Hals. Ein Arm, der sich unterhakt und unsere Schritte in Einklang bringt. Ein Lachen. Volle braune Haare streifen meine Schulter. Ich schaue in dieses so bekannte, vertraute und ersehnte Gesicht. –
"Wie siehst du denn aus", entfährt es mir.
"Wieso, ist was?" fragt Udo, der gerade seinen Kopf zur Zelttüre hineinstreckt und schaut an sich herunter.
"Deine Haare sind ganz schön fettig. Und die ausgetrocknete und verbrannte Haut! Deinen Bart kann man auch nicht gerade als gepflegt bezeichnen", versuche ich, die Situation zu retten.
"Du siehst auch nicht besser aus. Sag 'mal, hast du deinen moralischen Tag?"
"Nein, war bloß mein spontaner Eindruck, als du eben 'reinkamst", antworte ich und mache ein möglichst alltägliches Gesicht, was mir nur zu gut gelingt, denn die Erinnerungen sind so schnell verblaßt, wie sie gekommen sind. In der wochenlangen Abgeschiedenheit auf dem Inlandeis ist mein Vorleben fast unwirklich geworden. So unwirklich, daß ich bis eben noch nicht einmal Sehnsucht danach verspürt habe. Die harsche Schönheit des Eispanzer hat mich eingefangen. Das Leben ist hier so intensiv, daß man kaum an eine andere Realität als die des Eises glauben kann.
"Wie sieht's denn im Kochzelt aus", will ich von Udo wissen.
"Nicht gerade rosig. Frank streitet sich mit Martin wegen der langen Segelstrecken in den letzten beiden Tagen", gibt Udo zur Antwort und putzt an seiner beschlagenen Brille.
"Von wegen 'lange Segelstrecken', viel mehr hätten wir schaffen können, wenn wir nicht dauernd auf dich, Martin und Günter hätten warten müssen!" entgegne ich ärgerlich. Dieses Thema ist ein rotes Tuch für mich.
"Frank und du, ihr dürft nicht vergessen, daß wir eine Gemeinschaft sind. Und die muß sich immer nach dem richten, der am langsamsten

ist!" Damit ist für Udo der Fall erledigt. Er macht es sich in seinem Schlafsack so bequem wie möglich und hält bald darauf einen tiefen Mittagsschlaf.

Wie immer in solchen Dingen hat Udo natürlich recht. Aber zu gut kenne ich die Unruhe, die mich überkommt, wenn ich bei herrlichem Segelwind untätig im Schnee herumstehen muß, um auf den Rest der Mannschaft zu warten. Da sind rasch Worte gefallen, die nicht so gemeint sind. Ich nehme mir vor, einmal mit Martin darüber zu reden und diese leidige Meinungsverschiedenheit aus dem Weg zu räumen. Unter dem monotonen Knattern der Zeltplanen wandern meine Gedanken an den Anfang der Expedition zurück.

Auf Kälte, Sturm, schwere Arbeit, Hunger, Durst und brennende Sonnenstrahlen hatten wir uns damals eingestellt. Das Unvorhergesehene bereitete uns jedoch große Probleme: Das Gefühl des Ausgeliefertseins an eine übermächtige Natur, die, unerbittlich ihren Jahrmillionen alten Gesetzen folgend, keinen Anteil nimmt an fünf sterblichen Wesen, die mit ihren Träumen, Sehnsüchten und Ängsten, mit Hoffnung und manchmal auch mit tiefer Verzweiflung ihren Weg nach Westen, zur Küste, zu den Menschen suchen.

In der ersten Zeit hatten wir noch versucht, gegen diese Urkraft anzukämpfen. Als sich das Inlandeis als stärker erwies, versuchten wir, mit Spekulationen über die zurückgelegte und noch zu bewältigende Strecke Herr der Situation zu bleiben – umsonst.

Der Eispanzer zeigte sich unberechenbar. Wir begannen, um gutes Wetter und günstigen Segelwind zu flehen, schrien unsere Wut in den brüllenden Sturm hinaus. Der Eispanzer blieb jedoch unbestechlich. Nun geben wir die Illusion auf, ihn bezwingen zu können und passen uns dem Rhythmus des Inlandeises an. Widrigkeiten, die unabänderlich sind, nehmen wir jetzt viel gelassener hin als noch vor einigen Wochen.

Wieder wirft sich der Sturm gegen das Zelt, daß sich die Stangen biegen. Fast einen Tag sollte es noch dauern, bis sich die Elemente ausgetobt hatten.

# Land in Sicht

"Günter zieht durch", hatte Martin vor einigen Monaten gesagt, als er seinen Freund als Tonmann in die Expeditionsmannschaft mit aufgenommen wissen wollte. Und tatsächlich: Günter ist nicht zu bremsen. Seit zwei Tagen hat er die Führung übernommen und damit die schwere Arbeit des Spurens.

Nur selten läßt er sich ablösen; es scheint, als wolle er niemanden vor sich haben, der den Blick auf die sich sanft senkende Fläche des Inlandeises versperrt. Vielleicht ist es auch die Gewißheit, nur noch 100 Kilometer vom Land entfernt zu sein, die ihn vorantreibt. Er spricht nicht über seine Gründe, aber an jeden Morgen fragt er höflich, ob er vorangehen soll und wir lassen ihm gerne den Vortritt. Ein gutes Tempo schlägt er ein, kräfteschonend und stetig. Eine Stunde laufen – zehn Minuten Pause – eine Stunde laufen, das ist unser Leben, seit der Wind vor zwei Tagen auf südwestliche Richtung gedreht hat und wir (wahrscheinlich für den Rest unserer Expedition) die Schirme eingepackt haben. Der Traum, in einem einzigen Tag bis zu den Gletscherbrüchen zu segeln, ist ausgeträumt. Aber das Inlandeis entschädigt uns auf andere Weise. Stilles, sonniges Wetter herrscht mit Temperaturen zwischen minus fünf und minus zehn Grad Celsius. Friedlich liegt der Eispanzer vor uns, einladend und ruhig.

Morgens ist die Luft erfüllt von glitzernden Eiskristallen. Gefrorener Nebel, der aus einem dunkelblauen Himmel lautlos herabsinkt und sich wie ein diamantener Teppich auf die Eisfläche legt. Die harten, rilligen Konturen der Schneegangeln sind einer weichen Schicht von Neuschnee gewichen, in der sich unsere Spuren kilometerweit zurückverfolgen lassen.

Das feine Knirschen der Skier im Schnee und das Knarren der Schlitten sind die einzigen Geräusche, die die gewaltige Stille um uns herum durchbrechen. Ein Schweigen hat sich über das Inlandeis gelegt, das so unendlich scheint wie die Eisfläche selbst. Das Gefühl für Raum und Zeit geht verloren in dieser Landschaft, die keinen Anfang und kein Ende zu haben scheint. Nur die Sonne zieht kalt und unerreichbar ihre Bahn, als wolle sie die große Ruhe nicht stören.

Günter und Martin während der Mittagspause

Wortlos laufen wir in der Spur unseres Vordermannes. Stunde um Stunde, Tag um Tag. Wie verzaubert beginnen meine Gedanken zu reisen. Längst vergangene Szenen tauchen auf und verschwinden wieder. Bekannte Gesichter ziehen vorbei – so langsam, wie die Landschaft um mich herum.

Günter, der wieder vorne geht, bleibt plötzlich stehen, schüttelt den Kopf und sagt: "Jetzt fällt mir doch eine Sache ein, die gut und gerne dreißig Jahre zurückliegt und an die ich nie mehr gedacht habe."

Dann geht er weiter. Uns anderen ergeht es ebenso, doch keiner spricht darüber. Das Gedankengewebe ist so fein und flüchtig, daß es schon durch ein laut gesprochenes Wort zerrissen werden würde. Gleichwohl füllt es den Tag und läßt uns die schwere Arbeit des Schlittenziehens völlig vergessen.

Zufrieden schlagen wir abends das Lager auf und beobachten, wie die Sonne hinter dem gefrorenen Meer untergeht. Nur kurze Zeit wandert sie unter dem Horizont, eine blaugraue Dämmerung hinterlassend, bevor sie sich wieder erhebt und den fallenden Nebeln und dem Eis ihren Glanz verleiht.

Ohne Höhepunkte sind diese Tage, ohne Wetteränderung oder Wechsel im Gesicht der Landschaft.

Aber wir sind es zufrieden. Zwischen zwanzig und fünfundzwanzig Kilometer legen wir täglich zurück. Der Höhenmesser fällt stetig und zeigt nur noch 2.200 Meter über dem Meeresspiegel an. Nach Udos Berechnungen sind wir jetzt etwa fünfzig Kilometer von den ersten Küstengebirgen entfernt.

Öfter als sonst lasse ich den Blick über den Horizont gleiten. Irgendwo dort im Westen muß Land liegen. Sehnsüchtig suche ich nach einer kleinen Bergkuppe, nach einem dunklen Fleck, der über das Inlandeis ragt – vergebens. Nichts als die bekannte, weißgleißende Fläche.

So richte ich die Aufmerksamkeit wieder auf den Schlittenkonvoi vor mir. Gemessen am Gewicht zu Beginn der Expedition, sind unsere Pulkas wesentlich leichter geworden – und man sieht es ihnen an. Nur noch einen halben Meter hoch türmt sich das Gepäck. Nicht mehr ganz so schwerfällig wie zu Anfang gleiten sie durch den Schnee. Trotzdem, auch siebzig Kilogramm wollen fortbewegt sein, und jeder tut es auf seine Art.

Günter mit langen, schweren Schritten, wobei sein Oberkörper jedesmal vor- und zurückpendelt. Deshalb folgt ihm die Pulka Zug um Zug. Martin geht aufrecht, den Blick frei geradeaus. Seine kurzen, schnellen Schritte lassen die Pulka gleichmäßig über das Eis gleiten. Auch Udos Schlitten bewegt sich stetig. Er hat sich in das Zuggeschirr verbissen und den Kopf zum Schnee geneigt. Franks Laufstil wirkt dagegen eher hüftlastig. Er erinnert an ein halb geöffnetes Klappmesser; Arme und Beine weit nach vorn, die ganze Last des Schlittens am Gesäß. Diese persönlichen Eigenarten im Gang sind mir schon so vertraut wie die Gesichter der einzelnen.

Licht und Schatten geben dem Inlandeis Kontur

In den letzten Tagen hat sich eine Marschordnung herausgebildet, die mich nachdenklich stimmt. Eine Vierergruppe mit Günter an der Spitze hält dicht zusammen. Frank bildet die Nachhut, bleibt öfter stehen, schaut in die Landschaft und holt dann mit raschen Schritten wieder auf. Auch in den Pausen sondert er sich ab und spricht kein Wort. Ein ungewöhnliches Verhalten für ihn, der sonst so gerne alles und jeden kommentiert.

Da braut sich offensichtlich etwas zusammen, aber der Grund seines Unmutes ist mir noch unverständlich. Doch wozu sich Gedanken machen, er wird schon irgendwann mit der Sprache herausrücken.

Wieder vergehen Stunden eintöniger Schlittenzieherei. Kilometer um Kilometer legen wir zurück. Endlos reiht sich eine Schneedüne an die andere. Schritt für Schritt gleiten die Skier durch den Schnee.

"Pause!" ertönt es da auf einmal hinter mir. Überrascht bleibt der Pulk stehen. Wir drehen uns um. Einige Meter hinter uns hat Frank eine Tafel Schokolade hervorgeholt, die er jetzt mit demonstrativem Vergnügen ißt.

"Aber die nächste Pause ist es doch erst in einer guten halben Stunde", sagt Günter irritiert.

"Mir ist aber jetzt nach Pause zumute. Wenn man nicht einmal seine Schokolade essen kann, wann man will, was soll das Ganze dann überhaupt!" Herausfordernd schaut uns Frank an.

"Sicher kannst du eine Schokolade essen, wann du willst, aber deswegen brauchen wir doch nicht gleich eine Generalpause einlegen", sagt Udo.

"Wenn ich kurze Zeit anhalte, um etwas zu essen, seid ihr doch schon längst über alle Berge!" verteidigt sich Frank. "Außerdem ist mir Günters Tempo sowieso zu schnell!"

"Dauert das hier jetzt länger?" will Martin wissen. "Dann schirre ich mich nämlich aus!"

Die lang erwartete Grundsatzdiskussion ist eröffnet.

"Wir gehen doch ein ganz normales Tempo", verteidigt sich Günter.

"Mir ist es aber zu schnell. Beim Segeln war Martin der langsamste, da mußten wir uns nach ihm richten. Jetzt ist es mir halt zu schnell", antwortet Frank und rückt trotzig seine Sonnenbrille zurecht.

"Und warum ist es dir auf einmal zu schnell?" will Udo wissen.

"Was heißt 'auf einmal'!" Schon seit Tagen hetzt ihr durch die Landschaft, ohne nach rechts und links zu gucken. So etwas Stures und Stumpfsinniges habe ich mein Lebtag noch nicht gesehen! Und dann diese Pausen. Jede Stunde auf die Minute genau. Das ist ja zwanghaft!"

"Wie sollen wir es denn sonst machen?" fragt Udo.

"Normale Menschen machen dann Pause, wenn ihnen danach zumute ist. Und nicht nach dem Sekundenzeiger. Aber ich bin ja wohl auch nicht mit normalen Menschen unterwegs!"

"Welcher normale Mensch geht schon durch Grönland?" sagt Martin ruhig.

"Aber man kann sich doch wenigstens wie ein vernünftiger Mensch benehmen und nicht wie ein sturer Ochse, wenn man schon so etwas Verrücktes macht", antwortet Frank.

"Wie soll es denn deiner Meinung nach vernünftig weitergehen?" fragt Udo pragmatisch. Darauf hat Frank keine Lösung parat. Mit eisiger Miene schaut er über die Schneefläche, als ob dort irgendwo die Antwort läge.

Schließlich meint er: "Ich habe Blasen an den Füßen, damit kann ich keine Stunde lang laufen!"

"Blasen, die haben wir alle! Wenn's nur das ist", werfe ich ärgerlich ein. Das bringt nun Frank vollends in Fahrt.

"Das sind nicht nur Blasen, das sind ausgewachsene Geschwüre. Und weißt du, Michael, wovon ich die habe? Von deinen Schuhen, die dich in Amassallik schon gedrückt haben!"

Tatsächlich hatten Frank und ich vor Beginn der Wanderung die Schuhe getauscht, da ich bereits in Ostgrönland unter Scheuerstellen am Stiefelschaft litt und Frank damals ohne Bedenken einem Schuhtausch zustimmte. Bis jetzt hatte er sich noch nicht über meine etwas kürzeren Stiefel beklagt.

"Gut, Frank, dann gib mir meine Schuhe zurück, du kannst wieder deine haben", schlage ich vor und Frank geht, wenn auch zögernd, auf meinen Vorschlag ein. Amüsiert beobachtet Martin die Szene.

"Heute wechseln wir die dreckigen Kleider. Günter tauscht mit Udo, Michael mit Frank, und ich..." Er schaut sich auf der Schneefläche um. "...ich tausche halt mit mir selbst!" Wir müssen alle über diesen Kommentar lachen.

Mit seinem trockenen Humor hat Martin die Situation wieder einmal entschärft. Und der Schuhtausch ist von Erfolg gekrönt. Frank kann wieder gut Schritt halten. Abends im Kochzelt herrscht beste Laune und bei einer heißen Tasse Kakao mit Rum dreht sich das Gespräch um die verbleibende Strecke bis zu den Gletscherbrüchen.

"Noch zwei Tage", erklärt Udo mit der Autorität des Obernavigators.

"Wenn wir schon so nahe sind, müßten wir doch längst Land sehen", sage ich.

"Dafür sind wir viel zu hoch. Wir sind auf 2.000 Meter, die höchsten Berge an der Westküste haben gerade 'mal 1.600! Wir sehen einfach darüber weg", erläutert Günter. Kopfschüttelnd stehe ich auf.

"Ich schaue noch 'mal, vielleicht ist jetzt etwas zu sehen", sage ich und trete vor das Zelt.

"Grüß mir den Yeti", ruft mir Frank nach. Die Sonne steht tief am nördlichen Horizont und die schräg einfallenden Strahlen lassen das

Relief der Schneefläche besonders plastisch hervortreten. Mein Blick wandert nach Westen. Da stockt mein Atem. Wie hingezaubert liegt ein dunkelgrauer Streifen über dem Inlandeis, der uns im Gegenlicht der Nachmittagssonne verborgen geblieben war. Ich kneife die Augen zusammen, um besser sehen zu können. Es ist unbestreitbar. Dieser dunkle Strich, der schemenhaft und unwirklich in der aufkommenden Dunkelheit liegt, kann nur Land sein!

Lange Zeit stehe ich im Schnee und blicke mit beklommenem Gefühl im Magen nach Westen. Dreißig Tage sind vergangen, seit wir die Ostküste verlassen haben. Fast fünf Wochen, in denen nur Eis uns umgab. Nun wird uns das Land in dieser stillen Arktisnacht wiedergegeben.

Einige Minuten bin ich in Gedanken versunken, bevor ich mich den anderen mitteile. Doch dann kann es mir gar nicht schnell genug gehen.

"Jungs, schnell, kommt 'mal alle 'raus! Frank, bring dein Fernglas mit. Ich glaube, ich hab's!" rufe ich aufgeregt zum Zelt hinüber. Doch statt in euphorischer Blitzaktion kriechen die anderen eher lustlos aus der warmen Behausung. Umständlich kramt Frank nach dem Fernglas. Wo denn nun was sein soll, werde ich gefragt.

"Na, da hinten, dieser dunkle Strich! Land! Seht ihr das denn nicht?" Hastig nehme ich das Fernglas an die Augen.

Graue, langgestreckte Bergflanken sind zu sehen, allerdings noch zu weit entfernt, um Einzelheiten ausmachen zu können. Aber eindeutig erkenne ich ein niedriges Gebirge, eine zarte Silhouette über der Fläche des Inlandeises. Eine tiefe Stille liegt über der Szenerie. Das Fernglas wandert von Hand zu Hand.

"Klar, Berge, ganz deutlich Berge", sagt Frank. Doch er ist der einzige, der mir zustimmt. Die anderen haben weniger "steinige" Erklärungen für die optische Erscheinung: Wolken, Schneedünen und der Schatten der untergehenden Sonne werden bemüht, um das offen vor uns Liegende wegzudiskutieren. Zu lange sind wir gewandert, zu lange haben wir auf diesen Augenblick gewartet, als daß Günter, Martin und Udo in diesen Schemen tatsächlich Land sehen könnten.

Bald ziehen sie sich in die Schlafzelte zurück. Es ist ja für sie nichts Besonderes zu sehen. Nur Frank und ich stehen noch lange in der kalten Abendluft und können uns an dem Ungewohnten nicht sattsehen.

Mein erster Blick am nächsten Morgen gilt dem Horizont. Und wieder ist die hauchdünne Silhouette zu erkennen. Doch auch heute wollen die drei Skeptiker vom gestrigen Abend das Land nicht als solches anerkennen.

"Ihr tut euch ja schwerer als Columbus bei der Entdeckung Amerikas!" sage ich, während ich die Zuggurte überstreife. "Ignoranten!" schimpfe ich noch, bevor die Wanderung mich wieder voll und ganz in Anspruch nimmt. Unser Weg führt in eine tiefe Senke, die einen Durchmesser von einigen Kilometern hat. Anschließend folgt eine langgezogene Steigung, die unsere ganze Kraft und Ausdauer erfordert.

Schon nach kurzer Zeit schielen wir nach vorn, um abzuschätzen, ob wir den Kamm erreicht haben. Aber immer noch steigt das Eis an. Also marschieren wir weiter. Noch viele Blicke, die wir neugierig nach vorn werfen, werden enttäuscht. Schließlich, nach gut einer weiteren Stunde, nähern wir uns endlich dem Kamm der Schneedüne. Neugierig auf das, was dahinter liegen mag, beschleunigen wir unsere Schritte. Endlich haben wir es geschafft! Die Landschaft öffnet sich nach Westen. Blank liegt die Schneefläche in der Mittagssonne und beginnt, sich in klein strukturierte Täler, Mulden und Hügel aufzulösen – die ersten Vorboten der Gletscherbrüche.

Und dann sehen wir es alle fast zur gleichen Zeit. Eine kleine Felsspitze! Sie schaut verstohlen durch eines der zahllosen Schneetäler. Dunkel und warm leuchtet der Fels. Unbestreitbar und unverrückbar. Land in Sicht! Ein unbeschreibliches Gefühl überkommt uns, eine merkwürdige Leichtigkeit. Wir empfinden Freude, eine überschwengliche Freude, die zugleich wehmütig ist. Das Inlandeis, das Meer, auf dem wir so lange gesegelt sind und das uns mit seiner stillen Gewaltigkeit in seinen Bann geschlagen hat, liegt hinter uns. Nun stehen wir vor der Küste dieses Ozeans, die uns bald aufnehmen und zu unserem gewohnten Leben zurückführen wird. Wir empfinden

Sehnsucht nach dem Bekannten, das dort hinter diesem kleinen Fels schon auf uns wartet, aber ebenso einen Abschiedsschmerz bei dem Gedanken an den Eispanzer, auf dem wir uns nach wochenlanger Wanderung auf so eigentümliche Art geborgen gefühlt haben.

Lange Zeit vergeht, bevor wir weiterziehen. Nun taucht eine Felsnase nach der anderen auf, und am Nachmittag begrüßt uns der erste Vogel. Eine Möwe, die sich hierher verirrt hat und uns nun aufgeregt umflattert. Immer wieder setzt sie sich vor uns in den Schnee, um mit empörten Schreien aufzufliegen, sobald wir ihr zu nahe kommen. Schließlich hat sie genug von dem Spiel und fliegt in Richtung Land davon.

"Vielleicht hätten wir ihr ein paar Krümel von dem Knäckebrot anbieten sollen", sage ich und schaue ihr nach, wie sie mühelos über die Schneefläche gleitet.

"Das hätte sie bestimmt nicht gefressen. Sie ist doch keine Teichente", erwidert Frank. "Wäre schön, wenn wir auch so leicht nach Kapisillit fliegen könnten!"

Wir, die wir erdgebunden sind, folgen weiter dem immer unebener werdenden Eis.

Am Fuß einer tiefen Senke stoßen wir dann auf die erste Eisverwerfung. Eine grünlich schimmernde Eisscholle hat im schrägen Winkel die Schneeoberfläche durchbrochen und ragt spitz in den dunkelblauen Himmel. Sofort wird eine Extrapause eingelegt, und jeder besteigt diese kleine Erhebung, die einen Meilenstein für uns darstellt. Die Fotoapparate klicken, die Filmkamera summt. Gnädig und geduldig läßt die unschuldige Eisscholle diesen Rummel über sich ergehen. Gegen Abend erreichen wir weit geöffnete Gletscherspalten, die quer zu unserer Marschrichtung verlaufen. Sofort halten wir an, um unser weiteres Vorgehen zu besprechen. Frank verlangt kategorisch nach dem Seil. Ihm ist unheimlich zumute beim Anblick dieser gähnenden Schlünde, die sich schwarz und kalt vor uns auftun. Udo und ich teilen seine Befürchtungen, Günter und Martin hingegen sind andere Ansicht.

"Wir sind erst am Anfang der Gletscherbrüche, da sind die Spalten noch gut zu sehen und wir können ihnen ausweichen. Gefahr einzubrechen, besteht noch nicht. Folgt's mir nur einfach!" fordert Günter uns auf.

Die ersten Spalten im Eis

Vorsichtig nähert er sich einer riesigen Spalte, über die eine Schneebrücke führt, die zu tragen scheint. Am Rand des Abgrundes schaut er erst aufmerksam nach rechts und links, dann prüft er die Festigkeit der Schneebrücke mit dem Skistock. Offensichtlich ist das Ergebnis zufriedenstellend, denn er stemmt sich entschlossen in die Zuggurte und überquert die Brücke mit raschen Schritten. Auf der anderen Seite folgt er einem gewundenen Kamm, ohne sich weiter nach uns umzusehen. Eine solche Ruhe und Selbstsicherheit liegt in seinem Auftreten, daß wir ihm bedenkenlos folgen.

Weiter führt der Weg durch ein Labyrinth großer Spalten, aufgetürmter Eisblöcke und Gletscherverwerfungen. Trotzdem kommen wir gut voran, denn wir finden meist stabile Schneebrücken und treffen häufig auf ebene Schneefelder, die ein schnelles Vorwärtskommen ermöglichen.

Als es zu dämmern beginnt, bauen wir unsere Zelte auf einem dieser Schneefelder auf. Im Süden, rund dreißig Kilometer entfernt, liegt ein vergletschertes Gebirgsmassiv. Enge, dunkle Täler liegen zwischen den Bergen, die uns steil und hoch erscheinen – wir sind seit Wochen keinen derartigen Anblick mehr gewohnt. Der rötliche

Schimmer der untergehenden Sonne liegt auf der Gebirgskette, deren zahllose Gipfel sich in der Ferne verlieren. Nach Westen wölbt sich der Eispanzer noch einmal so mächtig, daß der Blick in unsere Marschrichtung versperrt bleibt. Günter und Udo machen sich deshalb auf einen Rekognoszierungsgang, um sich einen Überblick über das vor uns liegende Terrain zu verschaffen.

Vermutlich wird uns morgen wesentlich schwereres Gelände erwarten, in dem wir uns ohne vorherige Orientierung schnell verlaufen. Erst einmal im Spaltengewirr verfangen, könnte die weitere Wanderung zu einem reinen Suchspiel werden.

Aufmerksam verfolge ich die beiden, die gemächlich ihre Spur unter dem glühenden Abendrot des westlichen Himmels ziehen. Lange verweilen sie auf dem Kamm, nur noch zwei winzige Schattenrisse in der kaltklaren Luft.

"Was machen die denn da oben", will ich wissen. "Das sieht eher nach einem Abendspaziergang aus als nach einer anständigen Rekognoszierung." Die Nähe der Gletscherbrüche und das Wissen um ihre Ausdehnung und Gefährlichkeit beunruhigen mich.

Als die beiden schließlich zurückkehren, sind sie tatsächlich in eine angeregte Unterhaltung vertieft, die nichts mit Grönland im allgemeinen oder mit den Gletscherbrüchen im besonderen zu tun hat.

"Habt ihr was sehen können?" frage ich gespannt. Aus ihrem Gespräch aufgeschreckt, schauen die beiden mich zunächst verständnislos an.

Dann sagt Udo: "Ach ja, der Gletscher. Nein, wir konnten auch von oben nicht weiter schauen. Das Gebiet ist einfach zu ausgedehnt und zerklüftet." Dann setzen die beiden ihre Unterhaltung fort.

"Wie ich's gesagt habe – Abendspaziergang!" murmele ich, hole meinen Schlafsack aus dem Schlitten und bin bald eingeschlafen.

# Die Gletscherbrüche der Westküste

30. Mai. Noch vier Tage, bis Kristina und Bärbel nach Nuuk zurückdampfen. Bis dahin müssen wir Kapisillit erreicht haben. Dieser Gedanke beherrscht mich, als ich morgens erwache. Den anderen scheint mein Zeitplan jedoch eher gleichgültig zu sein.

"Du mit deinen Frauen", sagt Martin während der Lagebesprechung im Kochzelt. Als ob es nichts Wichtigeres gäbe!"

"Natürlich gibt es das", lenke ich ein, "aber es wäre doch schön, wenn das Treffen in Kapisillit zustande käme. Und warum auch nicht! In zwei Tagen an Land, am dritten durch das Austmannadalen bis zum Ameralikfjord, am vierten Abend sind wir in Kapisillit. Haut doch wunderbar hin!"

"Um dann festzustellen, daß deine beiden Mädchen nie dort gewesen sind! Würde mich wundern, wenn diese Stadtfrauen, die noch nie in einem Zelt geschlafen haben, geschweige denn je in der Wildnis gewesen sind, sich weiter als bis vor das Tor des Flughafens gewagt haben", sagt Martin.

"Können wir jetzt 'mal über wesentlichere Dinge sprechen", ruft Udo uns zur Tagesordnung. Mein Einwand, daß dies durchaus ein wesentlicher Punkt sei, entlockt ihm nur ein müdes "Oh Mann, Krug!"

Beleidigt ziehe ich mich hinter die Kochtöpfe zurück und lausche nur mit halbem Ohr dem Schlachtplan, der nun mit Hilfe der Landkarte entworfen wird.

Drei breite Gletscherflüsse fallen westlich von uns zur Küste ab. Der südlichste von ihnen, der Qardlitgletscher, verläuft vor dem Gebirgsmassiv, das wir am Abend zuvor so deutlich gesehen haben. Die beiden anderen liegen weiter nördlich und vereinen sich nach ungefähr fünfzehn Kilometern zum Goodthaabgletscher, der in den gleichnamigen Fjord mündet. Der einzige gangbare Weg an Land führt zwischen dem Qardlitgletscher und dem von uns aus gesehen linken Arm des Goodthaabgletschers hindurch. Der Durchschlupf ist nach Luftaufnahmen, die uns Gunnar Jensen zur Verfügung gestellt hat, nicht breiter als sieben Kilometer. Diese Stelle gilt es, in dem unübersichtlichen Gelände zu finden.

Anschließend wollen wir uns am Rande des Goodthaabgletschers entlangarbeiten, bis wir auf den Isvandsee stoßen, der den Einstieg in das Austmannadalen ermöglicht. Von hier scheint es uns ein Katzensprung bis zum Ameralikfjord zu sein.

"Also müssen wir zunächst in Richtung des Qardlitgletschers laufen. Wenn wir ihn erreicht haben, setzen wir den Kurs auf Nordwesten ab und können so den Durchschlupf eigentlich nicht verfehlen", erklärt Udo, über die Karte gebeugt. Günter und Martin sind gleicher Ansicht.

"Da machen wir aber einen Umweg von gut und gerne zwanzig Kilometern", wende ich ein. "Das kostet uns einen ganzen Tag!" Das Treffen in Kapisillit rückt in weite Ferne.

"Lieber einen Umweg machen, als in die Spalten des Goodthaabgletschers zu laufen. Dann bräuchten wir nicht einen Tag, sondern eine ganze Woche, um wieder herauszufinden", entgegnet Martin bestimmt.

Der Plan wird so beschlossen. Wir brechen auf und folgen unter wolkenlosem Himmel unserer ursprünglichen Marschrichtung.

Zunächst ist das Terrain noch wellig, dann erreichen wir eine Ebene, die friedlich und harmlos vor uns zu liegen scheint.

Plötzlich bleibt Günter stehen und stochert mit seinen Stöcken im Schnee herum. Dann dreht er sich mit bedeutsamer Miene zu uns um.

"Jungs, anseilen, hier lauern gefährliche Spalten", ruft er. Martin nickt bestätigend mit dem Kopf. Nur Frank, Udo und ich schauen verständnislos über die glatte Fläche.

Daraufhin deutet Günter auf ungefähr zwei Meter breite Rillen, die quer zu unserer Marschrichtung kilometerweit nach rechts und links verlaufen und in dichter Reihenfolge hintereinander gestaffelt sind. "Unter jeder dieser Rillen lauert eine Spalte", erklärt er. Zur Bestätigung seiner Worte stanzt Günter einen Schneebrocken aus der glatten Schneeoberfläche, der, ein dunkles Loch hinterlassend, mit dumpfem Gepolter in einer bis dahin unsichtbaren Spalte verschwindet, deren Tiefe wir nur an dem langanhaltenden Echo des herabstürzenden Schnees erahnen können.

Hinter dem Gletscher stehen Quellwolken über dem Land

Beeindruckt von dieser Demonstration suchen wir Seile, Brust- und Hüftgurte sowie Karabiner zusammen. Martin und Günter, unsere Erfahrensten, bilden in einer Zweierseilschaft die Vorhut. Wir anderen teilen uns das zweite Seil, wobei Frank als erster geht.

"Spaltenfutter", sagt Martin mit breitem Lachen.

"Immer ich!" entgegnet Frank kläglich.

Die Mittelposition nehme ich ein. Das Ende markiert Udo.

Behindert durch die Seile und dem Gebot der Vorsicht folgend, geht es jetzt wesentlich langsamer voran. Immer wieder bleibt Günter stehen, prüft den Grund und weicht solange zur einen oder anderen Seite aus, bis er einen sicheren Weg über die nächste Spalte gefunden zu haben glaubt. Dann zwei, drei beherzte Schritte und der nächste Abgrund ist überquert. Während der ganzen Zeit wird er aufmerksam von Martin gesichert. Wir anderen folgen den beiden in dem beruhigenden Gefühl, in ihnen verantwortungsvolle Führer zu haben.

Kurz nachdem ich eine Schneebrücke überschritten habe, die die anderen so sicher getragen hat, spüre ich auf einmal an meinem Schlittengestänge einen gewaltigen Zug. Mit allen Kräften stemme ich mich nach vorn, werfe mein volles Gewicht ins Geschirr und verkeile die Skier im Grätschschritt im Schnee. Zentimeter um Zentimeter kämpfe ich mich weg von der Spalte, in der mein Schlitten zu verschwinden droht. Endlich läßt der Zug an meiner Schulter nach. Aufmerksam hat Frank die ganze Zeit das Seil straff gehalten, um einen eventuellen Sturz früh abfangen zu können. Jetzt entspannt sich sein Gesicht.

"Das war knapp", sagt er, "dein Schlitten war schon halb weg!"

Mit weichen Knien schaue ich hinter mich in die bläulich schimmernden Eingeweide des Gletschers. Meterlange Eiszapfen haben sich gebildet, von denen Schmelzwassertropfen in die Tiefe fallen. Mit schaurigem Echo prallen sie dort in der Dunkelheit auf den Grund dieser eisstarrenden Unterwelt.

Fröstelnd wende ich mich ab und bin froh, die warme Sonne auf meiner Haut zu spüren.

"Wir müssen sehen, daß wir früher loskommen", empfiehlt Günter, als wir zu ihm aufschließen." Jetzt ist eigentlich keine Zeit für Gletscherwanderungen mehr. Bei dieser Sonneneinstrahlung sind die Schneebrücken mittags schon aufgeweicht und gefährlich. Wenn uns sowas wie eben nicht noch einmal passieren soll, müssen wir morgen in aller Frühe aufbrechen!"

Endlich kann Günter seine Bergsteigerinstinkte ausleben, die er auf dem Inlandeis so lange hat im Zaum halten müssen. Er hat recht. In der Wärme der steil einfallenden Sonne weicht der Schnee überall auf; das erstarrte Eis erwacht zum Leben. Rinnsale bilden sich, die in flache, türkisblaue Seen münden. Am Nachmittag waten wir durch naßschweren Schnee und knöchelhohe Wasserlachen.

Die Schlitten kleben am Grund. Beengt durch das Gurtzeug arbeiten wir schwitzend im Zuggeschirr.

Trotz allem kommen wir gut voran. Unser Weg schlängelt sich vorbei an Séracs von gewaltigen Ausmaßen, die rechts neben unserer Route liegen und den Beginn des Goodthaabgletschers markieren.

Mächtigen Zinnen gleich ragen die Eisblöcke in den Himmel. Nach langen Wochen, in denen wir einen ungehinderten Blick über das Inlandeis hatten, fühle ich mich unwohl angesichts dieses unpassierbaren Walls aus Schnee und Eis. Nicht nur die Sehnsucht nach Land treibt mich jetzt voran, sondern auch der Wunsch, das schwierige Gelände möglichst bald hinter mir zu wissen. Doch noch trennen uns fünfzehn Kilometer vom festen Grund.

Abends treffen wir auf ein weit verzweigtes Spaltensystem, das steil nach Westen abfällt. Wir umgehen dieses unpassierbare Gelände und gelangen in eine breite Mulde, in der das Eis wie überdimensionale Maulwurfshügel haushoch aufgeworfen ist. Am Rande eines kleinen Gletschersees schlagen wir unser Lager auf. Unter einer dünnen Schneeschicht folgt sofort kompaktes Eis, in dem die Zeltheringe nicht so recht halten wollen. Auch unsere bequeme Sitzbank im Kochzelt läßt sich aus diesem harten Untergrund nicht mehr herausmodellieren. So müssen uns Packsäcke als Sitzunterlagen genügen. Einen Vorteil bietet der Gletscher jedoch: Das freie Wasser macht die umständliche Prozedur des Schneeschmelzens überflüssig. Gutgelaunt gehe ich nur mit Innenschuhen an den Füßen zu einem nahgelegenen Tümpel hinüber, um Wasser zu schöpfen. Ein sanfter Lufthauch streicht von dem Gletscherbruch herunter und kräuselt die Wasseroberfläche, in der sich das Sonnenlicht silbern bricht. Minutenlang schaue ich fasziniert dem Spiel der glitzernden Wellen zu. Da bricht auf einmal unter mir der Grund ein, und ich stehe bis zu den Knien im Wasser. Ärgerlich springe ich zurück, doch es ist zu spät. Die Innenschuhe sind patschnaß!

"Du solltest nicht baden, sondern Wasser holen", lacht Udo, als er mich mit quatschenden Socken zurückkehren sieht.

Nach dem Abendessen unternimmt er mit Günter einen erneuten Rekognoszierungsgang, der ebenso ergebnislos verläuft wie der vorherige.

Unsere genaue Position in diesem unübersichtlichen Terrain ist uns nicht bekannt, doch wir meinen, weit genug in Richtung des Qardlitgletscher gelaufen zu sein. Der Durchschlupf zwischen ihm und dem südlichen Arm des Goodthaabgletschers muß genau westlich von uns liegen. Wir glauben, unseren Kurs nun direkt auf das nächstgelegene Land absetzten zu können.

Nur Martin ist skeptisch und warnt vor einem so frühen Abweichen vom alten Kurs. Er fürchtet, wir seien noch zu weit nördlich und könnten, der neuen Marschrichtung folgend, genau in die Spalten des Goodthaabgletschers geraten. Doch er wird überstimmt.

Ich überlege, daß es nur noch drei Tage sind, bis Bärbel und Kristina Kapisillit verlassen müssen. Hoffentlich erreichen wir morgen Land! Dann schlafe ich ein.

Im Morgengrauen sind wir wieder auf den Beinen. Hastig schlingen wir ein schnell zubereitetes Frühstück hinunter, brechen die Zelte ab und sind noch vor Sonnenaufgang unterwegs. Ein kalter Wind weht vom Gletscher. Im Zwielicht der Dämmerung liegt die Eislandschaft grau vor uns. Doch der Grund ist hart gefroren und erleichtert unseren Marsch. Das Gelände wird nun steiler und schwieriger, denn das Eis fällt in großen Stufen nach Westen ab. Unser Weg führt über zahllose Gletscherspalten, über Eisbuckel und vorbei an zugefrorenen Gletscherseen – eine Landschaft von kristallener Schönheit.

Je weiter wir absteigen, desto unruhiger wird das Eis zu beiden Seiten. Besorgt beobachten wir die zunehmende Umklammerung durch den Gletscher. Bald sind wir zwischen den Ausläufern zweier Gletscherbrüche eingekeilt, die parallel zu unserer Wanderrichtung nach Westen verlaufen.

In bizarren Formen türmt sich das Eis übereinander und läßt uns nur eine schmale Schneise, durch die wir absteigen. Häufig bleibt Günter stehen und berät sich mit Udo. Gelegentlich ragen einige Bergspitzen über den Horizont, die angepeilt werden. Dann beugen sich bedenkliche Mienen über die Karte, zeichnen Standlinien ein und vergleichen Papier und Realität. Schließlich sind sich die beiden einig: Wir befinden uns genau zwischen dem Qardlitgletscher und dem linken Arm des Goodthaabgletschers. Wir haben den Durchschlupf gefunden, der allerdings nicht einige Kilometer, sondern nur ein paar hundert Meter breit ist. Aber was macht das schon. Erleichtert machen wir uns wieder auf den Weg.

Nur Martin murmelt ein über's ander Mal: "Also, ich weiß nicht, das ist doch alles viel zu eng hier! Das kann nicht stimmen!" Sofort kramt Udo daraufhin wieder seine Karte heraus und erklärt unsere Position. Wir alle wollen daran glauben, also muß es stimmen! Immer näher rückt das Land, und am Nachmittag erreichen wir eine kleine Anhöhe, die ausgedehnte Blicke auf ein gewaltiges Bergpanorama erlaubt. Zahllose Gipfel, die noch keine Namen haben, ragen in den blauen Himmel.

Weit in der Ferne entdecken wir einen markanten Berg, dessen senkrechte, wohl 1.000 Meter hohe Südwand eine Identifizierung erlaubt. Am Fuß dieses Berges muß Kapisillit liegen. Flimmernde Luft steht über grünbewachsenen Hängen, die zum Greifen nahe vor uns liegen. Der Wind weht Gerüche von Moos herüber.

Im Nordwesten schimmert die blaue Oberfläche des Goodthaabfjordes, der sich zwischen dunklen Felswänden dem Meer entgegenwindet. Kleine, weiße Tupfer schwimmen auf dem Wasser; Eisberge, die der Gletscher geboren hat.

Nun sind wir nicht mehr zu halten. Mit langen Schritten stürmen wir weiter. In wenigen Stunden werden wir Land betreten!

Es sollte jedoch anders kommen. Eine Stunde später erreichen wir ein zweites Plateau, das uns eine vollständige Übersicht über den vor uns liegenden Gletscher gewährt. Wie angewurzelt bleiben wir stehen. Uns stockt der Atem.

Nur noch drei Kilometer sind es bis zum Land. Doch die beiden Gletscherarme, zwischen denen wir uns bis jetzt bewegt haben, vereinigen sich vor uns und versperren den Weg zu den Bergen! Spalte reiht sich an Spalte. In unübersichtlichem Chaos wälzen sich die Eismassen zum Godthaabfjord hinunter und reißen tiefe Klüfte auf. Haushohe Blöcke türmen sich übereinander – ein Durchkommen ist hier unmöglich! Wir sind von drei Seiten von unüberwindlichem Eis umgeben. Der einzige Weg heraus aus diesem Inferno führt auf unserer Spur zurück zum Inlandeis!

Unsere Enttäuschung könnte kaum größer sein. Ratlos schauen wir über das Eis und suchen nach einem Ausweg – vergebens.

"Ich hab's ja gesagt, wir sitzen genau im Godthaabgletscher. Genau da, wo wir auf keinen Fall hin wollten", sagt Martin, dem wenigstens der kleine Trost bleibt, recht behalten zu haben. Verzweifelt suchen Günter und Udo mit dem Fernglas den Gletscher ab in der Hoffnung,

doch irgendwo einen schmalen Pfad ruhigeren Eises zu finden.
"Schau, Günter, vielleicht dort drüben?" sagt Udo unsicher.

Günter schaut lange durch das Glas. Ich halte den Atem an und warte auf ein erlösendes "Ja". Doch Günter schüttelt nur langsam den Kopf. Wir sitzen in der Sackgasse.

Da es schon spät am Nachmittag ist, bauen wir die Zelte mehr schlecht als recht auf dem gefrorenen Grund auf. Ab und zu schweifen meine Blicke zum Land, das zum Greifen nahe vor uns liegt.

Über die furchteinflößenden Gletscherbrüche versuche ich, geflissentlich hinwegzusehen. Mir ist klar, daß wir Tage brauchen werden, um aus diesem Schlamassel wieder herauszukommen. Der Traum von dem Treffen mit Kristina und Bärbel ist damit ausgeträumt. Aber das ist im Augenblick meine geringste Sorge.

"Wie soll es denn nun weitergehen", frage ich in die Runde ausdrucksloser Gesichter.

Nach einigem Überlegen gibt Günter zu Antwort: "Am besten versuche ich, zusammen mit Martin und ohne Gepäck möglichst weit in Richtung Land vorzudringen. Vielleicht findet sich doch noch ein Weg!"

Martin ist sofort einverstanden und beide ziehen los. Minuten später hat sie das Spaltengewirr unseren Blicken entzogen.

"Wenn die beiden nicht durchkommen, bin ich dafür, auf den Knopf zu drücken. Dann lassen wir uns ausfliegen", bricht es aus mir heraus.

"Warten wir doch erst einmal ab, was sie berichten", versucht Udo, mich zu beruhigen.

"Aber was ist, wenn es nichts Gutes zu berichten gibt? Und damit müssen wir rechnen!" beharre ich.

"Dann bleibt uns nur noch der Weg zurück zum Inlandeis", sagt Udo mit fester Miene.

"Was, diesen ganzen Weg zurück? Über alle diese Gletscherspalten? Das sind bestimmt fünfzehn Kilometer und dreihundert Höhenmeter! Ohne mich! Das mache ich nicht mit. Da lasse ich mich lieber ausfliegen!" antworte ich.

"Jetzt mach' keine Panik!" gibt Udo zurück.

"Würdest du denn die ganze Strecke wieder hochkeuchen?" frage ich gereizt.

"Wenn es sein muß, ja", entgegnet Udo.

"Der Udo, der ist halt ein richtiger Hirsch", sagt Frank beiläufig und geht zum Zelt, "ich leg' mich eine Stunde auf's Ohr."

"Wie kannst du denn jetzt schlafen?" rufe ich ihm nach, bekomme jedoch keine Antwort. Stundenlang sitzen Udo und ich vor den Zelten und warten auf die Rückkehr von Günter und Martin. Hin und wieder werden wir von einem dumpfen Grollen aufgeschreckt, das aus der Tiefe des Eises kommt. Ächzend und stöhnend schiebt sich die ungeheure Masse des Inlandeises über das Grundgestein. Mit holem Knall brechen Spalten auf. Der Gletscher arbeitet, das Eis unter uns vibriert. Dann herrscht wieder Stille.

Gemächlich zieht die Sonne ihre Bahn und sinkt in einem farbenprächtigen Abendrot hinter die Berge. Kurz vor Mitternacht sehen wir in der kurzen Dämmerung zwei winzige Gestalten auf dem Gletscher. Rasch alarmieren wir Frank und laufen Martin und Günter entgegen. Schon von weitem schüttelt Günter erschöpft den Kopf.

"Jungs, da ist kein Durchkommen. Höchstens ohne Gepäck und mit vielen Eisschrauben. Aber mit euch Unerfahrenen ist mir das einfach zu gefährlich."

Unterdessen sind wir im Lager angekommen. Mit steifen Gliedern schnallen sich Martin und Günter aus den Skiern. Sie waren zwanzig Stunden ununterbrochen auf den Beinen.

"Wir müssen also morgen die ganze Strecke zum Inlandeis wieder zurücklaufen", sagt Martin.

"Irgendwelche Gegenstimmen?" Fragend schaut er in die Runde. Doch wir sind alle einverstanden. Eine andere Lösung gibt es wohl nicht. In den langen Stunden des Wartens habe ich mich mit diesem Gedanken schon abgefunden.

Vier Stunden unruhigen Schlafs, dann mobilisieren wir sämtliche Kräfte und kehren dem Land den Rücken zu. Stetig folgen wir unserer Spur dem Inlandeis entgegen. Und es geht besser als erwartet!

Nur noch eine kurze Strecke über unruhiges Eis, dann sind wir auf dem Land

Am frühen Vormittag haben wir bereits die Stelle erreicht, an der wir am Tag zuvor Mittagsrast gehalten haben. Einige Kilometer weiter weicht der südlich von uns gelegene Arm des Godthaabgletschers langsam zurück. Und am Mittag haben wir uns aus der Umklammerung des Eises befreit. Wir befinden uns jetzt auf einer weiten Harschfläche, die sich bis zum Qardlitgletscher erstreckt. Sieben Kilometer folgen wir diesem Eisfeld nach Süden, bis wir uns mit Sicherheit außerhalb des Bereiches des Godthaabgletschers glauben und schwenken dann wieder nach Westen. Fast ohne Pause ziehen wir über das riesige Eisfeld, begierig, den Durchschlupf endlich zu finden. Sanft beginnt der Gletscher, sich nach Westen zu neigen. Trotz der Müdigkeit, die uns in den Knochen steckt, beschleunigen wir unsere Schritte.

Kurz darauf stehen wir am Rande eines steilen Abhanges. Vor uns breitet sich einladend und ruhig eine Ebene aus, die direkt zum Land führt. Wir haben es geschafft, der Durchbruch ist gelungen.

Auf einmal reden alle durcheinander.
"Mensch, da hinten, die Seitenmoräne. Ist ja nur noch ein paar Kilometer weg! Bald ist Landgang, Jungs!"

"Das hätte ich heute morgen nicht gedacht, daß das so schnell geht!"

"Wir sind aber auch gelaufen! Ich hab' das Gefühl, meine Beine sind einige Zentimeter kürzer. Das Gefälle sind wir schnell heruntergerutscht!"

Doch so schnell geht es dann auch wieder nicht. Gegen Abend trennen uns immer noch fünf Kilometer vom Land. An einem blaugrün schimmernden Gletschersee bauen wir unser Lager auf – das letzte auf dem Eis. Zufrieden kriechen wir in unsere Schlafsäcke. Nur ein kleiner Wermutstropfen mischt sich in meine Freude: Kristina und Bärbel habe ich um einen Tag verpaßt!

## **An Land**

Als wir uns am nächsten Tag noch vor Sonnenaufgang aufmachen, liegt eine dünne Eisschicht über dem Gletschersee. Die Nebel der Nacht sind als Eiskristalle auf den Schnee herabgesunken. Knisternd gleiten unsere Skier durch diesen Teppich von spröder Zerbrechlichkeit.

Im Zwielicht der frühen Morgenstunde liegen die Berge im Westen grau und kalt vor uns. Unwirklich wie Traumgebilde erscheinen sie mir, denn an den begrenzten Blick habe ich mich noch nicht wieder gewöhnt.

Fröstelnd schirre ich mich in das Zuggestänge und folge den anderen den eisigen Abhang hinab. Kalt schlägt der Fahrtwind in mein Gesicht und weckt den Realitätssinn. Nach wenigen Minuten bin ich wach und gespannt auf die Abfahrt zu den ersten Ausläufern des Landes. Beschleunigt von dem Gefälle rumpelt mein Schlitten zügig über die Eisbuckel.

Langsam weicht das Dämmerlicht; schließlich bricht die Sonne hinter den Berggipfeln im Nordosten hervor und verwandelt die Schneefläche in eine glitzerndes Funkenmeer. Die Berge nehmen Kontur an. Der Tag bricht an, unser letzter Tag auf dem Eis.

In sausender Fahrt nähern wir uns dem Land. Am frühen Vormittag trennt uns nur noch ein steiler Abhang, dem eine weite Schneefläche folgt, von den ersten Gebirgsausläufern. Die Sonne sticht jetzt vom Himmel und überall ist das leise Murmeln von Schmelzwasser zu hören, das sich in tief eingeschnittenen Rinnsalen sammelt. Der Schnee hat in der Nähe des Landes eine schmutzigbraune Farbe angenommen.

Magisch angezogen vom warmen Widerschein der Felsen und Geröllfelder, hat sich unsere Expedition weit aufgefächert. Günter ist nicht mehr zu halten. Als erster strebt er dem Land entgegen, ohne auf die verzweifelten Rufe von Martin zu achten, der Filmaufnahmen von den glasklaren Schmelzwasserflüssen machen will und dringend seinen Tonmann benötigt. Frank sondert sich in nordwestlicher Richtung ab in der Hoffnung, hier spektakuläre Aufnahmen vom Godthaabgletscher nachholen zu können, die er in der angespannten Atmosphäre der vergangenen Tage versäumt hat. Udo versucht, einen Mittelweg zu wahren, wo immer der in dem Moment der allgemeinen Auflösung auch sein mag.

Mich zieht es zum nächstgelegenen Landstück, das zwar nicht auf direkter Route zum Isvandsee liegt, aber dennoch unwiderstehlich lockt.

Endlich habe ich es geschafft. Der kleine Ausläufer einer Grundmoräne liegt nur noch wenige Schritte entfernt. Bedächtig schnalle ich die Skier ab und gehe die letzten Schritte zu Fuß zum Land. Plötzlich spüre ich festen Grund unter meinen Sohlen. Ein unbeschreibliches Gefühl nach dreiunddreißig Tagen auf dem Eis. Doch welche Überraschung wartet jetzt auf mich! Ungelenk bewege ich mich zwischen den Felsbrocken. Unsicher ist mein Gang, da ich noch ein harmonisches Gleiten über ebene Flächen gewohnt bin. Erstaunt bleibe ich stehen und lasse den Zauber des Augenblicks auf mich wirken. Wärme strahlt mir von den in der Sonne aufgeheizten Felsen entgegen.

Ein spärlicher Moosbewuchs hat die grauen Steine überzogen, die trotz ihrer Kargheit all das repräsentieren, wonach ich mich so lange gesehnt habe. Andächtig hebe ich einen dieser rundgeschliffenen Steine auf und berge ihn in meiner Brusttasche. Dann besteige ich eine kleine Geröllhalde und winke den anderen zu, die meinen Landgang kopfschüttelnd verfolgt haben.

"Jetzt komm' schon. Wir wollen heute noch zum Isvandsee", ruft Udo mir zu.

Die übrigen drei sind schon längst weiter und hinter einer Eisverwerfung verschwunden.

So schnell wie es meine unsicheren Beine erlauben, stolpere ich zu meinen Skiern zurück und schließe mich Udo an.

Wir marschieren nun auf den südliche Ausläufer des Godthaabgletschers zu und folgen ihm eine kurze Strecke nach Westen in der Hoffnung, eine gangbare Bahn für uns und unsere Schlitten zu finden. Doch immer unruhiger wird das Eis. Schließlich bricht sich der Gletscher in haushohen Verwerfungen an den Felsen, durch die es kein

Weiterkommen zu geben scheint. Wir machen Mittagspause und beraten unser weiteres Vorgehen. Der Isvandsee ist noch einen halben Tagesmarsch entfernt. Von dort müssen wir dem zwanzig Kilometer langen Austmannadalen bis zum Ameralikfjord folgen. Soweit herrscht Einigkeit. Ob wir aber über das Land oder über das Eis zum Isvandsee gelangen wollen, ist die strittige Frage.

Günter erscheint es ratsam, dem Gletscher weiter zu folgen, um unsere immer noch siebzig Kilogramm schweren Schlitten über das Eis ziehen zu können.

"Oder wollt ihr das ganze Gepäck auf dem Rücken zum Isvandsee buckeln?" fragt er herausfordernd.

"Von 'wollen' kann keine Rede sein. Aber hier kommen wir nicht weiter", sagt Udo mit Blick auf die Eisbarrieren, die eine deutliche Sprache sprechen.

Uns bleibt nur, das wichtigste Gepäck in Rucksäcke zu verstauen und unser Heil auf dem Land zu suchen. Auch Günter muß die Richtigkeit dieses Argumentes schließlich einsehen, nachdem er eine erfolglose Rekognoszierung in Richtung des Sees absolviert hat.

"Da ist tatsächlich kein Durchkommen für Schlitten", gibt er nach seiner halbstündigen Solotour zu.

Der Landgang ist beschlossenen Sache. Nur stellt sich jetzt die Frage, welches Gepäck ausgewählt wird, um uns auf dem Landweg in unseren Rucksäcken zu begleiten. Überrascht müssen wir feststellen, daß unsere Planung nur bis zu diesem Punkt reicht. Wie es an Land weitergehen soll, darüber hat sich bis jetzt noch keiner ernstlich Gedanken gemacht.

Schließlich sagt Udo: "Sämtliches Gepäck wird in mehreren Gängen zum Ameralikfjord befördert."

"Das bedeutet aber, das jeder von uns mehrmals die Landstrecke bewältigen muß", wende ich ein, "das dauert ja Tage!"

"Hast du einen besseren Vorschlag?"

"Ich meine, wir sollten nur das Wichtigste in die Rucksäcke packen: Zelte, Kocher, Essen, die Filmausrüstung und das Rettungsfunkgerät. Den Rest lassen wir auf dem Eis!" schlage ich vor.

"Die ganze wertvolle Ausrüstung willst du hier vergammeln lassen?" entgegnet Udo gereizt. "Kommt gar nicht in Frage, wir nehmen alles mit – bis auf die letzte Schraube!"

Das Wortgefecht tobt hin und her, bis schließlich Udo die Oberhand gewinnt. Wir vereinbaren, daß jeder seine Marschration für drei Tage in den Rucksack packt. Dazu Schlafsack, Zelte, Kocher und persönliche Ausrüstung. Der Rest soll im Pendelverkehr zum Ameralikfjord nachgeholt werden.

"Na viel Spaß, das kann ja ein fröhliches Gebuckel werden. Und das alles wegen ein paar abgenutzter Ausrüstungsgegenstände", murmele ich ärgerlich vor mich hin.

Sorgfältig sortiere ich meine Sachen und lade meinen Rucksack so voll, daß nur noch ein kleines Häuflein unwesentlicher Dinge in meinem Schlitten zurückbleibt. Was immer die anderen eingepackt haben mögen, von mir aus brauchen wir nicht zu den Gletscherbrüchen zurückkehren. Auch die anderen arbeiten angestrengt, über ihre Schlitten gebeugt. Bald ist der Schnee übersät mit Teilen der Ausrüstung. Das alles geschieht jedoch wortlos. Eine Spannung liegt in der Luft, die sich nach dem Entschluß, das Gepäck in mehreren Etappen zum Ameralikfjord zu befördern, aufgebaut hat. Keiner schaut auf die Pulka seines Nachbarn. Jeder kümmert sich lediglich um seinen eigenen Kram. Die Freude, bald Land zu betreten, ist nicht mehr zu spüren. Diesen lang ersehnten Moment habe ich mir doch anders vorgestellt! Stumm verschnüren wir dann die Schlittenplanen, schieben die Pulkas in eine kleine Mulde, schultern unsere Rucksäcke und treten den letzten Teil unserer Expedition an: den Marsch nach Kapisillit.

Unbeholfen und schwankend unter unserer Last, betreten wir die Seitenmoränen des Godthaabgletschers. In chaotischem Durcheinander türmen sich hier riesige Felsbrocken übereinander, gefolgt von ausgedehnten Schotterhalden, auf denen wir immer wieder straucheln. Wir suchen unseren Weg in diesem unübersichtlichen Gelände, das sich tot und abweisend vor uns ausdehnt.

Nördlich unserer Route ragt der Godthaabgletscher mit seinen graublauen Eisblöcken in den Himmel. Nachdem wir dem Gletscherarm ein Stück gefolgt sind, wenden wir uns in westlicher Richtung, um aus dem schwierigen Gelände der Seitenmoräne zu gelangen. Nach steilem Anstieg erreichen wir eine Hochfläche, die nicht mehr im unmittelbaren Einflußbereich des Eises liegt. Ein warmer Lufthauch streift unsere Gesichter. Zu unseren Füßen windet sich ein kleines Bächlein und ergießt sich in einen flachen Bergsee, der von niedrigen Gräsern umwachsen ist. Einige gelbe Blumen ducken sich in Ufernähe an den Boden. Angerührt von dem friedlichen Bild und staunend über die ungewohnte Vielfalt der Formen und Farben, bleiben wir stehen. Alles ist so frisch, neu und klar und ruft einen Sturm von Gefühlen in uns hervor. Langsam begreifen wir, daß das Inlandeis nun tatsächlich hinter uns liegt. Zu kraß war der Übergang von dem weißen Meer zum Festland, als daß wir ihn gleich zu Anfang hätten empfinden können. Angesichts dieser stillen Schönheit fällt die durch die leidige Gepäckfrage ausgelöste Spannung von uns ab.

Wir setzen unsere Rucksäcke ab und lassen uns auf dem Gras nieder, das uns trotz seiner Spärlichkeit wie eine vor grün strotzende Wiese vorkommt.

"Fehlen zur arktischen Romantik nur noch die Mücken", sagt Udo.

"Keine Sorge, ich bin schon gestochen worden", erwidert Martin und kratzt seinen Handrücken. Nachdem jeder seine Schöpfkelle in das klare Wasser getaucht und einen tiefen Schluck genommen hat, ziehen wir weiter. So schön die Landschaft hier auch ist, ich kann mich nicht an den Gedanken gewöhnen, die ganze Strecke wieder zurückzugehen, den Rucksack ein zweites Mal vollzuladen und dann erneut zum Ameralikfjord hinunterzulaufen. Nein, da muß es doch eine andere Lösung geben. Stundenlang drehe und wälze ich das Problem, während wir über die Hochfläche in Richtung Isvandsee marschieren.

Schließlich glaube ich, einen Ausweg gefunden zu haben. Vorsichtig ziehe ich Frank beiseite.

"Hast du Lust auf diese endlose Plackerei?" frage ich ihn. Natürlich hat er nicht.

"Mir ist da etwas eingefallen", sage ich. "Wir alle laufen bis nach Kapisillit durch und chartern dort telefonisch einen Hubschrauber, der das Gepäck auf dem Inlandeis abholt. Was hältst du davon?"

"Im Prinzip ist die Idee gut, aber wer zahlt den Hubschrauber?"

"Bei der wilden Entschlossenheit, die Günter, Martin und Udo an den Tag gelegt haben, das ganze Gepäck zu buckeln, glaube ich nicht, daß die sich beteiligen werden. Die Kosten müssen wir beide uns schon teilen."

Wie angewurzelt bleibt Frank stehen und sagt: "Das ist bestimmt nicht billig!"

"Und wenn schon! Machst du mit?" Nachdenklich geht Frank weiter. Auf einer kleinen Anhöhe bleibt er stehen und schaut zurück auf den steinigen Weg, der hinter uns liegt.

Dann sagt er: "In Ordnung, teilen wir uns den Hubschrauber." Nun kann ich den Marsch erst richtig genießen. Unbeschwert schreite ich aus. Die anderen sind uns schon weit voraus. Wir nähern uns einem engen Paß, hinter dem wir den Isvandsee vermuten. Steil ragen zu beiden Seiten nackte Felsen empor. Ein Feld mit großen Steinbrocken erschwert uns den Zugang zum Paß. Vorsichtig steigen wir von Stein zu Stein. Als wir uns der Paßhöhe nähern, schimmert in der Ferne eine weiße Fläche: der noch zugefrorene Isvandsee. Dicht hinter dem Paß treffen wir auf die anderen drei, die sich auf einer sonnenbeschienenen Felsplatte niedergelassen haben und den herrlichen Blick über den See und die ihn umgebende Berglandschaft genießen. Im Norden schiebt sich ein Arm des Godthaabgletschers zwischen grauen Hügeln hindurch und bricht in einer gewaltigen, fast senkrechten Mauer zum Isvandsee ab. Mächtige Eisberge treiben zwischen flachen Schollen.

Ein zufriedener Ausdruck liegt auf den Gesichtern von Günter, Martin und Udo, den ich mir trotz des friedlichen Ausblicks nicht recht erklären kann.

"Setzt euch zu uns, wir haben euch einen Vorschlag zu machen", beginnt Udo das Gespräch. "Was haltet ihr davon, wenn wir unser Restgepäck auf dem Eis von einem Hubschrauber abholen lassen?" Völlig überrascht schaue ich Frank an.

Rasch fügt Udo, der diesen Blick als Ablehnung interpretiert, hinzu: "Die Kosten teilen wir uns natürlich!"

Langsam sage ich: "Ich bin einverstanden. Und du, Frank?"

Ein frohes Kopfnicken ist die Antwort. Erleichterung macht sich auf den Gesichtern der anderen breit. Auch ihnen war wohl der Gedanke an ein tagelanges Schleppen nicht gerade angenehm. Allen fällt ein Stein vom Herzen. Nun können wir in zwei Tagen in Kapisillit sein!

In einem unbeobachteten Moment flüstert mir Frank zu: "Sag den anderen bloß nicht, daß wir ihnen beinahe den Hubschrauber spendiert hätten, die kriegen sonst 'ne Krise!"

Gemächlich steigen wir zum Ufer des Isvandsees hinab. Am Fuß hochaufragender Felswände finden wir einen geschützten Platz, an dem sich eine dichte Grasdecke gebildet hat. Zum See hin schließt sich ein breiter Sandstrand an. Eine schmale Rinne freien Wassers säumt das weißglänzende Eis des Sees ein. Die tiefstehende Sonne spiegelt sich im dunklen Wasser.

Ausgestreckt auf der Wiese liegend, schmeckt uns das Abendessen so gut wie selten zuvor. So karg die Landschaft hier auch sein mag, wir fühlen uns nach den Wochen in einer Wüste aus Schnee und Eis heimisch und geborgen. Jetzt trennen uns nur noch sechzig Kilometer vom Endpunkt unserer Wanderung. Durchwärmt von der Sonne und den aufgeheizten Felsen im Rücken, scheint uns das ein Kinderspiel zu sein.

Ich wende mich von dem arktischen Panorama ab, das uns umgibt und beobachte meine Freunde. Ein tiefes Gefühl der Zufriedenheit und Dankbarkeit steht in ihren Gesichtern geschrieben. Wild schauen sie aus mit ihrem verfilzten, fettigen Haar, der verbrannten Haut, die sich am Nasenrücken und an den Ohrmuscheln schält und ihren wild wuchernden Bärten. Am deutlichsten erzählen jedoch die Augen von der Wanderung, die hinter uns liegt. Ruhig und in sich gekehrt sind die Blicke, aus denen sich eine stille, tief empfundene Freude mitteilt. Die Augen spiegeln das große Schweigen und die unendliche Weite des Eises wider, die sie so lange geschaut und in sich aufgenommen haben. Um unsere Rucksäcke für den weiteren Weg zu erleichtern, beschließen wir, ein zweites Depot zu errichten. Abermals wird das Gepäck durchforstet und nun ist es mit der abendlichen Gemütlichkeit vorbei. Was da alles an unwichtigen Dingen eingepackt worden ist! Und Wesentliches fehlt!

Die Inventur ergibt, daß wir höchstens für zwei Tage Essen mitführen. Der Rest liegt fein säuberlich verpackt auf dem Inlandeis. Auch das Rettungsfunkgerät und das Gewehr, mit dem wir im Notfall Wild hätten schießen können, haben wir zurückgelassen. Dafür taucht unter unseren erstaunten Mienen ein Eispickel aus einem Rucksack auf.

"Etwas schwer für einen Spazierstock", meint Frank.

Das Depot wird an einer gut sichtbaren Stelle errichtet. Dann kriechen wir in die Zelte.

Tiefhängende Wolken haben sich am nächsten Morgen vor die Berge geschoben. Ein naßkalter Wind streicht über den Isvandsee. Gelegentlich fällt leichter Sprühregen. Dennoch setzen wir unsere Wanderung unverdrossen fort. Zunächst folgen wir dem Isvandsee, überqueren eine Wasserscheide und steigen dann über grünbewachsene Hänge ins Austmannadalen ab. Ein milchiger Gletscherfluß, den wir so quellwärts als möglich überqueren wollen, fließt durch das eingeschnittene Tal. Bald stehen wir am Ufer des reißenden Flusses, der sich als relativ tief erweist. Wir entledigen uns unserer Hosen und sind bald bis zum Oberschenkel in dem eiskalten Wasser.

"Mein erstes Bad habe ich mir anders vorgestellt", sagt Frank, als wir auf der anderen Seite die Schuhe ausschütten und unsere gefühllosen Füße massieren.

Wir folgen dem Ausmannadalen flußabwärts. Die Vegetation wird üppiger. Dichte Moosweiden überziehen den Talgrund und steigen die Hänge der Berge hinauf, deren steile Grate weiter oben feuchtschwarz glänzen. An geschützten Stellen wächst hüfthohes Gestrüpp, das uns wie ein vor Leben strotzender Urwald vorkommt.

Die Begeisterung währt jedoch nicht lange. Einige Kilometer weiter talwärts versperrt uns die eben noch freudig begrüßte Flora den Weg. Schimpfend zwängen wir uns durch das Dickicht, begleitet von Mückenschwärmen, die seit Wochen auf uns gewartet zu haben scheinen und sich jetzt mit Heißhunger auf uns stürzen.

Endlich treffen wir auf einen unregelmäßig ausgetretenen Pfad. Zunächst glauben wir, einen Weg der Inuit vor uns zu haben, der uns mühelos zum Ameralikfjord führen werde. Entsprechendes ist jedenfalls in unserer Karte verzeichnet. Die ersten Spuren von Menschen nach der langen Zeit in der Wildnis! Als der Pfad jedoch unvermittelt abbricht und statt menschlicher Fußabdrücke nur Rentiersiegel und Kot zu finden sind, müssen wir erkennen, daß wir uns auf einem Wildwechsel befinden. Die Landschaft ruht in sich selbst, als wenn noch nie zuvor ein Mensch seinen Fuß in dieses Tal gesetzt hätte.

Weiter zwängen wir uns durch das Gebüsch, stolpern über Wurzeln, bleiben mit unseren Rucksäcken und Kleidern an Zweigen hängen. Um wieviel leichter war es doch, auf der freien Fläche des Inlandeises zu wandern!

Unvermittelt öffnet sich das Dickicht, wir stehen auf einer kleinen Lichtung. Dichtes Gras wächst hier und lädt zu einer Rast ein. Wir werfen unsere Rucksäcke ab und lassen unseren Blick in die Runde schweifen.

Da entdecke ich einige verwitterte, behauene Steine am Rande der Lichtung. Schnell springen wir auf und stehen vor den ersten Anzeichen von Menschen, vor Überresten einer Wikingersiedlung. Einige quadratisch angeordnete Mauerreste sind noch zu sehen, teilweise von Moos überwuchert. Dahinter ragen steile, wolkenverhangene Felswände auf, die mit erdrückendem Gewicht auf diesen längst verfallenen Zeugnissen einer ausgestorbenen Kultur zu lasten scheinen.

Hoffentlich ist das nicht das einzige, was von der Menschheit übriggeblieben ist, denke ich. Weiter flußabwärts treffen wir auf ein ausgedehntes Moor. Kleine Seen mit erdfarbenem Wasser liegen zwischen grünen Flächen, die mit hochstengligen, weißblühenden Moorpflanzen übersät sind. Tief sinken unsere Schuhe in den weichen Grund ein, der mit Wasser vollgesogen ist wie ein Schwamm.

Ein Schwarm Wildenten fliegt heran und läßt sich mit heftig schlagenden Flügeln auf einem der Seen nieder. Hinter dem Moor erstreckt sich ein sanft abfallender Moosgrund, auf dem wir eine große Rentierherde entdecken.

Die Rene haben unsere Anwesenheit schon längst bemerkt, Kühe und Kälber sind auf einen höher gelegenen Posten ausgewichen, während zwei mächtige Bullen mit weit vorgestrecktem Hals in unruhigem Trab drohend auf uns zulaufen. Wir bleiben stehen und harren der Dinge, die da kommen mögen. Dasselbe tun nun auch die beiden

Rentiere. Unschlüssig über die Natur dieser merkwürdigen, zweibeinigen Wesen verharren sie einen Steinwurf von uns entfernt, recken herausfordernd ihr verfilztes Geweih in den Himmel und kehren dann, noch einige Male nach uns äugend, zu ihrer Herde zurück. Daß die Vorsicht der Rentiere nicht unbegründet ist, erkennen wir an einem säuberlich abgenagten Skelett, dessen bleiche Knochen im weiten Umkreis verstreut sind.

"Vielleicht wurde das Tier von Rentierjägern erlegt, und Füchse oder anderes kleines Raubwild haben den Rest besorgt", meint Günter, der sich zu den Knochen hinabgebeugt hat.

Wir sehnen uns nach den ersten Anzeichen menschlicher Anwesenheit – und sei es in Form eines geschossenen Renes! Länger als erwartet zieht sich der Weg durch das Austmannadalen. Das Terrain ist schwierig, und wir kommen nur langsam voran.

"Wenn ich mir vorstelle, wir müßten diese Strecke mehrmals absolvieren, wird mir ganz schlecht", sage ich ein über's andere Mal.

Nur ein beifälliges Gemurmel ist die Antwort. Jeder spart seinen Atem. Nach zehn Stunden anstrengenden Marsches haben wir den unteren Teil des Tales erreicht.

Die steilen Felswände treten zurück, und hinter einer Anhöhe liegt auf einmal der Ameralikfjord vor uns – grau, wolkenverhangen und einsam. Sofort bleibt Martin stehen und kramt nach Kamera und Stativ.

"Das muß festgehalten werden", sagt er, "alle Mann zurück, dann kommt ihr auf die Anhöhe und sagt ein paar Worte zum Fjord." Schon hat er die Kamera auf einem Felsblock aufgebaut, der eine gute Einstellung verspricht.

"Das kann doch nicht wahr sein, Martin. Nach dem langen Tag auch noch schauspielern?" murre ich. Doch Martin ist unerbittlich.

"Gerade das Ende einer Expedition ist wichtig", erklärt er, während er schon durch den Sucher schaut.

Doch noch eine gute Stunde vergeht, bis wir den Ameralikfjord endlich erreicht haben. Wir schlagen unser Lager auf einer weit ausladenden Sanddüne auf, die steil zum Wasser abfällt. Regenwolken ziehen über das Meer, verfangen sich an den grauen Küstengebirgen.

In der Karte ist diese Düne als Nansens Zeltplatz eingezeichnet. Fast genau vor hundert Jahren hat er also hier ebenfalls seine Zelte aufgebaut. Das niedrige Weidengestrüpp am Rand der Düne diente ihm damals für die Spanten eines winzigen Bootes, mit dem er und Sverdrup ihre waghalsige Ruderfahrt über den heute noch wegen seiner Fallwinde gefürchteten Ameralikfjord antraten.

Uns dient das Gestrüpp als Brennholz. Bald lodert ein munteres Feuer, in dem Regentropfen zischend verdampfen. Wir rutschen so dicht wie möglich an das Feuer heran und beraten unser weiteres Vorgehen.

Nur noch für einen Tage reicht das Essen. Genug, um in einem Gewaltmarsch die letzten vierzig Kilometer bis Kapisillit zurückzulegen. Aber für einen schnellen Vorstoß haben wir noch zuviel Gepäck. Allein Martins Filmausrüstung füllt fast zwei schwere Rucksäcke.

"Dann lassen wir eben die Filmausrüstung hier und holen sie auch mit dem Hubschrauber ab", schlag ich blauäugig vor. Doch davon will Martin nichts wissen. Er trenne sich nicht von seiner Kamera. Niemals! Von ihm aus könne man Zelte, Essen, Schlafsäcke und alles andere zurücklassen. Nur nicht die Filmausrüstung!

Er macht folgenden Vorschlag: "Ich bleibe hier, lasse mich von dem Hubschrauber aufpicken und dirigiere ihn zu den Depots am Isvandsee und auf dem Inlandeis. Ihr anderen lauft morgen nach Kapisillit und alarmiert den Helikopter."

"Schaut's, wenn Martin hierbleibt, gehe ich auch nicht weiter", sagt Günter, der sich nicht von seinem Freund trennen will.

"Nach dem heutigen Tag habe ich auch keinen Bock mehr, die vierzig Kilometer bis Kapisillit 'runterzuspulen. Ich laß mich auch mit dem Helikopter ausfliegen", schließt sich Udo den "Sitzenbleibern" an.

"Und Frank und ich sind dann die einzigen, die nach Kapisillit laufen?" Eine gewisse Entrüstung liegt in meiner Stimme.

"Du wolltest doch so schnell wie möglich zu deinen Frauen. Also los! Außerdem könnt ihr euch morgen abend die Bäuche vollschlagen, während wie uns überlegen, ob wir morgen oder übermorgen essen.

Für beide Tage reicht's ja wohl nicht mehr", sagt Udo.

"Erstens sind die Frauen heute abend in Kapisillit abgefahren und zweitens ist morgen Samstag. Ob wir da etwas zu essen kriegen?" entgegne ich. "Den Hubschrauber können wir frühestens Montag bestellen. Vor Dienstag wird sich hier nichts abspielen!"

Doch die Aussicht auf einige Tage hungrigen Wartens kann die drei nicht von ihrem Vorhaben abbringen. Sie wollen bis Mittwoch morgen an Ort und Stelle bleiben. Erst wenn bis dahin kein Hubschrauber gekommen ist, werden sie sich in Richtung Kapisillit in Bewegung setzen. Frank und ich sind schließlich bereit, diesen etwas ausgedehnten Botengang zu übernehmen.

Auch am nächsten Morgen ist der Himmel wolkenverhangen. Beim Frühstück werden Frank und mir die besten Stücke zugeschoben. Dann packen wir die Rucksäcke. Franks Fotoausrüstung und zwei dünne Innenschlafsäcke stecken wir ein. Das ist alles, was nach siebenhundert Kilometern Wanderung durch Grönland von den 115 Kilogramm Anfangsgepäck übrigbleibt. Dazu kommt eine Tafel Schokolade und eine Packung Nüsse. Das muß reichen für die vierzig Kilometer. Abends hoffen wir irgendwo Essen auftreiben zu können. Die anderen werden es dringender benötigen als wir. Nach kurzem Abschied machen Frank und ich uns auf den Weg.

"Im Frühtau zu Berge wir geh'n ...", trällert Frank auf den ersten Metern. Dann spart er seinen Atem. Schroff fallen die Berge zur Küste ab, und unser Weg führt ständig steil bergauf und bergab. Dann waten wir durch den Schlick des versandeten Fjordes, anschließend werden wir wieder von senkrechten Felsen in die Berge gezwungen. Am frühen Vormittag haben wir das östliche Ufer des Ameralifjordes endlich passiert. Nun folgen wir einem weiten Tal. Wir springen über kleine Bäche, waten durch Sümpfe, umgehen Seen, kämpfen uns durch Gestrüpp. Soweit das Auge reicht nur Berge und grün bewachsene Hochflächen.

Keine Anzeichen von Menschen weit und breit. Ab und zu kreuzt eine Rentierherde unseren Weg, dann sind wir wieder allein. Mittags teilen wir uns die letzte Erdnuß, und noch immer sehen wir keine Hütte, keinen Menschen in dieser verlassenen Gebirgslandschaft. Mich beschleicht die Sorge, Kapisillit könne von den Inuit verlassen sein. Derartiges soll anderen Expeditionen widerfahren sein. Als die Hungergefühle stärker und die Beine schwächer werden, zweifele ich sogar daran, daß es in dieser Gegend überhaupt so etwas wie Orte oder Menschen gibt.

Wir erreichen einen Paß, der die Wasserscheide zwischen dem Ameralik- und dem Godthaabfjord markiert. Von nun an haben wir den Trost, nur noch bergab gehen zu müssen, um nach Kapisillit zu gelangen. Aber noch trennen uns fünfzehn Kilometer von dem Ort. Da sehen wir eine Hütte, die einsam an dem Ufer eines Sees kauert. Sofort steuern wir darauf zu in der wagen Hoffnung, hier auf Menschen zu stoßen. Aber die Hütte ist verrammelt, die Fensterläden zugenagelt. Hier hat schon lange keiner mehr gewohnt. Dennoch müssen sich irgendwann einmal Inuit in diese Gegend verirrt haben. Ein Strohhalm, an dem wir unsere Hoffnung, bald auf Menschen zu treffen, festmachen.

Ohne Unterbrechung ziehen wir weiter, vorangetrieben vom Hunger. Gelegentlich verschwimmt die Landschaft vor unseren Augen; das Gehirn rächt sich für die unzureichende Nahrungszufuhr. Aber die Beine versehen mittlerweile automatisch ihren Dienst. Ob über Bäche, Geröllhalden, durch Moore oder Dickicht – wir bemerken es schon nicht mehr.

Am Abend taucht hinter einer kleinen Hochfläche silbriggrau das Meer auf. Wir haben den Godthaabfjord erreicht. Die Landkarte zeigt, daß uns nur noch der kegelförmige Berg zu unserer Rechten von Kapisillit trennt. Schlagartig sind wir wieder hellwach, Müdigkeit und Hunger sind verflogen. Gespannt folgen wir einem winzigen Pfad am Fuße des Berges. Plötzlich bleibt Frank stehen.

"Vorsicht, eine Hasenfalle", sagt er und deutet auf eine Drahtschlinge, die versteckt über den Weg gespannt ist, "hier müssen doch Menschen sein!" Je weiter wir den Berg umrunden, desto größer wird die Anspannung. Noch eine große Felsnase, dann haben wir es geschafft: Im warmen Schein der Abendsonne stehen kleine, bunte Häuser, die sich an den Berg schmiegen. Erlegte Schneehasen hängen unter den Fenstern, Kotfisch trocknet auf Holzgestängen, Möwen kreischen über den Fjord. Ein Dorf nach Wochen in der Einöde! So klein und unscheinbar es auch sein mag, für uns ist es im Augenblick der schönste Ort der Welt. Statt aber sofort hinunterzulaufen in die kleine Ortschaft und an die nächste Tür zu klopfen, setzen wir uns ins Moos und lassen den friedlichen Anblick auf uns wirken, der uns auf merkwürdige Art bekannt und fremd zugleich ist. Eine Schotterstraße, von Holzhäusern gesäumt, windet sich den Hang entlang und endet an einer kleinen Mole. Ruderboote und Motorkutter heben und senken sich in der langen Dünung des Fjordes. Plötzlich schreckt uns das Heulen von Huskies auf – als hätten sie uns Fremdlinge schon gewittert. Doch immer noch zögern wir, uns von dem Moos zu lösen und die unsichtbare Grenze zur Zivilisation zu überschreiten. Schlagartig wird uns bewußt, daß hier unsere Wanderung beendet ist, die viel gefordert, uns aber auch viel gegeben hat. Freude und Abschiedsschmerz liegen in diesem Moment so dicht wie selten beieinander. Freude über die Rückkehr zu den Menschen und Abschiedsschmerz für das wilde, freie Leben, das wir in den letzten Wochen geführt haben. Ein Traum, der uns so lange getragen hat, ist in Erfüllung gegangen – ein neuer Abschnitt beginnt, wie immer er auch aussehen mag.

Der Entschluß ist gefaßt, wir stehen auf und gehen die letzten Schritte einer großen Reise. Müde, hungrig und glücklich betreten wir das Dorf. Als erstes werden wir von einem Schlittenhund begrüßt, der uns schwanzwedelnd beschnüffelt und sich dann beleidigt abkehrt. Warum er das tut, ist uns unverständlich.

Dann treffen wir auf einen Inuk, der uns erstaunt und etwas mißtrauisch mustert. Dreckig und abgerissen wie wir nun einmal aussehen und ohne Gepäck von irgendwo aus der riesigen Landschaft auftauchend, kann er uns offensichtlich nicht einordnen.

Die Frage "Wo kommt ihr denn her?" können wir deutlich in seinem Gesicht lesen. Eine Antwort ist jedoch unmöglich, er spricht nur Inuit.

Mit Händen und Füßen fragen wir nach einer Möglichkeit zum Telefonieren, Essen und Trinken. Er zeigt auf ein großes Haus. Dann bietet er uns eine Zigarette an, die wir genüßlich rauchen, bevor wir zu dem angewiesenen Haus gehen. Hoffentlich kann man uns hier verstehen und helfen. Nicht auszudenken, wenn wir uns niemandem in Kapisillit verständlich machen können!

Ich betrete unbeholfen in meinen klobigen Schuhen die Veranda vor der Eingangstür und klopfe vorsichtig an. Dann lasse ich ein schüchternes "Hallo" folgen. Die Sekunden verstreichen langsam, doch nichts rührt sich. Ratlos schaue ich Frank an.

"Versuch's nochmal", muntert er mich auf. Diesmal klopfe ich beherzter, und prompt stellt sich der Erfolg ein. Die Tür wird aufgerissen und vor mir steht – Bärbel! Wir reißen beide die Augen weit auf.

"Das kann doch nicht wahr sein!" ruft sie und tritt einen Schritt zurück. Auch ich kann es nicht fassen.

"Wie kommst du denn hierher?" fragen wir gleichzeitig. Dann müssen wir lachen.

"Los, kommt rein, was steht ihr noch draußen herum! Hier ist alles großartig. Was Kristina und ich nicht alles erlebt haben! Los, rein mit euch!"

"Aber wie kommt ihr denn in dieses Haus? Und warum seid ihr noch nicht abgereist?"

Die Fragen und Antworten überstürzen, überschneiden sich. Jeder will alles sofort erzählen und erfahren. Wir ziehen unsere Schuhe aus und treten in einen Wohnraum mit großem Fenster zum Fjord.

"Setzt euch doch endlich", sagt Bärbel, als wir etwas hilflos vor den Polstermöbeln stehen. "Falls ihr's vergessen habt, sowas ist zum Sitzen da!" Dann mustert sie uns prüfend.

"Gut seht ihr aus, wie nach sechs Wochen Skiurlaub", sagt sie und legt den Kopf etwas schief, "die Bärte stehen euch nicht schlecht, machen euch etwas reifer!" Mittlerweile hat sich auch der Hausherr zu uns gesellt, Daniel Lukassen, ein stämmiger, untersetzter Innuk. Er ist der Dorflehrer und wohnt hier mit seiner dänischen Frau und zwei Kindern.

In Windeseile wird ein Buffet mit Kuchen, Brot, Schokolade, Kaffee, Tee, Wein und Sekt vor uns aufgebaut. Angesichts so vieler Köstlichkeiten kapituliere ich vor der Entscheidung, wo ich zuerst zugreifen soll und flüchte unter die Dusche. Gewaschen und gekämmt fühle ich mich der Situation eher gewachsen und kehre ins Wohnzimmer zurück.

Hier hat sich mittlerweile eine große Gesellschaft zusammengefunden, darunter auch Kristina. Umarmungen, Küsse, Erzählen, Lachen. Alle reden wieder einmal durcheinander.

Als sich die erste Aufregung endlich gelegt hat, beginnen wir zu berichten. Unzusammenhängend und immer wieder von Zwischenfragen unterbrochen, entsteht langsam das Bild unserer Wanderung. Dann ist die Reihe an Kristina und Bärbel. Und ihre Geschichte ist nicht minder abenteuerlich.

Vor zwei Wochen kamen die beiden in Nuuk an. Neugierig wurden sie von den Grönländern beäugt. Touristinnen? Nein, dazu war es zu früh im Jahr. Das konnte nicht sein! Aber sie schienen auch nicht geschäftlich hier zu sein. Man machte sich Gedanken. Entweder waren die beiden durch ein merkwürdiges Schicksal nach Grönland verschlagen worden – oder verrückt. In beiden Fällen, so befanden die Grönländer, brauchten sie Hilfe. Man nahm sich ihrer an, was die beiden Frauen auch nur zu gerne geschehen ließen. Sie wurden zum Reisebüro geleitet und dem Leiter des Büros, Gert Godsk, vorgestellt. Gert ist gebürtiger Kanadier und hat nach wechselvollen Jahren als Jäger und Fallensteller in den North West Territories endlich seine Heimat in Grönland gefunden. Er gibt sich aber immer noch gern als der große alte Mann der Wildnis und unterstreicht dies durch tatkräftiges Auftreten und wetterfeste Jagdkleidung.

Was Kristina und Bärbel denn in Grönland suchten, wollte er wissen.

"Fünf Männer, die das Inlandeis von Ost nach West durchqueren wollen", war die Antwort. Irritiert legte Gert die Stirn in Falten.

"Wann sollen die denn losgelaufen sein?"

"Keine Ahnung. So Ende April, Anfang Mai."

"Kennt ihr denn die Expeditionsmannschaft", fragte er etwas ziellos. Entschieden schüttelten Bärbel und Christina den Kopf.

"Nein, nur einen der fünf!" Nun wurde es Gert zu bunt.

"Zwei Frauen auf der Suche nach einem Mann, der mit vier anderen zusammen irgendwann zu einem Fußmarsch durch Grönland aufgebrochen ist!" Verwirrt strich er sich über den Bart, der seinem hageren Gesicht noch mehr Länge verleiht. Doch rasch hatte er sich wieder in der Gewalt.

"Wartet einen kleinen Moment", sagte er und verschwand für einige Minuten in seinem Büro. Mit gewohnter Selbstsicherheit kehrte er bald zurück.

"Eure Freunde sind am 28. April um 16 Uhr 45 auf dem Hann Gletscher abgesetzt worden", verkündete er sichtlich erfreut, die Initiative wiedergewonnen zu haben.

Nun waren es Bärbel und Kristina, die staunten. Wie er dies so schnell herausgefunden habe, wollten sie wissen.

Nichts leichter als das; er habe einen befreundeten Hubschrauberpiloten in Amassallik angefunkt, der die Expedition auf den Gletscher gebracht hatte. So einfach sei das in Grönland. Es gebe zwar nur wenige Menschen in dem riesigen Land, aber die wenigen kenne man gut. Nachdem die beiden Frauen in ihrer Glaubwürdigkeit rehabilitiert waren, fühlte sich der "Canadian Hunter" wieder auf sicherem Boden. Er bot Kaffee und Kuchen an und traf einige Arrangements. Als Wohnung biete sich fürs erste das Seemannsheim an, da wären die beiden Frauen gewiß gut aufgehoben. Sodann schlug er eine Seereise mit dem Postschiff vor, das zwischen Nuuk und Narsassuak an der Südspitze Grönlands verkehrt. Vor einer derart geballten Ladung Organisationstalent streckten die beiden die Waffen und fanden sich am nächsten Morgen an Bord der "Kununguak" wieder, einem kleinen Postdampfer, der gemächlich durch die Schären vor Nuuk Richtung offene See dampfte und dann Kurs auf Narsassuak nahm.

Die Mannschaft, froh darüber, solche charmanten Passagiere an Bord zu haben, überschlug sich vor Freundlichkeit. Kistina und Bärbel wurden auf dem ganzen Schiff herumgeführt. Auch die drei dänischen Offiziere ließen es nicht an Zuvorkommenheit fehlen.

Und so zog die Südwestküste Grönlands langsam an den beiden Frauen vorbei. Kahle, graue Hügel, glattgehobelt in der letzten Eiszeit, dahinter endlose Ketten vergletscherter Bergmassive. Sie sahen der Küste vorgelagerte Inselchen, die wie wahllos ins Meer geworfen vor ihnen lagen und an denen sich die Wellen brachen und ihre Gischt über den nackten Fels entluden. Die Luft war angefüllt von dem Geruch nach Tang und dem Krächzen von Seemöwen.

Dann lief das Schiff in das ruhige Wasser weit verzweigter Fjorde. Hier hat das Meer gewaltige Breschen durch die Küstengebirge geschlagen. Schroffe Berge ragen zu beiden Seiten der Fjorde auf, bis schließlich tief im Landesinneren eine weißglänzende Silhouette alles andere überragt, das Inlandeis, das seine Gletscher riesigen Fingern gleich zum Meer hinabstreckt.

Endlich tauchte in der warmen Nachmittagssonne ein kleines Dorf auf und das Postschiff legte an einem brüchigen Pfahlsteg an. Trotz vorgerückter Stunde herrschte sofort rege Betriebsamkeit.

Post, Lebensmittel und Medikamente für die kleine Krankenstation wurden an Land gebracht, Robbenfelle und Dörrfisch wanderten in den Bauch des Schiffes. Dann legte die "Kununguak" wieder ab.

Nach sieben Tagen lief der Postdampfer wieder in Nuuk ein. Kristina und Bärbel wurden bereits von Gert erwartet. Er habe einige Hubschrauberpiloten, die mit Routineflügen im Gebiet des Godthaabgletschers beauftragt seien, gebeten, einen kleinen Schlenker über das Inlandeis zu fliegen.

Die Expedition sei jedoch nicht gesichtet worden. Dann machte er sie mit einem Dänen bekannt, Anders Nielsen, dem Herausgeber einer kleinen Zeitung, der sich neben dem quirligen Kanadier wohltuend ruhig ausnahm. Anders plane mit einem Boot einen Familienausflug nach Kapisillit und sei gerne bereit, sie mitzunehmen. Einen Tag brauchte Anders, um seine kleine Motorjacht durch den zerklüfteten Godthaabfjord nach Kapisillit zu dirigieren.

Nur 150 Einwohner zählt dieses abgelegene Dorf – für grönländische Maßstäbe jedoch eine Metropole, die zur Provinzhauptstadt erklärt wurde. Wie alle Orte in Grönland ist Kapissillit nur per Boot, Hundeschlittengespann oder durch die Luft zu erreichen. Bau und Pflege von Überlandstraßen lohnen in dem menschenleeren Land nicht.

Kristina und Bärbel wurden bei dem Dorflehrer, Daniel Lucassen, untergebracht und unternahmen in Begleitung von Anders ausgedehnte Streifzüge in Richtung des Ameralikfjordes in der Hoffnung, irgendwo auf unsere Spur zu stoßen. Heute war ihre letzte Exkursion, morgen wird sie Anders nach Nuuk zurückbringen, da sie sonst ihren Rückflug nach Kopenhagen versäumen.

"Den ganzen Tag haben wir uns die Augen nach euch ausgeschaut, und nichts war von euch zu sehen", beklagt sich Bärbel. "Ihr könnt euch unsere Enttäuschung vorstellen! Da wir nicht annahmen, daß ihr noch spät in der Nacht ankommen würdet, haben wir das Treffen mit euch in den Wind geschrieben. Und was passiert? Es klopft an der Tür, und ihr steht vor uns!"

In der nun folgenden allgemeinen Begeisterung muß ich an Udo, Martin und Günter denken, die in ihre Zelten sitzen und auf das Prasseln des Regens lauschen. Ob es möglich sei, die drei mit einem Hubschrauber abzuholen, frage ich in die Runde.

"Kein Problem", schallt es von allen Seiten, "ganz Westgrönland wartet doch schon auf euch!"

"Außerdem sind wir mit allen Piloten hier inzwischen gut bekannt", sagt Kristina in einem Ton, der keinen Zweifel daran läßt, daß es das Einfachste von der Welt ist, drei Männer mitsamt zweihundertachtzig Kilogramm Gepäck, die Hunderte von Kilometern vom nächsten Hubschrauberstützpunkt entfernt sind, abzuholen. Und nun stürzen sich Bärbel und Christina in eine aufgeregte Erzählung, wann, wo und wie sie die Piloten kennengelernt haben. Inzwischen hat Daniel unbemerkt zum Telefon gegriffen.

"Eure Freunde werden morgen um elf Uhr abgeholt", sagt er ruhig und bestimmt. Frank und ich sind fassungslos. Wir können kaum glauben, daß die Hubschraubercharter so einfach sein soll, hatten wir doch den Flug in Ostgrönland bar bezahlen müssen.

"Erst das Geld, dann der Flug", hatte man uns dort gesagt. Und hier soll alles ganz anders sein?

"Eure zwei Freundinnen und ihr seid meine Gäste. Und meine Gäste haben in Westgrönland Kredit. Über Geld reden wir später", sagt Daniel ohne jede Überheblichkeit.

Eine schwere Last fällt von Franks und meinen Schultern, und wir können uns nun völlig der Unterhaltung, dem Essen und dem Wein hingeben. Die Wanderung nach Kapisillit hat gelohnt; einen schöneren Expeditionsabschluß können wir uns nicht vorstellen!

Mit verschmitztem Lächeln erzählt Daniel, daß wir nicht die erste Expedition seien, die im Nansenjahr bei ihm das Ende ihrer Wanderung feiere. An einem stürmischen Tag Anfang Mai schneite die norwegische Mannschaft herein, die bereits im März Amassallik verlassen hatte.

Mehr tot als lebendig pellten sie sich aus ihren historischen Fellkleidern, die pfundweise mit Eis besetzt waren. Auch sie hatten sich im Goodthaabgletscher verlaufen und waren um gut und gerne fünfzig Kilometer zu weit nördlich an der Küste angelangt. Da sehr gutes Wetter herrschte und nur noch der zugefrorene Godthaabfjord zwischen ihnen und Kapisillit lag, beschlossen sie, die Ausrüstung zurückzulassen und mit leichtem Handgepäck loszustürmen.

Bis zur Mitte des Godthaabfjordes ließ sich die Wanderung gut an. Dann zog ein Schneesturm mit Temperaturen unter minus dreißig Grad auf. Der Wind war so schneidend, daß sie sich keine Pause erlauben konnten. Schon nach einigen Minuten wären sie erfroren.

Zu allem Überfluß riß der Sturm die Eisdecke des Fjordes auf. Weite Umwege waren die Folge. Neunzehn Stunden dauerte schließlich ihr Marsch. Ohne Essen, ohne Trinken, ohne Rast.

"Alle sahen aus wie Greise, als sie zur Tür hereinkamen", erzählt Daniel. "Obwohl der älteste von ihnen noch nicht einmal vierzig war! Sie schliefen beinahe im Stehen ein, trotzdem haben wir die Nacht durchgefeiert."

Was den Norwegern recht ist, soll uns lieb sein. Nach dem Essen setzt sich Daniel an die Heimorgel und spielt zum Tanz auf. Die Müdigkeit der Wanderung ist verflogen und wir drehen uns zu Walzermelodien bis in die frühen Morgenstunden. Dann fordert jedoch der lange Tag seinen Tribut, und einer nach dem anderen zieht sich zurück. Nur Frank und ich können keinen Schlaf finden und schauen hinaus auf den Fjord, über dem ein neuer Tag anbricht. Still schauen wir uns an und prosten uns dann zu. Wie sagen die Inuit, wenn sie von einer langen Reise heimgekehrt sind?

"Anguttit pissortut" – Was sind wir doch für Männer!

## Abschied von Grönland

Garstiger Wind peitscht Regen gegen die Zeltplanen. Ein hohles Prasseln bildet die Hintergrundmusik, während Udo, Martin und Günter am Sonntagmorgen ihr Frühstück vorbereiten. Das geht schnell von der Hand, denn es ist ihnen nicht viel zu essen geblieben.

"Jetzt die Astronautennahrung, mittags den Gürtel enger schnallen und abends Reis mit Pemmikan. Für morgen haben wir dann noch etwas Schokolade, Wurst, eine Packung Knäckebrot und Nudeln", zählt Udo die spärlichen Vorräte auf.

Über den Hubschrauber wird nicht gesprochen. Die Wolken hängen tief über dem Ameralikfjord.

Selbst wenn Frank und mir die Hubschraubercharter schnell gelungen sein sollte, wagt sich bei diesem schlechten Wetter gewiß kein Pilot in die Luft. So überlegen sie und lassen sich für ihr kärgliches Mahl Zeit. Sie haben sich auf eine lange Wartezeit eingestellt. Die allgemeine Laune ist verhangen – wie die Berge um den Fjord herum. Nach den anstrengenden Tagen macht sich wohlige Lethargie breit. Udo liest im einzigen Buch, das wir auf das Inlandeis mitgenommen haben: Nansens Expeditionsbericht. Martin und Günter schreiben in ihren Tagebüchern. Dann hören sie es alle drei gleichzeitig. Ein tiefes Brummen über dem Fjord.

"Scheint Gewitter zu geben", sagt Udo und widmet sich wieder seinem Buch.

Auch Martin und Günter haben die Ohren gespitzt. Als wenn nichts gewesen wäre, nehmen sie ihre Tätigkeit wieder auf. Erneut ist das Rumpeln zu hören, diesmal näher und lauter.

"Das klingt aber sehr nach einem Hubschrauber!" sagt Günter, der es als Flugretter wissen muß.

"Unmöglich, wo soll der denn auf einmal herkommen?" erwidert Martin.

Wieder geben sich alle den Anschein, dem strittigen Geräusch gegenüber völlig leidenschaftslos zu sein. Da fegt eine Böe über den Fjord und treibt den Schall vor sich her. Unverkennbar die Rotoren eines Helikopters! Wie elektrisiert springen die drei auf und kriechen aus dem Zelt. Was sie sehen ist zwar unerklärlich, aber dennoch Wirklichkeit: Ein Hubschrauber jagt dicht unter der Wolkengrenze auf Nansens Zeltplatz zu.

Noch nie ist ein Lager so schnell abgebrochen, sind Rucksäcke so schnell gepackt worden. Die Luft vibriert, als der Hubschrauber aufsetzt.

"Gratulation zur gelungenen Grönlanddurchquerung", schreit der Pilot gegen den Lärm an und hilft beim Verladen des Gepäcks. Kurze Zeit später sitzen Martin, Günter und Udo im Cockpit und fliegen das Austamannadalen aufwärts.

Am Isvandsee wird das erste Depot aufgelöst, dann nimmt der Pilot Kurs auf das Inlandeis. Knapp unterhalb der Wolkendecke fliegend, erreicht er die ersten Ausläufer des Godthaabgletschers und tastet sich vorsichtig weiter. Doch von den Schlitten fehlt jede Spur.

"Die müssen noch weiter aufwärts sein", schreit Günter. Die Wolken hängen jedoch sehr tief, der Pilot wagt sich nicht höher. Unschlüssig steht der Helikopter in der Luft.

Da klart die Sicht ein wenig auf und schemenhaft zeichnen sich die Umrisse der Schlitten zwischen den Eisblöcken ab. Nun verliert der Pilot keine Zeit. Eine dritte Landung und Pulkas und Gepäck sind glücklich geborgen. Eilig dreht der Hubschrauber ab und Minuten später ist der ganze Gletscher hinter milchigem Weiß verschwunden.

"Das wer knapp", sagt der Pilot mit breitem Lachen. Deutlich ist zu merken, wie die Anspannung von ihm abfällt, als er bei guter Sicht über dem Ameralikfjord Kurs auf Nuuk nimmt.

Am Flughafen werden die drei von einem hageren Mann mit grüner Schirmmütze begrüßt – Gert. Er hat es sich nicht nehmen lassen, die Expedition persönlich in Empfang zu nehmen.

"Eure beiden Freunde werden erst am Nachmittag ankommen, sie sind noch auf dem Boot von Kapisillit hierher", sagt er ohne weitere Erklärung. Auf die Frage, wem sie nun ihre "wundersame Rettung" zu verdanken hätten, bleibt er schweigsam. Martin, Günter und Udo werden ins Auto verladen und im Haus von Anders Nielssen einquartiert.

Dann verabschiedet sich Gert von der perplexen Mannschaft mit den Worten: "Fast hätte ich's vergessen, schöne Grüße von Kristina und Bärbel!" Nun können sich die drei einiges zusammenreimen, die wahren Zusammenhänge erfahren sie jedoch erst, als die Kapisillitgruppe mit dem Boot eintrifft. Nach euphorischer Begrüßung tauschen wir unsere Erlebnisse aus. Rasch wird es Abend. Wir beginnen, uns Gedanken über den Bettenbedarfsplan der kommenden Nacht zu machen, aber Anders hat sich schon alles zurechtgelegt. Zwar platzt sein kleines Haus bei dem Ansturm von sieben Besuchern aus den allen Nähten, doch er lehnt jeden Vorschlag unsererseits ab, uns in einem der kleinen Hotels einzumieten. Gastfreundschaft ist in Grönland noch Ehrensache. Kristina und Bärbel teilen sich das Zimmer seiner Kinder, die kurzerhand zu den Nachbarn ausquartiert werden. Wir fünf Expeditionisten werden auf dem Boden des Wohnzimmers untergebracht. Bald gleicht das Haus einem Heerlager, aber das scheint die Familie Nielssen nicht zu stören. Im Gegenteil, man ist froh über die unvermutete Abwechslung. Zum Abendessen werden sogar noch die Nachbarn geladen, die tatkräftig beim Bereiten des Mahles helfen.

So schön der gesellige Teil des Abends auch sein mag, wir fühlen uns nach den Wochen auf dem Inlandeis, in denen uns höchstens eine dünne Zeltplane von der Weite der Landschaft trennte, durch die Mauern eingeengt. Da der sanfte Schein der Abendsonne durch die Fenster fällte, schlägt Martin einen Spaziergang vor. Alle stimmen zu, und bald stehen wir auf der Kuppe eines Hügels, zu dessen Füßen Nuuk mit seinen verschachtelten Häuschen und Straßen liegt. Fast scheu duckt sich der Ort in eine Bucht zwischen schroffen Bergen. Die Wolken haben sich verzogen, und nach dem Regen ist die Luft frisch und klar und riecht nach Rentiermoos.

Scharf zeichnen sich die Umrisse der Berge vor einem flammend roten Himmel ab. Die tiefstehende Sonne wirft lange Schatten über den Fjord. Graue Hügel liegen noch kurze Zeit in Rot getaucht, dann versinkt die Sonne im Norden.

"Den herrlichen Sonnenuntergang hättest du filmen sollen", sagt Frank leise zu Martin. Doch der schüttelt den Kopf.

"Nein, Frank, das gehört nicht mehr dazu. Unsere Expedition war schon vorher beendet."

Einen Tag später startet eine DC 10 in Søndre Strønfjord Richtung Kopenhagen. An Bord befinden sich fünf Männer mit wilden Bärten, verbrannten Gesichtern und klobigen Schuhen. Jeder von ihnen hat einen Fensterplatz ergattert und starrt hinaus auf die unendliche Fläche des Inlandeises. Verwundert beobachtet eine Stewardess das Interesse der fünf an dem ewigen Weiß, für das sie nach vielen Flügen von und nach Grönland schon längst keinen Blick mehr hat. Selbst als sie das Essen serviert, lassen die fünf nicht von den Fenstern ab. Sie versucht, mit einem von ihnen ins Gespräch zu kommen.

"Das grönländische Inlandeis", sagt sie überflüssigerweise, "Hunderttausende von Quadratkilometern Schnee und Eis. Dort unten ist es stürmisch, kalt und einsam." Der Mann schaut kurz auf.

"Ich weiß", entgegnet er, und seine Antwort scheint aus großer Ferne zu kommen, "aber auch wunderschön!"

Als sich die Flugzeugtür in Kopenhagen öffnet, schlägt uns eine feuchtwarme Luft entgegen, die uns schier den Atem nimmt. Auch das Gedränge in der Flughalle nimmt sich für uns atemberaubend aus. Hektik und Eile. Keiner scheint für irgendetwas Zeit zu haben, keiner grüßt. Etwas verloren stehen wir in dem Treiben. Wie Strandgut kommen wir uns vor, nicht dazugehörig zu dieser blinden, rastlosen Welt.

In der stillen Ecke eines Restaurants finden wir endlich etwas Ruhe. Die Unterhaltung dreht sich um Grönland. Erstaunt müssen wir feststellen, daß die Reise jetzt schon Vergangenheit ist und wir zurückkehren müssen in eine Welt, die wir im Moment nicht verstehen.

"Merkwürdig", sage ich mit Blick auf das anonyme Treiben um mich herum, "in Grönland brauchte ich nur zwei oder drei Tage, um mich an das Leben in der Eiszeit zu gewöhnen. Umgekehrt wird es wohl einige Wochen dauern."

Uns gegenüber trinken drei Geschäftsleute in dunklen Anzügen ein eiliges Bier. Dann greifen sie ihre Aktenköfferchen und jagen, den Trenchcoat überm Arm, zum Ausgang. Eine Frau in einem strengen Kostüm setzt sich naserümpfend an einen noch nicht abgeräumten Tisch. Er ist der einzige, der noch frei ist. Ein junger Mann mit Zöpfchen und weitem Hemd, der begleitet wird von zwei Schönheiten, sucht umsonst nach einem Platz und dreht elegant wieder ab. In einer Ecke lärmt eine Gruppe von jungen Leuten mit kurzgeschnittenem Haar, offensichtlich eine Sportmannschaft.

Copenhagen International Airport. Die Menschheit zelebriert ihren Narzismus, verzweifelt darum bemüht, sich von der Wichtigkeit des eigenen Tuns zu überzeugen. Doch nach den Wochen auf dem Inlandeis kann uns dieses Treiben nicht so recht beeindrucken.

"Am liebsten würde ich gleich den nächsten Flug zurück nach Grönland nehmen", sagt Bärbel, doch die Maschinerie hat uns wieder eingefangen. Martin und Günter haben eine Flug nach München bekommen, Kristina und Bärbel werden nach Berlin fliegen. Udo nimmt den Zug. Frank wird noch einige Tage bei Freunden in Kopenhagen verbringen. Ich habe einen Flug nach Düsseldorf gebucht. Wir nehmen unser Gepäck, verabschieden uns voneinander und tauchen ein in das laute Gedränge; jeder geht in eine andere Richtung. Die Gruppe hat sich aufgelöst, doch jeder nimmt die Erinnerung mit an das große, weiße Schweigen und die Weite und die Freundschaft, die trotz aller Schwierigkeiten auf der Wanderung bestanden hat.

# Epilog

Seit wir Grönland durchquerten ist ein Jahr vergangen. In dieser Zeit haben wir uns oft getroffen und über unsere Reise und alles, was zwischen uns geschehen ist, gesprochen. Vieles kam dabei zutage, was wir während der angespannten Tage auf dem Eis nicht sehen konnten, wollten oder erst daheim zu sagen trauten.

Erstaunlich ist, daß in einer isolierten Gruppe während eines relativ kurzen Zeitraumes so viel geschehen kann, daß es mehrere Monate dauert, um ein annähernd vollständiges Bild der Erlebnisse und gegenseitigen Beeinflussungen zu erhalten.

Klar wurde uns auch, daß viele unserer Erlebnisse so komprimiert waren, daß sie sich einer rationalen Analyse entziehen. Auch muß der Versuch fehlschlagen, die genaue Rolle jedes einzelnen in dem Ablauf der Expedition aufzuschlüsseln und die Vermutung bleibt, daß manche Fehler des einen eine Stütze für den anderen bedeuteten und so zum Gelingen der Expedition beitrugen.

Recht sprachlos stand ich auch nach unserer Rückkehr aus Grönland zunächst den zwei Fragen gegenüber, die mir in der Öffentlichkeit am häufigsten gestellt wurden: Warum habt ihr die Expedition unternommen? Was ist bei den Strapazen für euch herausgesprungen?

Schließlich wurde mir bewußt, daß diese beiden Fragen nicht zu beantworten sind; sie sind "falsche" Fragen, da sie sich auf eine Ebene beziehen, die in keiner Beziehung zu unserer Reise steht.

Viele Bergsteiger, Wanderer und Expeditionisten, die sich für einen gewissen Zeitraum in die Wildnis begeben haben und fernab der Zivilisation auf sich selbst gestellt waren, mögen bei ihrer Rückkehr Ähnliches erlebt haben. Man bewundert die Leistung und zollt dem Erfolg Respekt – die Frage nach den Motiven bleibt.

Manche ziehen sich mit ausschweifenden Erklärungen aus der Affäre, denen keiner folgen kann oder will. Andere verstecken sich hinter wissenschaftlichen Untersuchungen, die während ihrer Expedition durchgeführt worden sind. Doch Wissenschaft in der Antarktis und Arktis wird heutzutage mit Millionenaufwand betrieben. Die Ergebnisse von Kleinexpeditionen ringen professionellen Forschern deshalb höchstens ein höfliches Lächeln ab.

Wieder andere antworten auf die Frage, warum sie diesen oder jenen Berg bestiegen haben, kurz und fast trotzig: "Weil er da ist!"

Eine treffendere, ebenso bündige Antwort ist vielleicht: "Weil ich da bin!" Damit hat man sich bewußt der Ebene des Fragestellers entzogen. Die Fragen von Zeitgenossen müssen nämlich oft so verstanden werden: Was kannst du nach deiner Rückkehr vorzeigen? Was hast du erreicht oder bewirkt? Was hast du erworben für dein Leben oder deine Karriere? Kannst du aus deinem Tun Nutzen ziehen? Doch alle diese Fragen zielen vorbei an dem, was wichtig ist. Sie spiegeln lediglich unseren Zeitgeist wider, der sich am Materiellen, am Haben des Menschen orientiert und das Sein in den Hintergrund stellt.

So ist es nicht verwunderlich, daß Unternehmungen wie die unsere, die Hunger, Kälte, schwere körperliche Arbeit, Unsicherheit und Angst mit sich bringen, auf Unverständnis stoßen. Diejenigen, die für kurze Zeit der Sicherheit und Bequemlichkeit unserer Welt den Rücken kehren, ihre Träume leben und Grenzen erfahren wollen, können ihre Beweggründe oftmals nicht richtig erklären, da sie gegen den Zeitgeist handeln. Sie werden nur von dem unbestimmten und unerklärlichen Gefühl geleitet, daß sie dies tun müssen, um erleben zu können, was für sie in der Berechenbarkeit unserer Welt in dem Maße nicht erlebbar ist. Daß das Abenteuer des Lebens überall erlebt werden kann, wenn man nur den Mut hat, es zu suchen, haben uns viele andere in unserer Welt schon vorgelebt.

So führte mich mein Weg eher zufällig nach Grönland. Doch es war für mich kein kurzfristiger Ausbruch aus dem alltäglichen Leben; es war kein Urlaub, nach dem man erholt und mit frischer Kraft in seine gewohnte Umgebung zurückkehrt.

Wer den ersten Schritt gemacht hat hinaus ins eigene Erleben, der wird einer solchen Vielfalt begegnen, daß er nicht wieder stehenbleiben will. Er wird weitergehen und begierig darauf sein zu erfahren, was ihn hinter der nächsten Biegung, dem nächsten Berg, dem nächsten Fluß erwartet. Auf diesem selbstgewählten Weg setzt er sich in immer neue Beziehung zur Welt – er wird aktiv und produktiv und kann sich selbst in seinem Tätigsein erkennen.

# Ausrüstung

Die Ausrüstung für Arktisexpeditionen sollte robust sein, da die Beanspruchung des Materials durch Kälte, Sturm und Gelände sehr groß ist und schon das Ausfallen eines wichtigen Gegenstandes die gesamte Expedition in Frage stellen kann. Außerdem sollte berücksichtigt werden, daß auf Kleinexpeditionen keine Möglichkeit besteht, Ersatz zu beschaffen. Reparaturen können nur in geringem Umfang durchgeführt werden und sind unter den rauhen Umweltbedingungen kein Vergnügen. Natürlich muß stets ein Kompromiß gefunden werden zwischen Gewicht und Stärke des Materials; der Stabilität sollte der Vorrang vor Leichtigkeit eingeräumt werden – vor allem bei Schlittenexpeditionen, da hier einige Kilogramm Gepäck mehr kaum ins Gewicht fallen.

## Schlitten

Wir entschieden uns für die norwegische Fjellpulka (200 mal 60). Sie bot genügend Laderaum für unser Gepäck und zeigte in dem zerklüfteten Eis der Gletscherbrüche ausreichend Beweglichkeit. Die Form der Schlitten ist nach jahrzehntelanger Erfahrung ausgereift und mit hoher Wahrscheinlichkeit besser als sämtliche Eigenkonstruktionen in Hinsicht auf Stabilität, Handling und Laufeigenschaften. Zwar sind sie aus Kunststoff gefertigt 5 bis 6 kg schwerer als solche aus Titan oder Keflar; die leichte Beschaffbarkeit der Schlitten, ihr niedriger Preis und ihre ausgezeichneten Laufeigenschaften machen diesen Nachteil jedoch wett.

Das Zuggestänge aus Bambus erwies sich als haltbar und hat gegenüber Seilen den unschätzbaren Vorteil, daß man stets direkten Kontakt zum Schlitten hat. Bei der Verwendung von Seilen hingegen tritt ein unangenehmes Rucken an den Schultern ein, da sie oft durchhängen. Außerdem verhindert die Elastizität des Bambus im Gegensatz zu starren Zuggestängen aus Aluminium, daß man beim Auffahren des Schlittens an Abhängen gleich mit der vollen Wucht der Pulka nach vorne gestoßen wird.

## Skier, Bindungen und Schuhe

Wir mußten unterschiedliche Schneeverhältnisse berücksichtigen. Die Skala reichte von hartem Preßschnee mit starken Unebenheiten bis zu kniehohem Tiefschnee. Schmale, dünne, "schnelle" Langlaufskier waren deshalb fehl am Platze.

Außerdem mußten wir einen Kompromiß finden zwischen guten Langlaufeigenschaften und den Anforderungen, die die Para-Wings an die Skier stellten. Wir entschieden uns deshalb für Skier mit Stahlkanten und Leichttourenbindungen, die an den Fersen arretiert werden konnten. Die Bindungen konnten nur in einem Gelenk an der Fußspitze bewegt werden. Langlaufschritte waren also nicht möglich. Da jedoch das Gewicht unserer Schlitten ein Gleiten von vornherein unmöglich machte, störte uns die Unbeweglichkeit der Bindung im Fußteil nicht. Im übrigen hatten wir (außer beim Segeln und bei der Überquerung der Gletscherbrüche Westgrönlands) stets Steigfelle unter den Skiern, um nicht nach hinten abzurutschen.

Wir nahmen pro Person nur ein Paar Schuhe mit. Deshalb mußten sie verschiedenen Anforderungen genügen: Sie sollten warm sein und unempfindlich gegen Nässe, steigeisenfest – aber auch weich im Schaft, um bequem laufen zu können.

Lederschuhe erfüllen diese Bedingungen nur teilweise. Sie sind schwer, meist steif und ziehen trotz intensiver Behandlung mit Wachs Wasser. Der herkömmliche Tourenskischuh hat einen starren Schaft, der zu Druckstellen an Wade oder Schienbein führen kann.

Nach langer Suche stießen wir auf einen Kunststoffschuh mit steigeisenfester Sohle und flexiblem Schaft. Dieser Schuh ist aus neoprenartigem Material und wärmte selbst dann noch, wenn er naß war. Da es sich um einen Zwei-Schalen-Schuh handelt, war das Trocknen einfach. Waren die Innenschuhe während des Tages durchgeschwitzt, genügte eine Nacht im Schlafsack, um sie zu trocknen. Dieser für Arktisexpeditionen ideale Schuh wird – soweit mir bekannt ist – leider nicht mehr hergestellt.

## Zelte

Als Schlafzelte verwendeten wir zwei Tunnelzelte (210 mal 160). Das Baumwoll-Polyester Mischgewebe des Innenzeltes und große Ventilationsluken im Außenzelt sorgten für ausreichende Zirkulation der Luft. Wir hatten nur bei Temperaturen um 0° C und hoher Luftfeuchtigkeit Kondenswasserprobleme. Innen- und Außenzelt waren miteinander verbunden, was das Aufstellen wesentlich erleichterte. Es mußte lediglich das Gestänge durch außen angebrachte Schlaufen gezogen werden, was mit Handschuhen bewerkstelligt werden konnte. Dann mußten nur noch 12 Heringe angebracht werden.

Das flexible Aluminiumgestänge hielt selbst einem Sturm mit 140 km Windgeschwindigkeit stand. Der einzige Nachteil des Gestänges bestand aus einem Gummizugseil, das die einzelnen Elemente jeder Stange miteinander verband. Dieses Seil sollte das Aneinanderfügen der Elemente erleichtern. Bei Temperaturen unter -5° C froren die Gummibänder jedoch ein und erschwerten das Zusammensetzen des Gestänges. Um diesen Nachteil zu beheben, sollen die Bänder in Zukunft kältegehärtet werden; dies teilte uns der Hersteller mit.

Das dritte Zelt, ein doppelwandiges Pyramidenzelt mit zentraler Stange, war als Koch- und Aufenthaltszelt gedacht. Da Innen- und Außenzelt nicht miteinander verbunden waren, bereitete das Aufstellen einige Mühe, deshalb benutzten wir das Zelt zunächst nicht. Erst nachdem wir nur das Außenzelt aufstellten und darin "Bänke" und "Tische" in den Schnee gruben, erschien uns die Arbeit lohnenswert. In dieser Form ist ein solches Zelt für jede vergleichbare Expedition ratsam. Die Planen schützen vor Wind, die Kocher heizen das Innere sogar um einige Grad über die Außentemperatur auf. Das Hantieren mit dem Kochgerät ist so viel einfacher. Selbst einer sechsköpfigen Expeditionsmannschaft bietet diese Zelt Platz, und Frühstück und Abendessen können zusammen eingenommen werden, während die Expeditionsteilnehmer bequem auf den "Bänken" sitzen. Diese gemeinsamen Essen in entspannter Athmosphäre bildeten oft den Höhepunkt unserer Tage auf dem Eis und trugen wesentlich zum Zusammenhalt der Gruppe bei. Der Verzicht auf dieses Zelt hätte bedeutet, daß wir voneinander getrennt in unseren Schlafzelten liegend unser Essen hätten zubereiten und einnehmen müssen.

## Schlafsäcke

Wir verwendeten Daunenschlafsäcke. Der Vorteil dieser Schlafsäcke gegenüber Kunststoffschlafsäcken mit Holofill-Füllung liegt in ihrer hohen Isolierfähigkeit bei geringem Gewicht und kleinem Packvolumen.

Den Nachteil bekamen wir in den ersten vierzehn Tagen unserer Wanderung zu spüren, als wir Temperaturen um $0°$ C und eine hohe Luftfeuchtigkeit hatten: Die Schlafsäcke wurden naß und klumpten. Hier wären Kunststoffschlafsäcke, die wesentlich nässeunempfindlicher sind, besser gewesen.

Auf Expeditionen, die mit solchen Bedingungen rechnen müssen, würde ich deshalb Holofill-Schlafsäcke bevorzugen.

## Kleidung

Unsere Kleidung war nach dem "Zwiebelschalenprinzip" ausgesucht. Thermounterwäsche, Faserpelzjacken und -hosen, Windanoraks und Windhosen aus Baumwollstoff und Daunenkleidung waren so bemessen, daß alle diese Kleidungsstücke übereinandergezogen werden konnten. Auf diese Weise konnten wir unsere Kleidung ohne großen Aufwand stets den Witterungsbedingungen anpassen.

Während des Tages liefen wir nur in Unterzeug, Windanoraks und Windhosen. In den Pausen und abends zogen wir die Faserpelzkleidung unter das Windzeug. Nur selten war es so kalt, daß wir die Daunenkleidung benutzen mußten.

Wichtiger Teil der Kleidung waren die Handschuhe. Hier bewährten sich vor allem Zweischalenfingerhandschuhe mit einem Innenteil aus Faserpelz.

Einerseits boten sie genügend Bewegungsfreiheit für gröbere Arbeiten, z.B. beim Aufstellen der Zelte. Andererseits hielten sie selbst bei starkem Wind warm. Für feinere Arbeiten führten wir dünnere Fingerhandschuhe mit.

## Kocher

Da Petroleum den höchsten Brennwert besitzt, nahmen wir Petroleumkocher mit. Sie sind zwar etwas anfälliger als Spiritus- oder Gaskocher – fast an jedem Tag mußten Düsen gereinigt werden, und bei großer Kälte waren die Kocher nur mit Spiritus in Gang zu bekommen – aber Heizleistung und geringer Brennstoffverbrauch überzeugten uns. Als Reserve nahmen wir einen Spirituskocher mit. Zum Glück versahen unsere Kocher jedoch immer ihren Dienst. Wir benutzten den Spirituskocher nur als zusätzliche Brennhilfe. Trotz des Einsatzes von drei Kochern dauerte das Schmelzen des Schnees und die Zubereitung des Abendessens täglich zwei Stunden.

## Funkgerät

Um in Notfällen Hilfe herbeirufen zu können, sollte jede Arktisexpedition über ein Funkgerät verfügen. Bei Grönlanddurchquerungen ist es Voraussetzung für den Erhalt einer Expeditionserlaubnis. Sprechfunkgeräte haben den Vorteil, daß im Notfall Entscheidungen mit den Hilfsmannschaften abgesprochen werden können. Sie haben jedoch mehrere Nachteile: Der Expedition muß ein erfahrener Funker angehören. Sollte nämlich eine vorher abgesprochene Funkbrücke nicht zustande kommen und sich die Expedition in den abgesprochenen Zeitabständen nicht melden, wird eine vielleicht unnötige Suchaktion eingeleitet. Sollte tatsächlich eine Notsituation eintreten, ist der Expedition oft aufgrund schlechten Wetters ihre genaue Position nicht bekannt, was zur Folge hat, daß die Hilfsmannschaften nicht an den genauen Aufenthaltsort dirigiert werden können. Schließlich zerstört ein Sprechfunkgerät das Gefühl, auf sich selbst gestellt zu sein. Dieses war aber ein wesentliches Moment unserer Wanderung! Man ist nicht mehr gespannt auf die Entwicklung des Wetters in den nächsten Tagen – man funkt einfach eine Station an und bittet um den Wetterbericht.

Aus diesen Gründen entschieden wir uns für ein Satellitenfunkgerät. Mit diesem Gerät kann ein kodierter SOS-Ruf an einen Satelliten abgegeben werden, der die Position des Hilferufs automatisch mit einer Genauigkeit von 10 Kilometern ortet und der die zuständige

Flugrettungsbehörde informiert. Der einzige Nachteil dieser Funkverbindung ist ihr "Alles oder Nichts–Prinzip". Entweder die Expedition meistert die Probleme allein – oder die gesamte Mannschaft wird ausgeflogen.

**Navigation**

Wir waren vor die Frage gestellt, ob wir unsere Ortsbestimmung mit Hilfe eines Satellitennavigationsgerätes oder mit herkömmlichen Mitteln, d.h. mit Sextant, Uhr und nautischem Jahrbuch durchführen wollten, wofür wir uns entschieden.

Nach unseren Informationen waren einige Satellitennavigationsgeräte anderer Expeditionen ausgefallen, und man riet uns, für alle Fälle einen Sextanten mitzunehmen. Wegen dieser Ausfälle und auch aus Kosten- und Gewichtsgründen verzichteten wir auf ein Satellitennavigationsgerät.

Unsere Ortsbestimmung basierte auf zwei voneinander unabhängigen Methoden. Täglich bestimmten wir durch Koppelung unseren ungefähren Aufenthaltsort. Wir zeichneten die Marschrichtung des Tages auf die Landkarte ein und trugen auf diesem Vektor die zurückgelegte Kilometerzahl ab, die wir abends auf dem Zähler unseres Kilometerrades ablasen. Erstaunlich war die Genauigkeit dieser Methode, vor allem wenn man berücksichtigt, wie oft wir von unserer Marschrichtung durch White-Out, Sturm oder Schneetreiben abwichen. Zweimal pro Woche schoß Udo die Sonne mit dem Sextanten und verglich unsere gekoppelte Position mit der nun errechneten. Die Differenz war nie größer als 10 Kilometer. Das einzige Problem bei der Navigation mit dem Sextanten war die Beschaffung eines künstlichen Horizonts. Ein Schwarzglas, das wir auf einem Stativ waagerecht ausrichteten, hatte eine unebene Oberfläche und erwies sich daher als zu ungenau. Bessere Dienste leistete ein Plastikbehälter, den wir mit Petroleum füllten. Die Oberfläche der Flüssigkeit richtete sich waagerecht aus. Voraussetzung für diese Methode war jedoch fast völlige Windstille, was in Grönland eine Seltenheit ist.

Als Chronometer benutzten wir billige Digitaluhren. Die Genauigkeit dieser Uhren war vollkommen ausreichend.

**Para-Wings**

Vor unserer Reise sind die Para-Wings noch nie bei einer Expedition eingesetzt worden. So betraten wir Neuland, als wir in Grönland die Para-Wings entfalteten und uns und die Schlitten mit Hilfe des Windes fortbewegten.

Der Konstrukteur der Schirme, Wolf Behringer, hatte auf der Schwäbischen Alp schon einige Erfahrungen gesammelt – auch was das Segeln mit Schlitten anbelangt. Er gab uns viele wertvolle Ratschläge. Leider konnten wir die Handhabung der Schirme nur ein einziges Mal vor der Grönlandreise üben, und so hatten wir zunächst auf dem Eis Schwierigkeiten, besonders beim Start und an Starkwindtagen. Je sicherer wir im Umgang mit den Segeln wurden, desto größer war ihr Nutzen. Die längste Segelstrecke eines Tages betrug 88 km; eine Distanz, für die man zu Fuß unter gleichen Bedingungen 4 Tage benötigt hätte. Wir sind der Überzeugung, daß wir noch wesentlich längere Strecken hätten zurücklegen können, wenn wir erfahrenere Segler gewesen wären. So gelang es uns z.B. nicht, gegen den Wind anzukreuzen, was durchaus mit dem Para-Wing möglich ist. Wir konnten nur Wind bis zu 90 Grad querab unserer Marschrichtung nutzen.

Wenn ein stetiger Wind geht, sind die Para-Wings ideale Fortbewegungsmittel auf ausgedehnten Schnee- oder Eisflächen. Wie sich bei der Verletzung von Günter zeigte, können Lasten bis zu 140 kg transportiert werden.

Durch unsere Expedition wurden Arved Fuchs und Reinhold Messner auf die Para-Wings aufmerksam. Sie ließen sich von dem Nutzen der Segel überzeugen und machten während ihrer Antarktisdurchquerung 1989/90 ähnlich positive Erfahrungen mit den Para-Wings.

**Nahrung**

Das Essen sollte kalorien- und fettreich sein, außerdem genügend Proteine, Kohlehydrate und Mineralien enthalten. Unseren Kalorienbedarf berechneten wir mit 5.500 kcal/Tag. Da unsere Nahrung nur 4.500 kcal enthielt, mußten wir mit einer Abnahme des Körpergewichtes von 100g täglich rechnen.

Dies war tatsächlich der Fall, beeinträchtigte unser körperliches Wohlbefinden jedoch nicht. Zum Frühstück gab es eine spezielle, ausbalancierte Nahrung. Wir führten sie als Pulver mit uns und mußten sie mit Wasser anrühren. Der Geschmack war erträglich und das Frühstück schnell zubereitet. Mittags ernährten wir uns von Knäkkebrot, Wurst und Käse. Schokolade und Nüsse ergänzten das Essen während des Tages.

Die Grundlage des Abendessens war Pemmikan, Cathay, eine Mischung aus tierischem Fett und luftgetrocknetem, zerriebenem Fleisch. Der Pemmikan wurde in kochendem Wasser aufgelöst; in diesem Sud kochten wir dann Nudeln, Reis oder Kartoffelbrei. Für den Geschmack sorgten Curry- oder Bolognesesoße und reichlich Gewürze. Dieses Essen war nicht nur kalorienreich, wir empfanden es auch als abwechslungsreich und sehr schmackhaft, was auf einer langen Expedition nicht unwesentlich ist.

# Fridtjof Nansen

*Abenteuerlust ist das geheimnisvolle Verlangen, etwas zu unternehmen, das Leben mit mehr zu erfüllen als mit dem täglichen Gang vom Haus zur Arbeitsstätte und von dort wieder nach Hause. Sie ist unser ewiger Drang, Schwierigkeiten und Gefahren zu überwinden, Verborgenes zu enthüllen, in Gebiete jenseits des Alltags einzudringen. Sie ist der Ruf des Unbekannten, der Urquell unserer größten Taten, der beschwingte Gedanke, der seiner Freiheit keine Grenzen setzt.*

Dies sagte Fridtjof Nansen im Alter von fünfundsechzig Jahren bei einem Vortrag vor Studenten der St. Andrew's Universität.

Abenteuerlust war das eine bedeutsame Wort für Nansens Leben, Verantwortungsbewußtsein das andere.

Zwischen diesen beiden Polen, dem Abenteuer und der Einsicht in Verpflichtungen, die ihm angetragen wurden, spannte sich das Leben des norwegischen Polarforschers, Humanisten und Diplomaten. Er war ein träumender Realist, einer jener wenigen Menschen, die nicht nur Visionen haben und zu denken wagen, was vor ihnen noch niemand gedacht hat. Er gehörte auch zu den Menschen, die ihre Träume mit Tatkraft und Umsicht zu verwirklichen verstehen.

Den ersten Schritt hinaus ins Unbekannte wagte Nansen 1888 in Grönland – eine Forschungsreise durch das damals noch unbekannte Innere der größten Insel der Welt; eine Reise, die ihm den Ruf eines großen Wissenschaftlers einbrachte und ihn weltberühmt machte. Vor allem wurden Fachwelt und breite Öffentlichkeit durch die Art in Erstaunen versetzt, mit der Nansen die Grönlandexpedition plante und durchführte.

Da arbeitete ein junger Mann als Konservator am biologischen Institut in Bergen. Er hatte gerade eine Arbeit veröffentlicht: "The structure and combination of the historical elements of the central nervous system". Man sagte ihm eine große Zukunft als Biologe voraus, und seine Laufbahn schien sich bereits deutlich abzuzeichnen.

Dann, an einem Herbstabend des Jahres 1883 las er eine Zeitungsnotiz. Dieser Notiz zufolge war der bekannte schwedische Polarforscher A. E. Nordenskiöld von einer Expedition ins Innere Grönlands zurückgekehrt. Nordenskiöld war über dreihundert Kilometer weit auf das Inlandeis vorgedrungen. Am meisten faszinierte Nansen die Tatsache, daß der Erfolg der Expedition auf dem Einsatz von Skiern beruhte, einem Fortbewegungsmittel, daß zur damaligen Zeit für Arktisexpeditionen ungeeignet schien. Nansen selbst war hervorragender Skiläufer.

Durch eine Reise mit dem Seehundfänger "Viking" ein Jahr zuvor bestens mit den Küstenverhältnissen Ostgrönlands vertraut, entstand beim Lesen Nordenskiölds Artikel sofort ein Plan: Mit dem Seehundfänger zum Packeisgürtel vor der grönländischen Küste vordringen und dort mit Ruderbooten festen Boden zu gewinnen versuchen.

Sodann unter Begleitung von vier oder fünf guten Skiläufern das Inlandeis von Ost nach West überqueren und in Godthaab wieder in die Zivilisation zurückzukehren.

Ohne Zögern stellte er seinen Plan der Öffentlichkeit vor in der Hoffnung, Unterstützung zu erhalten. Die Reaktion war jedoch alles andere als ermutigend – man hielt ihn für verrückt! Nansen ließ sich aber nicht entmutigen und verfolgte sein Ziel weiterhin mit Beharrlichkeit und Konsequenz.

Er bat Nordenskiöld um eine Unterredung. Sollte der schwedische Polarforscher Nansens Plan gutheißen, würde die ablehnende Haltung der Öffentlichkeit gebrochen und die Finanzierung seiner Expedition gesichert sein.

Zeuge des Gesprächs mit Nordenskiöld war der norwegische Mineraloge W. C. Brögge. Was er darüber berichtet, ist zugleich eine zutreffende Charakteristik Nansens:

*Unbeschreiblich sicher und vertrauenerweckend stand er da mit einem freundlichen Lächeln in dem grobgeschnittenen, kräftigen Gesicht. Er blieb sich die ganze Zeit völlig gleich, schlicht, geradezu ein wenig unbeholfen in seinem Wesen, aber er wuchs mit jedem einzelnen Wort. Dieser Plan ... wurde im Gespräch zu der natürlichsten Sache der Welt. Und auf einmal spürte ich die Gewißheit. Dieser Mann hat einen ungeheuren Willen. Er wird den Plan ausführen so sicher, wie wir hier sitzen und darüber reden.*

Und Nordenskiöld stimmte dem Plan zu.

Nun begann Nansen, die Ausrüstung zusammenzustellen. Kritisch sah er Expeditionsberichte durch, übernahm, was ihm geeignet erschien und verwarf Ungeeignetes. Mit praktischem Verstand konstruierte er einen neuen Schlittentyp, den Nansenschlitten, der auch heute noch von vielen Expeditionen verwendet wird. Ein Kocher, extrem dicht gewebte Kleidung, ein warmer Schlafsack und ein sturmsicheres Zelt wurden entworfen.

Am 4. Juni 1888 verläßt Nansen mit drei Norwegern und zwei Lappen zwanzig Kilometer vor der Ostküste Grönlands den Robbenfänger "Jason". Das Abenteuer beginnt. In Beibooten versucht die Gruppe, sich einen Weg durch den Packeisgürtel vor der Küste zum Festland zu bahnen. Eine starke Strömung versetzt sie jedoch dreihundert Kilometer nach Süden.

Erst nach vierzehn Tagen Kampf mit Wind, Wellen und Eisschollen erreichen die Männer Land, rudern an der Küste entlang nach Norden und treten am 16. August endlich ihren Marsch über das ewige Eis Grönlands an.

Die Überquerung der Gletscherbrüche dauert allein eine Woche. Dann wandern sie im arktischen Herbst bei immer kürzer werdenden Tagen und immer mehr fallenden Temperaturen durch eine leblose Wüste aus Schnee und Eis.

Doch die Rechnung geht auf. Die Ausrüstung erweist sich als ideal, Nahrung steht ausreichend zur Verfügung. Das Rückgrat der Expedition, Skier und Schlitten, bewährt sich hervorragend. Doch nicht zuletzt ist es der Geist Nansens, der die Gruppe inspiriert und über Sturm, Kälte und Einsamkeit hinweghilft.

Hier zeigt sich zum ersten Mal die natürliche Autorität Nansens, seine Fähigkeit, Menschen für sich zu gewinnen und ihnen seine Ideen zueigen zu machen. Das ist kein knöcherner Gelehrter oder starrer Ehrgeizling, der das Inlandeis überquert, sondern ein kraftstrotzender junger Mann, bei dem sich Enthusiasmus und Sachverstand die Waage halten.

Am 18. September sichten Nansen und seine Begleiter die Gebirge der grönländischen Westküste, steigen den Godthaabgletscher hinab und erreichen durch das Austmannadalen den Ameralikfjord.

Hier bauen sie aus Weidenzweigen und Zeltplanen ein zerbrechliches Boot und rudern auf dem wegen seiner Fallwinde gefürchteten Fjord nach Godthaab.

Über seine Ankunft schreibt Nansen:

*Und welche Gefühle bewegten uns jetzt? Waren es die des glücklichen Siegers? Für meine Person muß ich diese Frage mit "Nein" beantworten. Es war mir nicht möglich, ein anderes Gefühl zu empfinden als das des Gesättigtseins.*

Ein bemerkenswerter Ausspruch in einer Zeit, in der der Kolonialismus auf der Höhe seiner Machtentfaltung war und erfolgreiche Polarforscher als Sieger über eine harte Natur gefeiert wurden. Nansen hingegen sah in der Natur keinen Gegner, den es niederzuringen galt. Für ihn waren Natur und Mensch eine Einheit. Daher blieb ihm das kurzlebige Gefühl des Siegens fremd. Er hatte auf seiner Wanderung eine neue und befriedigende Einsicht in das Verhältnis zwischen Mensch und Umwelt gefunden, die sein Leben wesentlich bestimmen sollte – der Mensch nicht als Herrscher über die Natur, sondern als Teil der Ganzheit, die ihn umgibt.

Da bei ihrer Ankunft in Godthaab das letzte Schiff nach Europa ausgelaufen war, mußte die Expedition den Winter in Grönland verbringen und Nansen nutzte die Zeit, um das Leben der Inuit zu studieren. Er lebte zusammen mit ihnen, lernte das Kajakfahren und die Seehundjagd und machte sich mit den Überlebensstrategien der Inuit in einer lebensfeindlichen Umgebung vertraut – Kenntnisse, die ihm auf seiner Nordpolexpedition von großem Nutzen sein sollten.

Im Frühjahr 1889 kehrte die Expedition im Thriumphzug nach Norwegen zurück. Wichtige geologische und meteorologische Beobachtungen waren gemacht worden. Die Expedition war ein wissenschaftlicher Erfolg, der in allen geographischen Gesellschaften Europas gefeiert wurde. Aber auch über die wissenschaftlichen Kreise hinaus war Nansen über Nacht ein bekannter Mann.

In den nächsten Jahren widmete er sich den Auswertungen seiner Grönlandreise und der Wissenschaft. Doch dann rief ihn die stille Weite der Arktis erneut. Und wieder war es eine Expedition Nordenskiölds, die Nansen auf die Idee brachte. 1878–79 hatte der

Schwede während der Nordostpassage auf der "Vega" wenige Kilometer westlich der Beringstraße überwintert. Eine Suchexpedition strandete ein Jahr später in der Nähe der Neusibirischen Inseln. 1893 fand man eine Ölhose der Suchexpedition an der Westküste Grönlands.

Nansen folgerte, daß die Hose nur durch eine Eisdrift von der sibirischen Küste über polnahe Regionen bis nach Grönland gelangt sein konnte. Daraus entwickelte er seinen Plan: Er wollte sich mit einem Schiff im nordsibirischen Packeis einfrieren lassen und der Eisdrift über den Pol nach Grönland folgen.

Nansen entwarf ein Schiff, das schwersten Eispressungen standhalten sollte. Seine Frau taufte es auf den Namen "Fram" - Vorwärts.

Im Frühjahr 1893 sticht Nansen mit zwölf Begleitern (diesmal unter Anteilnahme des gesamten norwegischen Volkes) in See. Und wieder geht seine Rechnung auf. Die "Fram" hält der Umklammerung des Eises stand, die Drift führt die Expedition immer weiter nach Norden.

Die Stimmung an Bord ist ausgezeichnet, wissenschaftliche Beobachtungen verschiedenster Art werden vom Schiff aus gemacht. 1894 hat jedoch die "Fram" ihren nördlichsten Punkt auf dem 84. Grad n. Br. erreicht, so daß Nansen beschließt, mit Hjalmar Johansen die Sicherheit des Schiffes zu verlassen. Mit Schlittenhundegespannen versuchen sie, den Nordpol zu erreichen.

Der Marsch scheitert jedoch an dem unebenen Eis des Nordpolarmeeres und auf 86 Grad 14 Min. n. Br. kehren die beiden um. Monate ziehen sie im arktischen Sommer über Eisschollen und aufgeweichten Harsch und paddeln in Kajaks über offene Wasserflächen. Längst ist ihr Proviant aufgegessen.

Sie ernähren sich von Eisbären, Walrossen und Seehunden. Zerfetzte Kleidungsstücke werden durch Fellkleidung ersetzt. Im Herbst 1895 erreichen sie Franz-Josef-Land und richten sich in einer winzigen Steinhütte zur Überwinterung ein – die dritte auf ihrer Wanderung. Viel länger dauert nun schon die Nordpolexpedition als die Grönlanddurchquerung, und Nansen hat sich zwischen diesen beiden Fahrten verändert.

Er ist nicht mehr der unabhängige Mann, der ohne Bedenken hinausgeht in die Arktis. Seit 1890 ist er verheiratet und hat ein Kind, das er nun schon seit fast drei Jahren nicht mehr gesehen hat. Während der langen Winternächte in jener einsamen Hütte auf Franz-Josef-Land überfällt ihn heftige Sehnsucht nach Frau, Kind und Norwegen. Er stellt den Sinn seiner "Fram" - Expedition in Frage. Sturm und Kälte binden Johansen und Nansen monatelang an die kleine Hütte. Der Mangel an Reizen der Außenwelt macht sich bemerkbar. Den beiden Polarfahrern schwindet der Sinn für die Realität. Nansens Tagebuchaufzeichnungen werden immer fahriger und versiegen viele Wochen lang ganz.

Doch dann zwingt er sich wieder zur Arbeit und das Wiederauftauchen der Sonne im Frühjahr 1896 läßt Nansen und Johansen vollends zur Realität zurückkehren. Nach entbehrungsreichem Marsch entlang der Küste von Franz-Josef-Land treffen sie auf die Expedition des Engländers Jackson. Sie sind gerettet. Wenige Monate später kehrt auch die "Fram" unversehrt zurück.

Die Reise war wiederum ein großer wissenschaftlicher Erfolg und wurde in Norwegen gebührend gefeiert. Doch von nun an unternahm Nansen nur noch kurze Expeditionen in die Arktis, so 1912 auf seinem eigenen Schiff "Velsemoy". Sohn, Tochter und ein Student begleiten ihn nach Spitzbergen. Und vielleicht war die Erinnerung an jene einsamen Winternächte auf Franz-Josef-Land einer der Gründe, warum Nansen 1908 von seiner lange geplanten Südpolexpedition zurücktrat und die "Fram" dem jüngeren Roald Amundsen überließ.

In den Jahren 1896 bis 1904 leitete Nansen das zoologische Institut der Universität Oslo. Mit der ihm eigenen Freude an Erneuerungen gründete er eine ozeanologische Abteilung und erhielt von der Regierung Mittel, um ein Schiff, die "Michael Sars", zu kaufen und für meeresbiologische Studien vor der Küste Norwegens und im Nordpolarmeer auszurüsten.

1905 rief ihn die Politik. Ein schwerer Konflikt war aufgetreten zwischen Schweden und Norwegen, die seit 1814 in einer Union vereint waren. In Norwegen sprachen sich Nationalisten für eine Ablösung von Schweden aus, doch der übermächtige Nachbar wollte Norwegen um keinen Preis in die Unabhängigkeit entlassen.

Die Verhandlungen waren festgefahren, Krieg lag in der Luft. Norwegen war zu einer letzten Verhandlungsrunde bereit, und man suchte nach einem Mann, der von beiden Seiten als integer und tatkräftig angesehen wurde.

Die Wahl fiel auf Nansen, da er durch seine beiden Arktisexpeditionen Vertrauen und Ansehen in beiden Nationen erworben hatte. Nach einigem Zögern sagte er zu. Der Konflikt konnte beigelegt werden und Schweden entließ Norwegen in die Unabhängigkeit. Nun betraute der junge Staat Nansen mit der Aufgabe, den dänischen Prinzen Karl für den norwegischen Königsthron zu gewinnen, was ihm ebenfalls gelang.

1906 - 1908 arbeitete Nansen als erster norwegischer Gesandter in London. Dann konnte er sich wieder der Wissenschaft widmen.

1917 beauftragte ihn die norwegische Regierung, über Getreidelieferungen mit den USA zu verhandeln. Norwegen blieb im ersten Weltkrieg neutral, aber alle Handelsverbindungen mit den Ländern der Entente waren gesperrt. Auch die USA stellten die Getreidelieferungen für Norwegen ein und eine Hungersnot drohte dem Land, das fast vollständig von amerikanischen Getreideimporten abhing. Nansen gelang die schwierige Aufgabe.

Nun ließ ihn die Politik nicht mehr los. Nach dem ersten Weltkrieg lag Europa in Trümmern. Hunderttausende von Flüchtlingen und Kriegsgefangenen lebten im tiefen Elend. 1920 wurde Nansen als Hoher Kommissar des Völkerbundes mit der nahezu unlösbaren Aufgabe betraut, die deutschen Kriegsgefangenen aus ihren Hunger- und Sterbelagern nach Hause zu überführen. Mit Tatkraft und Organisationstalent ging er das Problem an, und ein Jahr später waren bereits eine halb Million deutscher Kriegsgefangener heimgekehrt.

Wieder wollte er sich in die Wissenschaft zurückziehen, doch die Oktoberrevolution erschütterte Rußland. Millionen flüchteten und an der Wolga brach eine Hungersnot aus. Nansen führte den "Nansenpaß" ein, der Hunderttausenden von Flüchtlingen erlaubte, ihre rechtliche Identität in fremden Ländern wiederzuerlangen, zu arbeiten und zu überleben. Über fünfzig Staaten konnte Nansen dazu bewegen, diesen Ausweis anzuerkennen.

Doch die Hungersnot in Rußland war noch nicht gebannt. Die Westmächte weigerten sich aus Angst vor dem Bolschewismus, Finanz– und Lebensmittelhilfe zu leisten. Daraufhin richtete Nansen einen Appell an die private Opferwilligkeit der westlichen Nationen. Für ihn waren die Russen zuallererst hungernde Menschen, die starben, wenn nicht bald Hilfe kam. Er stellte Humanität über politisches Kalkül. Auf seinen Expeditionen hatte er selbst gehungert und gelitten, er hatte das russische Elend mit eigenen Augen gesehen und wollte sich der menschlichen Verantwortung nicht entziehen.

Er hielt den Westmächten ihren Getreideüberschuß vor. Hier war Nahrung, dort lebten hungernde Menschen. Man mußte nur das Getreide zu den Menschen bringen. Jeder Tag, den man untätig verstreichen ließ, kostete Hunderte von Menschen das Leben.

Das Ansehen Nansens und seine Überzeugungskraft waren so groß, daß schließlich Millionen von Privatleuten spendeten. Die Nansenhilfe konnte acht Millionen Tonnen Getreide in 400.000 Waggons an die Wolga bringen. Zwei Millionen Russen wurden vor dem Hungertod bewahrt.

1922 wurde Nansen mit dem Friedensnobelpreis ausgezeichnet.

Drei Jahre später widmete er sich der Armenischen Frage. Das Volk war in einem Krieg mit seinem türkischen Nachbarn fast vollständig ausgerottet worden, und Nansen versuchte, die überlebenden 200.000 Armenier umzusiedeln und ihnen menschenwürdige Lebensverhältnisse zu verschaffen. Diesmal war er jedoch erfolglos, die Westmächte weigerten sich beharrlich, das erforderliche Geld bereitzustellen. Nach jahrelangem Kampf gab Nansen resigniert auf und stellte 1929 selbst den Antrag, die Armenische Frage aufzugeben. Dies war wohl der bitterste Entschluß in Nansens Leben, das auf so vielen Gebieten erfolgreich verlaufen war und in seiner Vielfältigkeit fasziniert.

Durch seine beiden großen Expeditionen hat er der Arktisforschung viele wichtige Impulse gegeben. Kajak– und Skisport gehen auf ihn zurück.

Nansens Buch "Auf Schneeschuhen durch Grönland" wurde wegen seiner unmittelbaren und kraftvollen Erzählweise ein Bestseller der

Jahrhundertwende. Neben vielen anderen Werken veröffentlichte der Schriftsteller Nansen "In Nacht und Eis", das über die "Fram"-Expedition berichtet, "Nebelheim", ein Werk über die Geschichte der Arktisforschung und "Die Armenische Frage", ein Buch, in dem Nansen für das geknechtete Volk eintritt.

Als Maler illustrierte er viele seiner Bücher selbst.

Der Wissenschaftler Nansen trug viel zur Erforschung Grönlands, Spitzbergens und des Nordpolarmeeres bei und war Begründer der norwegischen Meeresbiologie.

Er war ein herausragender Politiker, der in einer Zeit des ausgeprägten Nationalismus das Wohl der Menschen, wo immer sie auch leben mochten, über die Staatsräson stellte, ein unermüdlicher Fürsprecher der Menschenwürde und Humanität.

Und sein ganzes Leben verließ ihn nie die Erinnerung an die unendliche Weite der Arktis, "den store hvite stillhet", an das große, weiße Schweigen, wie er es nannte.

Am 13. Mai 1930 erlag Nansen einem Herzschlag. Er wurde 69 Jahre alt.

*Hast du das große Schweigen erlebt,*

*hast du gewagt, das Unbekannte aufzusuchen,*

*unbekannte Wege begangen,*

*die weißen Flecken der Karte gekreuzt,*

*hast du entbehrt, gedürstet, gesiegt,*

*bist du aufgegangen in der Größe des Alls?*

*Hast du Gott in seiner unendlichen Größe gesehen,*

*den Text gehört, den die Natur dir predigt?*

*Dann lausche auf die Weite, sie ruft dich zurück!*

Fridtjof Nansen